教育政策規劃

張芳全 著

作者簡介

張芳全

現　　任：國立台北教育大學教育經營與管理學系助理教授
（2002.2 迄今）

學　　歷：國立政治大學教育學系博士

經　　歷：1996 至 2001 年行政院經建會，從事教育政策規劃、政策分析、審議與評估
2005 至 2006 年中國測驗學會秘書長

學術獎勵：2003 年、2004 年、2005 年、2006 年均獲得行政院國科會專案研究獎助

著　　作：《教育問題與教育改革——理論與實際》（1996，商鼎，四版）
《教育政策》（2000，師大書苑）
《教育政策分析與策略》（2000，師大書苑）
《教育政策立法》（2000，五南）
《教育政策導論》（2000，五南）
《教育政策分析》（2004，心理）
《教育議題的思考》（2005，心理）
《教育政策指標研究》（2006，五南）
作者並於國內學術期刊、TSSCI 期刊發表十多篇實證性論文

專　　長：教育政策分析、教育經濟學、量化研究方法

序

好的教育政策有賴於良好的政策規劃。良好的政策規劃更有賴於對政策規劃知識、技能及方法的掌握。民主國家的教育政策規劃，不能僅以教育行政首長一人的經驗及意見作為依據。相對的，民主國家的教育政策規劃有賴於對教育政策規劃專業團隊，及專業人士運用專業技能及方法深入的分析、瞭解政策，才能掌握教育政策規劃重點，本書寫作旨意也在此。

作者鑑於台灣數十年來，沒有專業的教育政策規劃書籍，教育行政機關對教育政策規劃觀點，又僅限於以辦公文方式進行政策規劃。作者服務行政機關近六年，看到教育政策形成與規劃常草率完成，就讓作者擔憂這樣形成的教育政策是否可行？是否會浪費教育資源？更重要的是，能否解決教育政策問題，滿足學生需求？因此，作者從行政機關轉服務於大學教職之後，就一直在思考要完成教育政策規劃的寫作。在多年的蒐集資料及分析之後，最後完成此作品。

本書共十二章，理論與實務兼具。各章節安排如下：第一章是教育政策規劃界說，說明教育政策規劃意涵、教育政策規劃依據、影響政策規劃因素、教育政策規劃原則；第二章指出教育政策規劃方法，它說明人力規劃方法、教育政策規劃技術、統計方法與政策規劃、民意調查與政策規劃；第三章指出我國教育政策規劃，它說明我國政經社教環境、教育政策規劃流程、教育政策規劃限制與出路；第四章說明生育率與教育政策規劃，也就是分析生育率與教育發展關係、對生育率分析結果與規劃建議；第五章探討新移民之子的政策規劃，它說明新移民家庭的特性、瞭解影響新移民子女教育的因素，並指出新移民子女的教育政策規劃；第六章陳述九年一貫課程政策規劃，它說明課程政策緣由與特色、對過去研究九年一貫課程的整合分析發現，最後提出九年一貫課程政策規劃；第七章掌握延

Preface

長國教的政策規劃，它包括分析延長國教的政策需求、對延長國教的政策環境分析、掌握人口成長與延長國教、說明延長國教年數的跨國分析以及對延長國教的政策辯論；第八章說明教育大學定位的政策規劃，它包括教育大學整併的爭議、說明教育大學整併的優劣、教育大學未來發展方向，並分析台北教育大學整併的難題與出路；第九章對大學學費的政策規劃，它提出大學學費問題與規劃方法、大學學費政策分析，以及對大學學費政策規劃推介；第十章則對大學增設系所的政策規劃，它說明大學增設系所的問題、我國高等教育量發展、大學增設系所問題與規劃；第十一章指出高等教育量政策規劃，說明影響高等教育量因素、規劃方法以及高等教育量規劃分析與啟示；最後一章則指出教育政策規劃的展望。

本書旨在讓讀者對教育政策規劃有所啟發，本書能完成要感謝心理出版社協助出版，也感謝很多提供本書建議的專家學者與我的師長，更要感謝家人的全力支持，讓我全心全力完成這樣作品。本書寫作如有疏漏，尚請專家指正，不勝感激。

張芳全 謹識

目錄

Content

目錄

Content

附　錄

第一章
教育政策規劃界說

本章學習目標

一、瞭解教育政策形成。

二、可以說明教育政策規劃的模式。

三、可以指出教育政策規劃的項目。

四、可以說明教育政策規劃的依據。

五、可以指出教育政策規劃的影響因素。

六、可以說出教育政策規劃的原則。

第一節　教育政策規劃意涵

壹、教育政策規劃意涵

一日之計在於晨、一年之計在於春，這話代表「預為籌謀」意思，它也代表「吾人對未來情境規劃與掌握的重要」。為什麼要對未來預為籌謀呢？對未來發展做準備，不僅可以胸有成竹面對挑戰，也可以更具有信心因應新環境。個人是如此，行政機關也是如此，這就說明行政機關在政策規劃的重要。究竟政策應如何規劃？以及教育政策規劃意義為何？都是本章重點，一一說明如下。

一、政策如何形成？

Starling（1988: 1-2）指出：「政策是目標或目的之一般性陳述，而計畫則為達成政策目標的一種特定方法。」政策（public policy）是較高層次的一般性宣示，它與計畫及實施方案不同，計畫與方案涉及具體目標與所要達成的實施手段、決策方法與步驟，而政策則不然，它是原則性、宏觀性及前瞻性與問題導向的宣示（詹中原，1997）。

一般說來，國家重要政策來源不外有幾方面：1.國會對政策有基本影響，中央民意代表提出的質詢及法案就是政策重要來源之一；2.監察院提出各種對行政機關的意見，包括糾正案在內，也是政策來源之一；3.行政院院會的決定及院長指示；4.行政院每年頒布的施政方針與計畫；5.輿情反應；6.專家學者的意見和其研究結果；7.各級民意機關提出意見；8.民意調查反應的意見等都是（魏鏞，2004）。

上述是政策來源，但是政策規劃與形成程序頗為複雜，它仍需要有系統、有組織及縝密規劃才能正式成為政策。政策形成以政策問題為導向，也就是先有政策問題，接著政府提出政策規劃，來解決社會所產生的政策問題。政策規劃產生可能無中生有，此種情形是社會都沒有類似政策問題，或者在政府部門沒有相同政策作為參考，在社會及教育現場尚未有嚴重教育問題產生，政府為了預做計畫所提出的政策規劃。它是以未來導向、未來需求及未雨綢繆的政策規劃。

無中生有的政策規劃產生情境有幾種可能：第一，政黨輪替，使得原來執政黨政策受到凍結。原本在野黨獲得執政權之後，推翻過去執政黨政策，重新規劃新政策；第二，為了未來社會問題準備。這是國外已有產生類似問題，政府擔心會在國內產生，因而進行政策規劃；第三，政府對未來施政理想提出新願景、新的施政目標，必須要有新的政策配合，所以規劃新政策。第四，遭遇重大的社會變故，例如大水災、大颱風、大地震、大火災、戰爭、暴動等，政府需要提出新的政策規劃來解決這些問題及因應國民生活需求。

政策規劃也可能是政府機關已有某項政策，但是後續產生的政策問題與先前問題類似（而政府也有政策因應），因此政府以過去政策進行調整、修改而規劃出一項政策。這種方式就是漸進模式的政策規劃，它以先前政策為基礎做小部分修正，修正內容包括對政策執行期程、執行人力、執行單位、政策經費、執行配套措施等。

上述可知，政策規劃是以公共問題為基礎，政策可能由無中生有，也有可能在既有的政策基礎上調整政策、修改政策，因而規劃出政策。

二、教育政策規劃意義與步驟

計畫與規劃的意義類似，二者都是對未來事務進行籌劃，以期達到目標。什麼是教育計畫呢？林文達（1988）指出，教育計畫是在各種教育相關因素及情境下，運用科學方法及技術，規劃並執行既定教育目的、目標及行動方略的一個連續歷程。顯見，教育計畫不但是一種技術、一種方法，也是一種科學的行動歷程。謝文全（2004）指出，計畫是以審慎態度及方法，預先籌謀如何有效達成目標，並決定做何事及如何做的歷程。Chadwick（1971）則將計畫視為科學與藝術，他認為應運用科學方法進行計畫的設計，接著將所設計的方案，透過行政機關及首長與專業人士的智慧來決定與選擇未來應執行的方案。我國於 1999 年頒定《行政程序法》第五章規定政府行政計畫，在第 163 條規定：「……行政計畫，係指行政機關為將來一定期限內達成特定之目的或實現一定之構想，事前就達成該目的或實現該構想有關之方法、步驟或措施等所為之設計與規劃」。

然而，教育政策規劃係指政策規劃機關與人員，經由政策問題與教育環境系統檢查，透過科學方法及技術，為未來政策可能執行的方向畫定藍圖，以期達到預期政策目標的一種過程。教育政策規劃強調的是由政策問題與教育環境系絡的檢查而起，此種問題是以公共問題，而非個人問題。所以，政策問題代表人民已有需要政府提出方案計畫解決需求，而教育環境系絡是政策規劃者對於未來可能會發生的情況所進行的規劃。政策規劃係運用科學方法與技術企圖劃定未來政策要達到的目標，接著透過合理及縝密的分析，提出政策方案，供行政機關執行，以達到目標的過程。

所以，教育計畫與政策規劃不同，教育計畫可能是一種結果，也是一種活動。例如它可能是行政機關完成的一份計畫，也可能是行政機關正在進行草擬的計畫及其計畫過程。教育計畫範圍包括教案、教學計畫、學校計畫、校務發展計畫、學年計畫、地方教育行政機關或教育部的各種特定或例行性的計畫。易言之，教育計畫類別不一，可以依行政機關別（例如教育部社教司與高教司的計畫）、教育類型別（例如特殊教育年度計畫、高等教育計畫）。

然而政策規劃是一種過程與活動。它所包括的範圍在於人民的公共議題、政策問題，政府對於公共議題所進行處理的活動。因此，它的範圍較教育計畫為小，它不像教育計畫，包括了教學計畫、課程計畫，而是以宏觀的角度所進行的政策規劃。吳定（1998）就認為政策規劃是指為解決已經由政府分析人員確定的問題，而非未經由認定的問題。政策規劃運用多種方法，例如問卷調查法、次級資料分析法、訪談法，以選擇適當政策導向的歷程，原則上政策規劃是理性過程。

至於規劃步驟，學者觀點不一，但卻有相近的步驟。林文達（1988）指出它包括：1.提出教育目標；2.教育目標確定；3.行動方案研議；4.選擇行動方案；5.決定方案；6.政策或策略執行；7.考核與評鑑；8.再設計。蓋浙生（1999）指出計畫的步驟為：1.發掘問題；2.確定目標；3.現況分析；4.評估方案；5.決定策略；6.經費預估；7.計畫執行；8.成效評估與；9.再研究。Chadwick（1971）

則以系統觀念來解說計畫的步驟，他認為計畫應包括：1.對問題形成；2.對所要解決的問題提出標準；3.以模式化來解決問題；4.以先前所提出的標準來考驗模式；5.從模式來導引出解決問題的方法；6.測試解決問題的方案；7.執行方案。在他的說法並沒有提出計畫目標，也沒指出在計畫執行之後要進行修正。Banghart 和 Trull（1973）認為有幾項：1.定義教育計畫的問題（究竟哪些問題已發生過？哪些沒有發生過）；2.分析計畫問題的領域（系統分析、蒐集資料、將資料表格化、預測）；3.概念化與設計計畫（認定趨勢與計畫的設計）；4.評估計畫（模擬計畫與選擇一項計畫）；5.找出特定的計畫（提出報告）；6.執行計畫（方案合法化及組織單位的設立）；7.計畫回饋（檢討與修正計畫）。Bush（1986）則認為計畫過程包括了：1.對問題知覺；2.分析問題；3.形成方案；4.選擇方案；5.執行方案；6.評估效率。

上述可以看出，教育政策規劃是針對教育政策問題，依據嚴謹態度及方法對政策問題提出方案，以期解決問題，並達到政策目標的過程。政策規劃步驟先從教育政策目標著手，接著設計政策方案，再從眾多的政策方案選擇一項最適當的計畫方案，接續執行政策計畫、再追蹤與考核，最後回饋修正方案。

貳、教育政策規劃模式

一、「由上而下」與「由下而上」模式

行政機關是一種官僚組織（Bureaucratic Organization）。據 Weber（1947）說法，官僚組織是管理中最有效率的組織形式。官僚組織能有最高的效率主要是在於具有理性的管理。因為它具有幾項特色，即：1.它是層級節制；2.以目標導向；3.專業分工；4.在官僚組織中的行為與決定是以規定，也就是依法行政進行；5.它對顧客與官員是不講求人際關係（Bush, 1986）。

政策規劃依據行政規劃機關層級（也就是官僚組織）可分為「由上而下」與「由下而上」模式。前者是以中央或上級的行政機關，依據政策制定模式，規劃出政策，接著由下級機關或地方行政機關進行配合執行，或在上級機關規劃完成的政策略作配套措施調整，這種方式稱為由上而下模式。後者是由下級機關或地方行政機關，依據政策問題性質，依政策制定程序進行政策規劃，接著再與上級機關進行政策規劃調整與修正。

由上而下模式特性在於政策規劃集中力量、集中資源、命令統一與方向一致的進行規劃，下級機關僅須配合執行或對所規劃的政策的配套措施略微調整特點。其缺點是下級機關參與政策規劃機會較少，缺乏下級機關的規劃人員表達意見與較少提供地方政府執行所規劃的政策，因此面臨的問題較少。同時上級機關會以上級觀點或是中央觀點進行規劃，較無法反應社會需求以及下級機關的行政特性，此時在下級機關執行會因為下級機關對政策規劃沒有較多參與，而無法密切配合。

由下而上的規劃方式特點在於可反應下級機關意見、觀點較多元、較能與要執行的政策結合，畢竟政策規劃與形成之後，執行單位為下屬機關單位居多，所以下屬機關對政策有較多認同、接受及順服程度。然而，它亦有行政力量無法集中、資源分散、方向歧異，加上上級機關較少參與政策規劃等問題，此時可能無法獲得上級單位支持，因而在政策規劃之後，政策規劃方案仍胎死腹中。

二、政府內部規劃及委託的政策規劃

行政機關內部及外部機關都能規劃政策。就前者來說，行政機關內部的政策規劃是由單位的規劃人員依問題嚴重性、機關權責、機關的專業人力及機關特性進行政策規劃。行政機關內部人員，除了有政策執行人員之外，對於政策規劃的專業人員不可或缺。機關內部人員的政策規劃，在其業務所需與問題特性進行政策規劃，是行政機關最常見的模式。

其優點有幾項：第一，瞭解政策規劃重點，機關內部人員對於政策及業務有較多的瞭解，較能掌握政策規劃重點；第二，瞭解問題的核心，因為機關內部人員長期的接受政策規劃，對於政策問題敏感度較高；第三，較能理解行政機關的法令規定及運作，因此在政策規劃時可以瞭解歸劃方案所需的配套法令。其缺點包括：第一，機關人員易見林不見樹與本位主義，也就是僅會以某一個問題進行規劃，而無法瞭解問題的發展方向；第二，時間急迫與行政人員的怠惰，機關內部人員除了例行業務之外，要規劃政策需更多時間，所以無法有更多時間研議政策規劃；第三，專業力不足。行政機關人員是公務體系招募，在專業知識是以公務體系所需知識為主，但是研究方案需要專業及研發能力及知識才足以進行，所以行政機關內部人員在進行政策規劃的專業程度或有不足。

外部機關是指行政機關委託的政策規劃，是行政機關為了徵求更多元、專業及前瞻性的政策方案，將政策所管轄業務、問題委託給學術團體、民間專業機構及專家學者進行研究，接著將他們的研究成果轉換為可行的政策規劃方案。

其優點有幾項：第一，以專業觀點進行政策規劃，較有前瞻、掌握問題核心的特性，不會以要辦公文方式規劃政策；第二，對政策問題掌握雖不一定如機關人員理解一樣，但可從另類或專業觀點提出政策問題看法，彌補機關人員以辦公文心態的政策規劃；第三，委託研究較為宏觀，以見林也見樹地掌握政策問題核心；第四，委託研究可不受行政機關箝制、干擾與限制，可對政策規劃方案提出更多見解，以提供政府機關規劃參考。

其缺點如下：第一，委託研究可能僅以爭取預算經費為考量，研究的政策規劃並不一定是政府機關所需，因而有浪費人力及經費問題；第二，委託機關研究受限於專業人力及經費問題，無法如機關人員長期瞭解機關業務，因而提出更深入論點；第三，委託研究常具有學術性，卻沒有實用性，對於政策規劃實用價值較低。

三、直觀式與客觀式的政策規劃

以行政機關或政策規劃者的規劃經驗區分為直觀與客觀規劃。就前者來說，它是依據行政首長個人的經驗進行政策規劃。行政首長或因個人經驗豐富，也具有專業知識，因此提出適當的政策規劃方案，這是一種規劃方式，然而行政首長個人經驗、知識及理念也受限於有限理性的經驗，有以管窺天與閉門造車的限制。倘若個人直觀經驗是在於沒有專業知識及充足經驗下，所規劃的政策勢必有思考不周、政策因素考量不周延、策略方案不細膩、政策目標限於一隅、對政策執行機關評估不足，因而將在日後政策執行之後，顯現出問題。

客觀的政策規劃方式是以科學研究來規劃。它是一種以社會科學研究模式，即從研究問題產生出發，接著進行問題界定，再來是透過對問題提出合理的假

設，進而蒐集資料與獲得假設驗證等流程進行政策規劃。社會科學研究獲得的結果僅是一種暫時性的研究成果，這結果無法直接成為政府部門的政策規劃方案，後續仍須將研究成果轉換為可行的政策方案。簡單的說，學術研究與政策研究仍有差異，學術研究較重學理、原則及知識體的建立，而政策研究則為實務、解決問題及因應社會需求所進行的研究。政策研究主要在解決社會問題、教育問題，它並不一定要建立學理與通則，因此政策研究成果雖建立在科學研究基礎之上，但在研究成果的推介為政策、計畫或方案，仍需要有政策規劃者及決策者或行政機關的決策藝術，將政策結果轉化為可執行的政策方案。

四、模擬式與漸進式的政策規劃

從政策規劃真實程度可分為兩類：一是從虛擬情境中進行模擬規劃；另一是以過去既有的政策進行調整的規劃。就前者來說，又稱為模擬的政策規劃。此規劃方式設定相關條件或將應考量變數納入，接著以電腦設定模式，再以電腦進行模擬，以獲得未來可行方案。現代電腦發達，政策模擬可透過它來規劃政策。尤其各國統計資料完備，例如教育部刊行的《中華民國統計》、行政院主計處的《中華民國社會統計指標》、世界銀行（World Bank）的《世界發展報告》（*World Development Report*）、聯合國發展方案（United Nation Development Programmed, UNDP）的《人力發展報告》（*Human Development Report*）都有長期統計的資料，政策規劃可從這些資料再經由統計套裝軟體進行資料分析，提出研究發現，再將發現轉換為政策規劃方案。

電腦模擬優點包括：第一，很多教育現象、教育問題或教育政策，涉及的主體是學生、教師、行政人員、家長與社會大眾，以人為對象要進行研究與實驗不易，這其中涉及研究倫理問題；第二，經由模擬減少更多教育成本支出，政策方案若沒有進行試辦或模擬，找出未來政策執行可能的問題關鍵，會有執行成效不彰造成教育資源浪費；第三，模擬讓教育政策在未來行政機關的政策執行更具有依據及方向；第四，模擬可瞭解政策中每項備選方案的優劣，可以掌握未來教育政策發展方向與方案的可能風險；第五，政策模擬讓政策形成過程更為成熟，讓政策更可行，降低未來執行風險。

、規劃哪些項目？

政策計畫書包括政策目標、目前及未來的社會環境、經費來源、人力需求、配套措施等。張芳全（2004d）指出，教育政策規劃項目應包括：1.政策目標；2.政策期程；3.政策經費；4.政策執行機關；5.政策執行人員；6.政策執行機關權責；7.政策預期效果；8.掌握政策可能的非預期效果等，在規劃時宜朝向這些向度規劃，其說明如下。

一、規劃政策目標

政策是具有價值的一種權威分配，此種價值宜從政策目標及目的轉換出來，尤其教育政策是以教育目標為導向。「如何釐訂教育政策目標？」此問題考驗教育行政規劃者。不同時代及環境背景有不同的教育需求，反應出的是不同教育政策類型。對於教育政策問題要轉化為政策之前，仍要相當複雜的程序。其中之一就是如何釐定教育政策目標？規劃教育政策目標應先釐清目標及目的差異。Dunn（1994）指出目標（Goal）與目的（Objective）的差異，如表 1-1 所示。表中可看出教育政策目標是較為抽象、廣泛性的說明，較為不確定性；教育目的較為具體、可行及具操作型目標。

表 1-1　目標與目的之差異

特性	政策目標	政策目的
界定	較為廣泛（例如提升教育品質、改善教育資源分配……）	較為具體（如提高大學生就學機會到百分比）
名詞界定	較為正式	具操作型
時間	不確定性	特定的（在某一時期可以達成）
測量程序	非量化	量化（如百人中有多少人上大學……）
標的團體處理	廣泛界定	特定界定

資料來源：Dunn（1994）。

政策目標規劃在規劃過程相當困難。目標是政策預期達到的水準及程度，未來環境變化會如何？並沒有人可以掌握，所以對不確定的環境進行目標規劃極為困難。訂定教育政策目標的方法可以透過專家會議、焦點團體、政策德懷術、行政機關會議，讓與會者表達對政策目標應如何劃定，如果是要提出具體的政策目標數據，即該政策執行之後，要達到何種的標準、數值、程度，此時可以透過國際比較法、過去趨勢分析法、統計方法（例如運用多元迴歸找出變因，投入迴歸模式進行預測；或是運用時間數列對某一系列數值進行預測等），這些方法可見第二章。無論釐定的方法為何，政策目標規劃都應掌握幾個原則：1.去除不確定因素，掌握已知因素；2.列出可以敘寫出的具體數量規劃目標；3.訂定政策目標應考量政策要解決哪些問題；4.政策問題包括的影響人員何在；5.政策目標是否與執政黨或國家發展目標一致；6.政策目標是否能讓執行機關及人員容易理解，並易於完成；7.政策目標應具有挑戰性、前瞻性、國家發展的未來性。

一般說來，規劃政策目標應考量幾項重點：1.政策目標具體性與可以操作。政策規劃應讓政策目標具體，如此才易瞭解政策執行之後，有無完成；2.政策目標應可以量化。政策目標應讓執行機關及人員瞭解執行之後，已達到的程度；3.政策目標應易於事後評鑑參考比較。政策目標是作為政策評估的重要標準，政策執行之後，須進行政策評估，否則不易瞭解政策執行的影響或成效。因此政策目標應配合未來執行之後的評估問題；4.政策目標宜配合國家整體目標，最好能參酌過去政策的目標進行修正，如此較能延續過去政策目標。

例如 2002 至 2005 年教育部中長程計畫所規劃的策略績效目標中的第一項目標，即調整現行學制，因應 e 世紀時代之需求，為了讓該項政策目標達成，又分別細列幾項方案，就如表 1-2 所列一至四項，而為了衡量每個方案執行成效，就訂定不同衡量標準，這些標準以數據來呈現，就頗為具體與客觀。

二、規劃如何執行？

規劃如何進行是指在政策規劃應考量，假如政策完成合法程序之後，應如何執行的問題。規劃如何執行需要考量幾個問題：1.配合政策執行機關的數量，

表 1-2　2002 至 2005 年度教育部中長程計畫所規劃的策略績效目標

	衡量指標	評估體制	評估方式	衡量標準	年度目標值			
					2002	2003	2004	2005
一	全校辦理綜合高中課程校數（5%）	1	統計數據	全校辦理綜合高中課程學校校數（所）	25	30	35	40
二	五足歲幼兒入合法立案公私立幼稚園之入園率（5%）	1	統計數據	1.五足歲幼兒入合法立案公私立幼稚園數×100% 2.全國滿五足歲幼兒數	45%	47%	50%	－
三	*中小學資訊融入教學活動實施比率達 20%（3%）	1	統計數據	每週資訊融入教學活動時數×100% 每週上課時數 （分高中、高職、國中、國小四類之重點學校抽樣統計）	5%	10%	15%	20%
四	*中小學資訊種子教師培訓達 5,000 人次（2%）	1	統計數據	每年資訊種子教師培訓人次×100%	25%	50%	75%	100%
參考指標	網路技術教育訓練	1	統計數據	WEF 世界競爭力年報 2001 排名	11			
參考指標	學校網路資源普及性	1	統計數據	WEF 世界競爭力年報 2001 排名	10			

註：1.評估體制 1 是指實際評估作業為運用既有之組織架構進行。
　　2.衡量指標標註「*」者，為國家競爭力指標之項目；標註參考指標者，為國家競爭力指標國際排名，僅供部會參考，不列入評分計算。

資料來源：2002 至 2005 年教育部中長程計畫所規劃的策略績效目標。教育部（2006）。2006.4.10 取自 http://pm.rdec.gov.tw/grpmis/mids/教育部(All).doc

它可能包括中央行政機關、地方行政機關、各級學校、社教機構，就如九年一貫課程是由教育部進行政策規劃，但是課程執行是在各國民中小學，此時就該考量各國民中小學應如何執行的問題；2.政策執行人力需求；3.政策執行經費多寡；4.政策執行配套措施；5.政策執行條件等。這五項執行項目的第二至四項在後續節次會分析，第五項則需要考量是否執行者願意配合、政策標的團體順服程度等。

三、規劃經費分配

政策規劃應考量政策執行的經費問題。考量重點如下：1.政策規劃期程與經費相符程度；2.政策規劃期程在二年或二年以上，此時各年度經費預算應細部的計算及編列；3.政策規劃應掌握各年度各細部方案的經費類別，尤其應考量各細部方案所需資源的單位價格、數量、材質、選購難易程度，如此才可以精細規劃每個細部方案與整體政策的年度經費，而不會浮報經費；4.各個政策執行單位經費分配宜明確。也就是，執行政策單位究竟應分配多少經費來執行政策。它包括人事費、材料費、業務費、危機處理與雜支等項目；5.經費分配應合理並避免浪費，也就是政策規劃經費應進行成本效益分析，避免投入過多經費無法消耗預算問題；6.經費購買政策所需材料亦須經過政府在 1998 年 5 月 17 日頒行的《政府採購法》來規範；7.相關的預決算的程序。

四、規劃政策期程

政策期程長短影響政策經費、人力配置、資源投入及政策執行後的程度。因此政策期程規劃需要考量前述因素。一般說來，政府政策有短程、中程與長程計畫之區分。短期計畫以二年內執行完畢者屬之；中程計畫是以二至五年執行完畢者；長程計畫是以五年以上的期程。教育行政機關例行性業務都是以二年為期作為規劃；而特定或為特殊目標來規劃的政策，通常較為長期。就如 1998 至 2003 年 5 月教育部所執行的《教育改革執行方案》，就是屬長期計畫。而據 2001 年 4 月 2 日修正的《行政院所屬各機關中長程計畫編審辦法》第 2 條規定，中長程計畫分為三類：第一種是中程施政計畫：依據各機關中程施政目標，訂定期程為四年之綜合策略計畫；第二種是長程個案計畫：以業務功能別，依據長程施政目標，訂定期程超過六年之個案計畫；第三種是中程個案計畫：以業務功能別，依據各機關中程施政計畫，並配合長程個案計畫，訂定期程為二至六年之個案計畫。各種計畫期程各有優缺點，如表 1-3。

五、規劃人力配置

人力配置規劃也是政策規劃重點。一般對政策規劃認識僅止於對政策方案或計畫內容研議，常忽略對政策在獲得合法化之後，究竟應由哪些人員來執行，未能進行規劃。政策執行者包括基層人員及後勤支援人員。前者人員負責政策執行，他們對政策瞭解應掌握幾項：1.瞭解整個政策內容，包括政策目標、所

表 1-3　政策期程類型

	短　程	中　程	長　程
期　程	2 年以下	2 至 5 年	5 年以上
優　點	1. 期程短，可隨時調整計畫內容，尤其政策規劃不當時，可以在下年度就調整。 2. 計畫經費較少，如果有規劃不當，可以避免經費浪費。 3. 人力投入較少，如果政策規劃不當，可避免不必要的政策執行人力閒置問題。	1. 期程為中程，可以避免每年度都要提出計劃內容，且需要民意機關審查的困難。 2. 計畫經費充足，可以讓經費配合計畫執行，具有延續計畫與延續政策的優勢。 3. 計畫人力調配充足，同時較易顯現政策規劃的效果。	1. 計畫期程較長，在一次規劃之後，可以有較長的執行成效。 2. 計畫長，經費較多、執行政策人員充足，可以有彈性調配的優勢。 3. 計畫期最長，也最有政策效果產生。 4. 政策期程最長，不易受到人亡政息、人去政改或是政黨輪替的影響。
缺　點	1. 期程短，政策效果不易立竿見影。 2. 期程短、經費少、人力不足，在執行政策條件不充分，易有執行困難問題。 3. 政策執行不當時，易有無法獲得政策延續的優勢。	政策期程不長不短，如果政策影響效應產生之後，可能要再研提計畫，又需要再勞師動眾研提計畫或至民意機關審議。	1. 期程過長，容易讓執行機關對政策有倦怠與執行力降低的問題。 2. 期程長、經費多與人力較足，但是如果在前一、二年的執行效果不佳，不易改變政策期程。 3. 易有政策資源浪費的問題。

需人力、機關運作（包括溝通、領導與協調）、教育法規規定、教育經費；2.具有專業能力、知識及技能來執行政策內容；3.忠於政策。如果輿情對政策有異見與意見，能為政策辯護。

而在政策執行的後勤人員是位於政策執行的檯面後，它主要提供政策支援所需要的專業諮詢、提供專業知識的資料庫，更可能是政策執行的智庫。這些政策後勤人員需要有幾項條件；1.具有政策專業的知識及能力；2.具有危機處理能力及應變能力；3.具有風險管理的知識及態度；4.具有開闊及包容態度面對政策執行之後，可能產生的各種政策問題；5.對於未來環境變化的掌握能具敏銳性。

六、規劃配套措施

政策配套措施包括政策替代方案與政策執行要配合的周邊方案與資源。就前者而言，政策規劃不以規劃一項政策方案或計畫為已足，政策規劃應有更多備選方案提供參考。如僅規劃一個政策方案，倘若政策方案問題產生無法執行，可透過備案提供執行方向。備選方案的考量是假設重大事件產生（例如2000年九二一大地震提供緊急措施解決民眾問題），或外在因素促使政策暫緩執行（例如2004年7月2日因大颱風造成全台水災，當天是否要照常舉行大學指考，考前一天仍未定案，後來主管當局錯估形式執行考試，讓很多考生權益受損，引來各界批評）。

政策規劃應有備選方案提供。政策規劃不僅針對單一方案陳述，如果僅有一案，無法多採各種可能或可行方案，在執行之後會面臨問題叢生無法解決困境。

研擬備選方案有幾種方式：一是在政策規劃與主要政策共同規劃。其優點讓主要政策與備案有相同陳列，讓政策規劃者或行政首長進行選擇；其缺點是會有本位主義，無法讓備選方案與主要方案有區隔的問題；二是透過專業機關提供備案，它主要在政策規劃過程中，為延攬各種可行方案，向學術社群、大學校院、研究機構、專業團體、利益團體、政黨、民間團體等徵詢政策備案。其優點與主管機關方案有區隔，不會有本位主義。缺點是如果非規劃機關專業人員，對該政策規劃案無法前後一致及統整掌握政策方案，同時涉及到政黨或利益團體與壓力團體會有不同的利益衝突，甚至為了掌握政策執行之後利益，不同團體之間會有政策分贓問題產生。

至於教育政策周邊配套是指教育政策規劃之後，執行過程需要相關配合措施。它包括現行政策、方案、計畫、人員及資源，乃至行政首長或不同機關配合。就如九年一貫課程政策執行之後的配套措施，包括教科書選擇、民間版本教科書是否會太多元造成學生壓力，教育主管機關宜要提出適當配套方案，或九年一貫課程執行之後，課程統整與英語教學的教師上課時數安排的相關配套等。

第二節　教育政策規劃依據

教育政策形成有其根據，其根據如下：

一、依據《憲法》決定教育政策方針

教育政策不應違反國家的立國憲法。教育政策應以《憲法》作為最終依據。我國《憲法》基本國策有教育文化乙節，規範條文為 158 至 167 條。這些條文規範我國的教育目標（158 條）、教育機會均等（159 條）、基本教育年限（160 條）、對學生獎學金提供（161 條）、教育應受到政府監督（162 條）、城鄉教育應該均衡發展（163 條）、對科學及文化工作者應該給予保障及鼓勵（165 條）、對於文化藝術及創作應該給予獎勵（166 條）、對辦學績優者也應該給予鼓勵、對於邊疆地區的教育應該給予保障等。此外，1996 年《憲法》增修條文將兩性教育及原住民教育做妥當規範，這說明教育政策受《憲法》保障規範。

我國各項教育法令都以《憲法》為根據。《國民教育法》（1979 年頒定，以下同），《幼稚教育法》（1981）、《教師法》（1995）、《師資培育法》（1994）、《特殊教育法》（1984）、《大學法》（1972）、《高級中學法》（1979）、《私立學校法》（1974）、《職業學校法》（1976）、《專科學校法》（1976）、《原住民族教育法》（1998）、《教育經費編列與管理法》（1999）、《教育基本法》（1999）、《性別平等教育法》（2004）、《終身學習法》（2002），都應以《憲法》作為教育政策規劃根據。當然立法機關或行政授權給行政機關制定教育法令、細則、辦法、要點、政令，乃至於主管教育機關都須以《憲法》為根據。

就如《國民教育法》規定教育目標是培育五育均衡的學生。雖然台灣的中央教育行政機關尊重地方政府的教育推展，國民教育是地方政府權責，但是國民教育政策仍以《憲法》為根據。國民教育政策從中央政府到班級教學情境有幾個層次：1.《憲法》的教育目標。即 1947 年《憲法》第 158 條規定；2.1999 年的《教育基本法》規定教育應依據個別差異及因材施教，以及 1999 年修訂

《國民教育法》第 1 條規範國民教育目標在培育五育均衡學生；3.2000 年教育部頒定《九年一貫課程綱要》，其規範在執行憲法規定教育精神；4.各國民中小學校規也以《憲法》規定的精神為根據；5.班級情境的教學目標，例如單元目標、行為目標、九年一貫課程的十大基本能力指標，都應以《憲法》精神為根據。所以，教育政策規劃應依《憲法》為根據。《憲法》以下教育法規規定各級教育層級教育目標，在教育政策規範方面，由中央政府至地方政府規範會由抽象性與原則性，轉換為具體性及明確性規範。

二、依據民意需要決定教育政策類型

教育政策規劃應依民意需求作為教育政策規劃基礎。依據民意意義有兩種：一是根據民眾意見、觀點及建議；一是民意機關對教育政策審議及行使同意權。

社會大眾對教育政策反應是最直接且最為實際。社會大眾有接受教育機會，對教育產生關心。開放社會，民意高漲，社會大眾對教育政策有意見，且對教育有不同見解，對教育政策產生批評。當教育問題為民眾所不滿、民眾抗議示威及遊行勢所難免。如何讓教育政策順應民意，是教育機關規劃教育政策時應考量的。

教育政策民意基礎之一是教育主管機關完成政策規劃之後，仍須將教育政策法制化，此時宜將教育政策計畫、方案與預算案送達民意機關行使審議及同意權。1947 年我國《憲法》57 條規定行政院對立法院負責，其項目有：第一，行政院向立法院提出施政方針及施政報告之責；第二，立法院對行政院之重要政策不贊同時，得以決議移請行政院變更之；第三，行政院對立法院決議之法律案、預算案、條約案，如認為有窒礙難行時，得經總統核可，於該決議案送達行政院十日內，移請立法院覆議。這些都是民意需求的展現。

三、社會需要決定政策價值

教育政策規劃並非在學術象牙塔裡進行真空政策規劃。教育政策規劃應與社會發展及社會變遷和經濟變動配合調整。教育政策規劃對社會需要考量有兩大方面，一是就業市場人力供需；一是就業市場與學校之間聯結。

以就業市場人力供需而言，教育常被視為勞動市場的一種人力培育的前置單位。學校是培養國家經建及社會發展人才的供給者，如是觀點，就某種程度而言，學校確實為社會培育各種人才的場所。普通教育或職業教育的學校均有培育受教者心理及知能或技術能力及知識。當受教者踏出學校後，必具有某種程度能力及知識，以因應就業需要。如果畢業者學以致用，代表學校教育確實為社會培育人才；倘若學校讓受教主體學非所用、大材小用，代表學校教育與勞動市場面臨人力供需的問題。當然教育政策執行之後，如大學系科調整，各級學校課程安排，各級學校對學生職業及就業觀念輔導，若能讓受教主體完全發揮，教育政策即有實質意義。

就學校與勞動市場的供需而言，教育政策在讓受教主體在學校受教期間或接受教育過程獲得相關知識及技能，如此能學以致用，不會學非所用，或有學無用的情形才會降低。

四、學習者需要決定政策方案

教育政策最終目標是讓學生學習效果提高，我國教育目標在讓學生有德智體群美五育均衡發展。高中職以上階段教育為選擇性教育，高職在培養基本的技術人才及職業道德知能；高中階段在培養學術的專業能力，並以博雅教育為最終的旨意；大學教育在培養受教主體人文及專業知能，當然高等技術職業教育在培養我國各項的專業人才；研究所階段在培養學生掌握高深學問及研究能力。

我國各教育目標均反應出學習者應追求的教育內容，各級教育目標建立之後，接著要掌握學習者學習需求與教育目標配合，這正是教育政策規劃所在。

如何讓教育政策反應出學習需求？有幾種方式：1.從學校的教師中瞭解學生的需求；2.從教育行政人員辦學瞭解學生需求；3.從家長反應及對教育關心中掌握學習者教育需求；4.還有可從以下兩種方式掌握學習者需求：①經由調查瞭解學生學習需求。針對不同層級的教育受教主體，調查學生的學習需求；②從產業及職業轉變瞭解學生可能的需求。社會變遷快速，教育要能適應環境需求，學校宜反應社會需求，社會需求應反應在學校課程中，所以教育政策規劃

必須對社會變遷及需求瞭解再進行規劃。

上述可經由調查追蹤掌握學生需求。此外，教育政策規劃應根據未來環境變遷，配合整體教育制度需要及國際發展趨勢作為根據，教育政策才不會與民意及學生需求背道而馳。

五、教育需求因素決定教育政策內容

教育政策必須導引受教主體可完全接受教育，以滿足教育需求。教育政策規劃應考量影響教育需求因素。影響教育量多寡的因素如下：

㈠人口因素

國家人口多寡影響教育量擴增。人口成長受到人口出生率、死亡率、移民多寡限制。出生率高低受到該國人民素質高低影響，教育水準較高，其人口出生率可能降低；出生率增加，可能讓每人接受的教育投資經費較低。教育在學率高低、醫療衛生、飲食掌控都影響一國人口死亡率高低。張靜平（2004）以1980、1985、1990年的各國統計資料研究指出，國家教育在學率愈高，則預期壽命愈高；醫療資源愈多，人口死亡率減少，預期壽命增加。而人口死亡率也影響一國教育投資及教育素質，如果大量人口死亡，就某種程度，代表教育投資無法讓國民知識提高、衛生觀念增加，所以有死亡的可能。

人口多寡如何影響一國教育需求呢？可以從不同教育層級學生人數的就學量得知各級教育成長情形。台灣地區近年隨戰後嬰兒潮出生之女嬰已完全脫離高生育年齡層，育齡婦女成長有減緩趨勢。

㈡族群因素

學生成就隨著學生種族差異而有不同。受教主體是弱勢族群學生，可能獲得的教育資源遠比優勢族群學生少，加以弱勢族群學生，在家庭經濟或需要個人工讀，無法接受正規教育或完整教育，其教育成就必然比富裕者學生低，從原住民族學生及一般平地學生之學習成就差異可發現。巫有鎰（1996）研究發現，原住民學生學業成就低落原因在於：原住民父母教育期望較低，且原住民學生較常表現特殊的生活學習習慣，加上原住民家庭社經地位較低，家庭結構不佳（如單親家庭、隔代教養比例偏高及兄弟姊妹人數較多）等因素，對成績均有不利影響。

另外，原住民教育經費分配不公。黃木蘭（2001）以花蓮原住民教育機會均等進行研究發現：1.原住民學校經費分配不均等，其中以中央補助款分配情形最不均等，在教育優先區補助款及整建國民中小學教育設施補助款分配不均等情形最嚴重；2.原住民學校人事費以外的經常門支出比率太少，每生人事費占每生經常支出的 97%。造成教育資本門支出幾乎完全仰賴上級補助。而補助款分配過程受人為干預太多，補助款未發揮應有的效果。

為了解決原住民教育問題，就必須要有良好的規劃教育政策，政府於 1997 年 12 月制定《原住民族教育法》共 43 條。它規範原住民族的教育政策，其內容包括：1.教育權主體以族為單位；2.以民主協商的方式行使教育主權；3.設立原住民族教育委員會制定教育政策；4.尊重多元文化的教育制度；5.提出教育經費保障；6.延長義務教育年限至高級中學；7.加強原住民族成人教育。

㈢識字率與文盲率

識字率及文盲率高低代表國家現代化程度高低。國民文盲率愈高，對教育量需求會愈高；相對的，國家文盲率愈低，也就是識字率愈高，所追求的是教育品質。換言之，社會文盲率高低與識字率高低，對國家教育需求有決定性因素。張芳全（2004a）研究 1970 至 1999 年開發中國家人口成長、國民所得與文盲率關聯分析發現：這三十年間，開發中國家人口成長快速，但是國民所得增加有限，因此開發中國家的文盲率增加。此外，開發中國家農民識字率與農業生產有很大關聯。已開發國家，在正規教育發展至一定數量後，先進國家以進修教育、成人教育、終身教育或各種休閒教育，來充實人民對教育的需求，也是提供國民不同的進修管道。

㈣經濟發展程度

經濟發展常以國民所得高低作為代表。國民所得高低對人民教育需求具決

定性影響。國民所得代表國家國民對教育投資的能力。張芳全（2004b）運用迴歸分析與結構方程模式檢定影響因素與教育品質之間因果關係，以 1997 年的資料，選定六項教育品質指標與六個影響教育品質因素進行研究，發現影響 1997 年開發中國家教育品質潛在變項因果關係的存在，也就是說，國民所得的高低與教育量擴充和教育品質提高有因果關係。當國家國民所得或經濟成長愈高，教育量擴增會愈多。就以聯合國教科文組織（United Nation Educational, Scientific, and Cultural Organization, UNESCO）提供的統計資料顯示，當國家國民所得愈高，教育投資經費比例也愈高。

再從個人的購買力而言，當政府的補助及學生貸款或學生工讀的所得為一定時，若個人家庭所得愈高，其所能夠購買教育的能力也會愈強。教育的購買力愈高者，無論是購買何種教育，如出國留學，或是購買選擇性的教育，如高等教育，必比其他家庭所得低者容易。

㈤失業率高低

國家就業情形影響教育量需求。與就業相關概念，例如失業率、低度就業或大材小用，均會與教育量高低關係密切。當失業率愈高，對教育需求產生兩種不同反應：一是失業者會暫時進入正規教育繼續接受教育，以充實個人能力，等待時機，避免讓個人增加更多社會成本；二是接受高等教育者，其失業率愈高或其低度就業，代表過量教育的現象已產生。

以我國就業情形為例，15 歲以上民間人口數及勞動力參與率之變動，年平均增加率由 1997 至 2000 年的 1.4%，降為 2001 至 2006 年的 1.0%。在勞動力參與率方面，由於部分工時制度的大力推動，未來無論男性或女性之勞動力參與率，均將較目前為高。尤其在服務業比例繼續上升，有利於女性就業，及女性教育程度提升、生育子女數減少、托兒托老機構普設、彈性及部分時間工作機會增加等因素之誘導下，女性的總勞動力參與率上升將大於男性。

㈥都市化程度

現代化社會中，大都會人口集中情形相當明顯。都市人口集中，相對而來的對教育需求會增加。教育需求明顯表現出，學校集中都會，都會人口集中，對政府在教育的服務會變得殷切。曾天韻（2000）以1997年「台灣地區社會變遷基本調查——三期三次計畫社會階層組」的全國性大樣本（N=4313），針對個人背景變項與高等教育機會的關聯性，做多元迴歸及邏輯迴歸分析，探討背景變項對高等教育機會的影響。研究發現，在全體樣本中，出生年次愈晚、出生地都市化愈高、父親職業、父母親教育愈高者，「大專以上就學機會」愈高（以上 $p < .05$）。反之，鄉村地區由於地區對外交通困難及對外聯繫不易，加以社區人口結構屬於靜態、封閉，相形之下對於教育需求也會較為低落。

㈦國家發展的需要

教育政策應配合國家的整體建設。如此規劃，教育政策才不會形成具文。以我國而言，經濟發展步入關鍵階段，政府曾在1998年提出台灣地區發展成為亞太營運中心，建設亞太營運中心目標，進一步提升台灣經濟自由化、國際化程度，促使國內外人員、貨品、資金及資訊能夠便捷地流通，藉以充分發揮台灣在亞太地區與兩岸間經濟戰略地位，吸引跨國企業，鼓勵本地企業，以台灣作為投資及經營東亞市場根據地，凸顯台灣在此地區經濟整合所扮演的關鍵角色。

行政院經建會（2004）提出新世紀第二期國家建設計畫，在第二章強調要以教育作為主軸，其中在高等教育政策規劃方面強調：1.以競爭性經費推動國際一流大學，擇定競爭性領域建置頂尖研究中心，培育具國際競爭力之人才，帶動整體高等教育素質提升；2.鼓勵大專院校推動教師評鑑制度，以維持教師教學及研究品質；3.推動大專院校建置雙語環境，推動師生英檢，以提升大專院校學生外語能力，並逐年提升中小學英語教師通過中高級英檢比率，2008年可達50%；4.輔導大專院校推動產學合作，加強產業技術研發及諮詢服務，以厚植產業競爭力，並提升大專校院競爭力。

六、教育哲學決定教育政策價值

教育政策立法、政策形成及政策執行宜有教育哲學根據。美國實用主義的

教育哲學家杜威指出，教育哲學是「教育的指導原理，教育是哲學的實驗室」，此言指出教育哲學在教育政策之重要。教育政策形成與教育哲學關係密切，不同教育哲學、思想、主義、派典對教育政策規劃具有深厚影響。例如觀念主義、唯實主義、實用主義（強調知識有用為真）、存在主義（強調個體的自我意識及價值）、分析哲學、批判理論、後現代主義（強調學術沒有定於一尊的觀點）等，都有不同的價值及主張。

觀念主義的教育目的在於尋找真理、自我實現及品格發展。因此其重要的課程在於讓學習者學習數學、物理、生物學、文學、藝術、文法及歷史（詹棟樑，1996）。唯實主義有兩大派別，一是爭世紀的唯名論，它主要在強調以個體為真實的存在（林玉体，1991）；另一派是指在人的心靈之外有客觀的實體。如以後者出發，教育目的主要在追求以下幾項（蔡鈺鑫，1981）：1.教育目的在追求通才及專才並重；2.教育是有用的，能活用及應用知識；3.教育目的在增強學生心智作用；4.教育目的在於以生命之一切作為表現題材；5.教育目的在於以最簡單的工具獲得最大資訊；6.教育目的在於傳授觀念之力量，美感觀念及有關生命的特別感受；7.教育目的在培養審美風格；8.教育目的在培養審美感受；9.教育目的具有宗教性。

實用主義的教育目的在培養學生自我解決問題及社會適應能力，同時培養學生持續學習與思考能力。存在主義的教育目的有強調個人創造觀念的參與者、全人理想、鼓勵學生瞭解自己本身、培養對焦慮理解、引導學生養成生活的責任感（邱兆偉主編，1996）。此外，教育哲學也有個人主義及國家主義；前者在強調教育應有個別差異及培養個人風格，後者強調教育應以國家為導向，與民族及文化融合。

第三節　影響教育政策規劃因素

本節說明影響教育政策規劃因素。湯絢章（1993）認為影響政策規劃關鍵因素包括：1.知識缺乏（政策知識的豐富程度）；2.利益爭執（有無壓力及利益團體操作）；3.政策分析存疑（對政策分析的接受程度）；4.權力分配不當（規劃機關權力分配權責不當）；5.決策權威功效有限（行政首長的影響力有限）；6.專業任務處理有問題（幕僚機關的專業程度不足）；7.決策無法合作（機關之間的配合不佳）；8.決策技術過於主觀（政策規劃者過於以個人經驗及本位主義規劃政策）。本章認為影響教育政策規劃因素包括哲學層面、教育政策內容層面與政策外在因素，說明如下。

、教育政策的哲學層面

一、意識形態

意識形態是指一個人、單位、政黨或組織對社會或個人存有的一種價值信念及行為體系，這種信念或行為體系往往會影響一項事件的價值判斷。正因為意識形態對事物會有價值判斷，所以政策規劃單位、政策規劃者、政黨、社會大眾或行政人員等，都會具有不同的意識形態。詹中原（2003）指出，當前各國的政策意識形態分為兩大類：一是以美國及英國為主的盎格魯撒克遜式的國家治理意識形態；二是以歐洲國家（含北歐國家）為主的萊茵式國家治理的意識形態。前者強調政府再造，奠基於新公共管理及新右派的市場機制核心價值；後者強調國家對於社會福利的重視，不主張以市場為機制的新公共管理模式，強調國家應負起照顧人民權益的責任，涉及到公共利益的民營化亦需要由國家來管理與規劃，接著再交由民間來執行，更重要的是要建立平等制度，高所得者應繳更多稅賦等。

因此政策規劃應掌握政策規劃者、機關、政黨背後所持的公共政策意識形態。因為意識形態也決定了政策目標、內容、方案及未來的國家方向。就如英國的保守主義強調運用教育券來抵教育補助、美國的民主主義強調政府要大量投資高科技與教育，並維護公立學校教育經費（詹中原，2003）。

因此，意識形態與教育政策之間的關係就如圖 1-1。圖中的保守主義強調維護西方傳統價值、推動保守的福利政策；自由主義強調個人平等、強調要不斷改革才能讓社會進步。

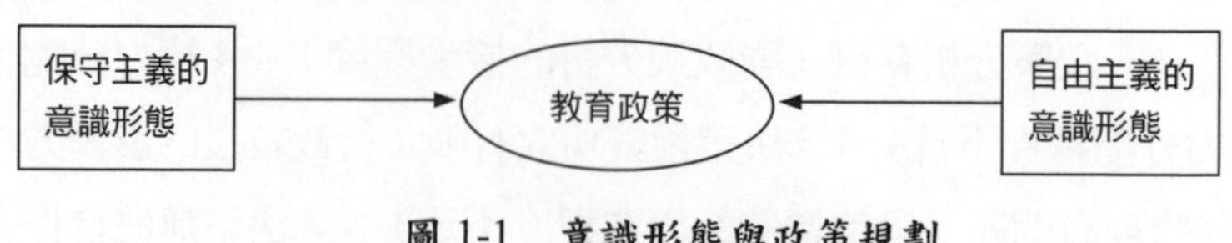

圖 1-1　意識形態與政策規劃

二、政策價值

教育政策規劃應有教育哲學根據。教育政策規劃的哲學依據就是政策價值的反應。政策價值就反應在政策目標之中。教育哲學派別很多，各種學派都有其價值與主張，就如存在主義在教育目的方面強調培養學生覺悟，為創造自我存在負責，所以在課程上重視人文學科；實驗主義教育目的重視培養學生經驗改造的能力與解決問題的能力，所以在課程上強調社會科學及重視活動課程；實在主義的教育目的強調培養適應現代社會需求的科技人才，及學生科學思考的能力，所以在課程上強調自然科學的重要（葉學志，1990）。

貳、政策內容層面

一、教育政策期程

政策規劃應掌握究竟該政策要執行期程或年期有多長，如此才可據以擬定出所需的經費、人力、執行機關配合、政策目標等。通常五年以上為長程計畫；二至五年者為中程計畫；一至二年者為短程計畫。政策期程確定旨在說明政策執行年度、所需經費、哪些機關應在期程中配合，並告知社會大眾配合。長程計畫風險較高，但是較有延續性及政策統整，也較易看出其政策影響力與政策效果；短程計畫則較彈性，如果政策無法兌現，可以在下年度調整，但短期內並無法看出政策效果；中程計畫其優點在於如果是延續性的政策可作為政策銜接，不會有期程過長易有政策沉澱成本，又不會有政策效果無法預期的問題存在。

二、政策預期經費

政策規劃應考量從哪裡獲得經費資源支持。經費資源多寡須透過政策規劃者對政策期程、人力需求、所需設備及應投入機關等進行舉列。通常它需要依據政府 2002 年修訂的《預算法》及 2000 年修訂的《決算法》編列政策經費。一般而言，吾人對教育政策終結都以經費執行完畢作為政策執行完成標準，但此種方式不妥。因為政策經費僅是管考政策執行的一環，政策執行是否達到效果應該依據所得到的政策效果與影響進行評估。

三、教育政策目標

教育政策規劃的重要前提是應先訂出該政策要達到的政策目標，因為政策目標是以政策問題為導向，有何種的政策問題就應有何種的政策目標。政策目標釐訂應具體、可數據化、可操作化、可以評估、可以作為衡量政策執行中問題的評估以及政策執行之後的結果評估。

政策目標不容易釐定，一方面是教育政策可能涉及的標的團體過多，無法滿足所有標的人口需求；另一方面是因教育以人為對象，要改變個人觀念並不容易，尤其在學生行為、態度、認知、人格上不易改變，所以政策目標訂定不易。因此政策目標可透過不同層次轉化，讓政策目標更具體可行。例如我國的最終教育政策目標是《憲法》第 158 條規定，接著應將所要的教育政策目標配合所要執行該類的教育法規的政策目標，例如《國民教育法》的立法精神；接續再將此目標轉化為地區或該政策所需的特定目標。政策目標訂定應將目標區分為期程的長短、量化目標與質化目標、機關目標與社會所需要的政策目標。

四、政策執行標準訂定

政策規劃過程應掌握政策執行之後的評估標準，也就是政策執行結果及影響程度是否如政策規劃預期。規劃者應掌握未來政策執行之後的預期影響及預期結果。為了衡量這結果，此時就需要訂定執行標準。

訂定執行標準應掌握幾個原則：1.標準應可衡量者，例如可透過數據掌握；

2.標準應多元內容，有量化標準與質化標準；3.標準訂定應由規劃人員與執行機關，甚至包括政策專家及行政首長共同訂定，此時較能夠掌握多數人共識，也較能為執行者與規劃者或規劃機關認同；4.標準應包括過程與結果，評量不可僅有政策執行影響與結果，亦應掌握政策執行過程的問題、不同期程中預期成效的達成效果。

五、政策評估依據

政策規劃過程中要訂定政策執行的結果及影響力有其依據，也就是說政策評估依據並非無標準與沒原則。這些依據包括：1.應依據原先政策規劃所提出的政策目標來進行評估；2.依據政策規劃所編列的教育經費預算多寡進行評估；3.應依據政策規劃所列期程及各個細部方案預期執行完成時間進行評估；4.應依據政策規劃所列標準進行評估，也就是沒有在事先所列的評估標準，不可事後或在沒有共識前提下作為評估標準。

六、行政首長支持

行政首長對政策規劃支持，是政策能否繼續規劃或在未來政策形成之後能否執行的重要因素。教育部長為政務官，常有人在政在、人亡政息的現象，也是民主國家例行公事；所以教育部長對所屬政黨政策規劃案的支持更形重要。因為政策規劃案常因為不同政治立場、政黨、族群、性別及利益團體，將原先政策規劃案予以否決，所以如果有政務官背書會讓政策規劃更可行。而主管教育行政首長有些是事務官，它是一種技術幕僚，不受政黨政治的影響，這種行政首長的支持對政策規劃案較能獲得延續實施。

參、政策外在因素

一、教育政策合法化

政策規劃的重要前提，宜思考如何將教育政策規劃方案或政策合法化。進

行合法化的目的在讓教育政策取得正當程序及制度化地位。這用意有幾項：1.可以爭取該項政策規劃後的教育政策所需經費；2.可以獲得民意機關認同及未來可以獲得評估標準依據；3.可以獲得政策延續依據；4.可以獲得社會大眾支持；5.不會因為行政首長的異動，教育政策就停擺；最後，取得合法化的地位可以讓教育政策取得正當的法定地位，以便獲得執行機關認同及標的團體順服。

政策合法化是讓政策規劃方案取得正當程序地位。合法化需要經過民意機關審查，如果是教育法案與預算需要三讀會審查，這才算是讓該政策方案通過。因為需要經過民意機關審查，此過程是一項政治性的過程，也就是行政機關首長、利益團體或是政黨之間可能會有遊說、請託、關說、抗議、示威或利益交換，此過程就顯示政策是政治舞台反應的事實。

二、政策執行者

它包括執行機關、執行人員、配合人員。政策規劃應考量執行機關的權責、執行能力、人員編制、執行機關行政首長影響力、行政機關位階等。執行者須對政策完全的掌握才可以讓政策執行順利，執行者態度不可保守、僵化與本位主義。相對的，執行人員應具有政策專業素養、政策分析能力、危機處理能力，以及對於政策延續與統整能力，能掌握何者應為、何者不應為。執行的配合人員，例如政策利害關係人、社會大眾、校職工等，政策規劃應考量他們是否支持規劃的政策，或持相反或更激烈的態度，所以，政策規劃者為了掌握這些人的意見，應在政策規劃時釋放出政策氣球或進行政策正反面意見調查。

三、影響的標的人口

政策規劃應掌握政策所可能影響的人口，這些人口包括教師、學生、校長、教育行政人員、社會大眾、產業及政黨等。要能明確列出影響的標的人口不容易，因此政策規劃者對於所規劃的政策就需要限定範圍，也就是說，是規劃國民教育政策、社會教育政策，或是高等教育政策？抑或是師資培育政策？在同一個政策領域更應列出各細項政策標的人口，例如在規範師範教育政策時，究竟影響的是實習生、現任教師或即將退休教師？或是師範校院？抑或是師範校

院行政人員等。張芳全（2004c）就新制師資培育政策，以政策利害人共 144 名的觀點分析發現，認為新制師資培育政策沒有津貼不合理的程度為 88.2%；認為要交四個學分費作為實習費不合理者也有 84.7%；認為教師檢定要考四類科不合理者為 61.8%。

四、政策系絡環境

政策系絡環境包含政治、經濟、社會、文化及法制層面。系絡環境是政策執行的重要場域，以政治環境而言，政策規劃應掌握政黨政治形態（是一黨專政或政黨政治）、各政黨在民意機關的代表人員教育程度及問政風格、人民對於政治熱中程度、政府體制（是三權分立的政治體制或五院分工的行政體制）。以經濟環境而言，政策規劃應瞭解每年度中央教育經費預算的額度，補助地方及所轄的教育行政機關的經費多寡、預算審查方式為何、決算制度又是為何。再如一個國家的經濟成長率較高，相對投資教育經費應較高，所以政策規劃者應掌握政府教育經費占國民生產毛額比率、教育經費占中央政府經費比率，以及各級教育經費的分配屬性，如此才可以掌握教育經費來源，從事教育政策規劃。

就社會系絡而言，政策規劃者應掌握幾項：1.社會對教育的價值觀為何？是重視文憑主義或重視個人的技能養成？2.社會是一個開放社會或封閉社會？如果是開放社會，政策規劃期程及實施方式更應重視社會變遷及社會問題多樣性，若是封閉社會，則以一元化政策規劃（即由上而下由政策規劃機構規劃就算數，不必再徵求社會意見）；3.人口結構變化，即不同階段教育的學齡人口數、老年人口數、勞動力人口數、產業所需的人力需求都應掌握。尤其失業率更不可少，掌握失業率可進一步探討教育量與失業問題；4.社會人口結構的教育程度高低。一個社會是教育程度高者較多，政策規劃者所提出的政策方案較易傳達，也就是溝通較易獲得回應，反之教育程度較為低者居多，對教育政策規劃方案較為興趣缺缺。

就文化面而言，政策規劃者對一項政策規劃，在某種程度應與社會文化結合，因為教育的目的在追求文化的傳承、創新與繁衍。因為教育政策提供了國民的教育需求，解決國民的教育問題，相對的，人民素質提升，進而會研究與創新更多的知識，而這些知識的累積與傳承，就是文化面的表現。

五、民意支持

民意支持包括，中央與地方民意機關對行政機關的支持，以及社會大眾對政策規劃之後的順服程度。就前者而言，中央的教育政策立法（即《中央法規標準法》所列的法、律、條例與通則）需要立法院三讀通過才呈請總統公布。據 2000 年《地方制度法》規定：縣市政府制定的自治條例需要縣議會三讀通過，縣市首長公布才可實施。除了教育法案之外，預算案亦應經過民意機關的三讀。除了上述民意機關對於政策規劃案的支持以外，政策執行後，行政首長於民意機關審查預算時都須接受民選官員的監督。《憲法》第 36 條規定立法院開會時，關係院院長及各部會首長得列席陳述意見。

社會大眾對於政策規劃案支持，是民眾對於規劃政策的接受程度，政策規劃者可經由設計問卷調查來掌握民意背向。

第四節　教育政策規劃原則

規劃教育政策並非依據教育行政機關首長的個人意志及經驗就進行規劃，規劃教育政策應掌握重要的原則。張菀珍（1998）指出教育政策規劃應掌握：1.開放性，也就是掌握社會因多元及開放所產生較為複雜的問題；2.前瞻性，即要有遠見；3.策略性，即規劃人員對於未來要有贏的心態，也就是要積極；4.權變性，也就是應依據環境不斷的做調整；5.整體性，即要掌握社會變化、人民需求；6.連貫性，即要在不同時間下都能進行規劃；7.可行性，要掌握工作重點，有計畫的協調與整合。Kaplan（1973）也指出在政策制定及規劃上應注意幾項原則，這些原則包括公正（impartiality）、分配（distributitive）、連續（continuity）、迫切（urgency）、自主（autonomy）、受益是個人（individuality）及最弱勢者受到最大的保障等原則。其意義說明如下：1.公正（impartia-

lity）。主要的意義是要讓每位受教主體受到合理與公平對待，以及讓所有教職員工有公平待遇；2.分配（distributitive）。即在地域、個人、公私立學校等都受到合理分配資源；3.連續（continuity）。也就是制度化政策延續政策，不會人亡政息；4.迫切（urgency）。即以民眾與受教主體最重要問題為優先；5.自主（autonomy）。可授權地方與學校的權限，就應讓其自主決定；6.受益是個人（individuality）。它以滿足個人教育需求為主；7.最弱勢者受到最大保障，也就是不將弱勢族群排除在政策影響層面之外。

從上面可以瞭解，教育政策規劃應掌握：公平公正、合理分配、連續、迫切、自主、受益個人、對弱勢者受到最大保障、前瞻性等，說明如下。

一、公正公平原則

此原則主要是說，政策規劃應對受教主體、教師及行政人員都公平公正的對待，簡單的說，對所有國民接受教育一律均等；對於教學者也能有公平的對待、對行政人員也有公平的權利。林文達（1986）指出，公平分為水平公平、垂直公平及代間公平：水平公平係指每一個人、家庭及地區取其相同特性，給予相同待遇；垂直公平是指每個人、家庭及地區取其不同特性，給予不同待遇，也就是依個人不同的稟賦獲得不同的教育資源；代間公平是教育經費負擔由上一代及下一代共同分擔。

就台灣的國民接受教育機會均等來說，2005 年 11 月修正公布的《教育基本法》第 4 條規定，人民無分性別、年齡、能力、地域、族群、宗教信仰、政治理念、社經地位及其他條件，接受教育之機會一律平等。對於原住民、身心障礙者及其他弱勢族群之教育，應考慮其自主性及特殊性，依法令予以特別保障，並扶助其發展。對於教學及行政工作人員，如遭遇到不合理的對待，也有公平公正的對待，以教師來說，可以依據《教師申訴評議準則》進行申訴；而對於教育行政人員若受到不當損害，可以依《行政訴訟法》提出訴訟。

二、合理分配原則

合理分配係指對教育資源、教育經費及標的團體影響程度應有合理分配。

以教育資源來說，應對於各級及各類的教育經費有公平及合理的分配，尤其應以不同等級及類別的教育成本納入考量。對於弱勢、貧者及教育資源不利地區更應合理的提供教育經費。就如 2004 年 6 月 23 日修正的《特殊教育法》第 30 條規定，各級政府應按年從寬編列特殊教育預算，在中央政府不得低於當年度教育主管預算 3%；在地方政府不得低於當年度教育主管預算 5%；地方政府編列預算應優先辦理身心障礙學生教育。這就規定中央與地方教育經費分配應固定比率。2004 年 9 月 1 日的《原住民族教育法》第 9 條規定，中央政府應寬列預算，專款辦理原住民族教育；其比率合計不得少於中央主管教育行政機關預算總額 1.2%。各級政府應鼓勵國內外組織、團體及個人捐資興助原住民族教育。

教育政策規劃合理分配，一方面應考量不同層級的教育政策，例如國民中小學教育、高級中學教育、高等教育政策、技職教育政策、師資培育政策、終身教育政策等。一為各級產業分配教育經費，例如是否中央辦理高等教育、地方辦理國民教育，這些教育產業經費分配是重要的政策分配問題；另一是公私立教育產業應如何補助等教育分配政策，就如我國向來重視公立學校發展，對大多數學生人數的私立學校則為人所忽略。當然弱勢族群，例如殘盲聾啞、身心障礙學童無法得到應有的教育權益，也是一種教育政策分配不當的反應。

三、連續原則

政策延續是指政策合法化之後，不論是行政首長或政黨輪替，都應以先前合法化政策作為延續施政方向。管延愷（2001）研究台灣在 2000 年政黨輪替之後的政策延續性，發現公務人員政治中立、憲政體制下的國家認同、文人領導的文武關係與政黨輪替後的政策延續性，並依據這四項指標，針對台灣政黨輪替後的政治生態進行檢視。各指標項目的檢視順序分別為理論說明、政治現狀的探討、現實問題的指陳與改進的建議四個部分。研究發現台灣在政黨輪替之後，四項指標檢視結果都顯示，我國在民主化過程中仍有相當多努力的空間。

近年來教育部規劃的教育政策，乃至發布很多政策，常以部長一人之政策為政策，例如 1997 年吳京部長一人決策女大學生上成功嶺就是一例。教育政策為一人主觀、本位立場、先入為主的教育政策，僅以一個人主觀見解作為政策規劃。教育部在部長一人政策決策模式下，常讓社會不知所措。

四、迫切原則（urgency）

教育政策要解決迫切的教育問題。我國教育問題不外是中央教育權限，縣市教育局教育發展受限。我國《憲法》164 條教育經費下限遭到凍結之後，雖然 2000 年 11 月公布《教育經費編列與管理法》，明訂政府應以前三年教育經費支出的平均值 21.5%作為上限，但政策執行有很多問題，例如該法規定要制定教育品質指標作為分配教育經費依據，教育品質的認定並沒有客觀的標準。因此，該法在無法讓經費規定與教育計畫配合下，如何讓未來教育正常發展，是迫切要解決的問題。

迫切原則也包括政府對受教主體應有強制要求監護人或家長送子女入學。就如 2002 年 2 月 10 日的《強迫入學條例》第 2 條規定 6 至 15 歲國民之強迫入學，第 9 條規定經警告並限期入學，仍不遵行者，由鄉（鎮、市、區）公所處一百元以下罰鍰，並限期入學；如未遵限入學，得繼續處罰至入學為止。

五、自主原則（autonomy）

教育政策規劃宜符合教育自主原則。教育部對教育產業發展綁手綁腳，中央教育主管機關對於大學校院的經營管制過多、對學校招生人數限制、學校設立設限過嚴、對體制外學校無法讓它們合法化，對於大學自主管制過多是影響政策規劃的主因之一。教育政策自主是在保障教育產業發展空間，並使公私立教育產業發揮更多教育特色。倘若我國沒有讓各級及各類的教育政策自由化，教育發展將沒有競爭力。

六、個人受益原則（individuality）

教育政策規劃主要在解決教育情境的人員問題。它包括學生、老師、行政人員及家長。例如政府為保障學生安全於 2004 年 3 月 10 頒行《高級中等學校辦理平安保險辦法》，該辦法第 3 條規定學校學生應參加學生平安保險。

2004年6月23日《職業學校法》第4條之1規定重大災害地區學生、政府派赴國外工作人員子女、參加國際性學科或術科競賽成績優良學生、運動成績優良學生、退伍軍人、僑生、蒙藏學生及外國學生進入職業學校就讀，不受招生名額、方式之限制。

七、最弱勢者受到最大保障

教育政策主要在解決國民的教育問題，有很多的教育問題發生在弱勢族群之中。我國教育資源城鄉間差距相當大，1995至1998年教育部進行整建國中小及教育優先區計畫，對落後地區補助投入670億元教育經費，但是在政策方案中有很多矛盾，例如整建國中小教育設施計畫中，曾要求各縣市的中小學若有實施常態編班，才可以獲取相當補助，教育當局是以台灣西部地區或都會地區學校較有大班考量，但並未考量花東地區或離島地區學校本來就已是常態編班。由於離島地區人口大量外移，很多學校早已小班教學，平時也做好常態編班教學，可是，這些地區的學校卻無法得到經費補助。這顯然是教育政策未考量最弱勢者受到最好保障。

八、前瞻性原則

教育政策主要在解決國民的教育問題，教育問題並不一定存在於當下，教育問題可能是潛存於社會及教育體制之中。教育政策問題包括了過去的教育問題、目前的教育問題及潛在的教育問題，教育政策規劃的重點，除了掌握過去及目前的教育問題進行規劃之外，更重要的是，要對於潛在的或可能即將發生的教育問題進行掌握。畢竟規劃的重點在於掌握未來可能發生的問題進行分析，並預為籌謀，對問題提出良策，如此才可以防患於未然。

總之，教育政策規劃應考量公正、分配、連續、迫切、自主、受益是個人及最弱勢者受到最大保障、前瞻性等原則。

本章的討論問題

一、可否說出教育政策形成的過程？

二、教育政策規劃模式很多，可否指出兩項，並說明它們的優劣？

三、進行教育政策規劃，宜掌握哪些重點項目？

四、教育政策規劃並非空穴來風，教育政策規劃應掌握哪些依據？

五、影響教育政策規劃的因素為何？

六、試指出教育政策規劃的原則為何？

參考文獻

一、中文部分

行政院經建會（2004）。**新世紀第二期國家建設計畫**。台北市：作者。

吳定（1998）。**公共政策辭典**。台北市：五南。

巫有鎰（1996）。**影響國小學生學業成就的因果機制——以台北市和台東縣做比較**。國立台東師範學院國民教育研究所碩士論文。（未出版）。

林文達（1986）。**教育財政學**。台北市：三民。

林文達（1988）。**教育計畫**。台北市：三民。

林玉体（1991）。**西洋教育史**。台北市：文景。

邱兆偉（主編）（1996）。**教育哲學**。台北市：師大書苑。

張芳全（2004a）。1970 至 1999 年開發中國家人口成長、國民所得與文盲率的關聯分析。**教育與心理研究，27**（1），29-64。

張芳全（2004b）。影響開發中國家教育品質因素之模型檢定。**教育與社會研究，6**，27-68。

張芳全（2004c）。新制師資培育政策分析：政策利害人觀點。載於中華民國師範教育學會編，**教師專業成長問題研究**（頁 215-250）。台北市：學富。

張芳全（2004d）。**教育政策分析**。台北市：心理。

張菀珍（1998）。社會教育政策規劃的原則與方法。**社會教育學刊，27**，177-194。

張靜平（2004）。**教育指標、健康指標、經濟指標與預期壽命關係之研究**。國立台北師範學院教育政策與管理研究所碩士論文。（未出版）。

教育部（2006）。**2002 至 2005 年教育部中長程計畫所規劃的策略績效目標**。2006.4.10 取自 http://pm.rdec.gov.tw/grpmis/mids/教育部(All).doc

曾天韻（2000）。**台灣地區出身背景對高等教育入學機會**。國立台東師範學院教育研究所碩士論文。（未出版）。

湯絢章（1993）。**公共政策**。台北市：華泰。

黃木蘭（2001）。**原住民學生學校教育機會均等之研究——以花蓮為例**。國立花蓮師範學院國民教育研究所碩士論文。（未出版）。

葉學志（1990）。**教育哲學**（四版）。台北市：三民。

詹中原（1997）。**我國公共政策及發展之後設分析**。行政院國家科學委員會專題研究計畫成果報告。

詹中原（2003）。**新公共政策——史、哲學及全球化**。台北市：華泰。

詹棟樑（1996）。觀念主義的教育哲學。輯於邱兆偉主編（1996），**教育哲學**（頁 33-53）。台北市：師大書苑。

管延愷（2001）。**台灣政黨輪替過程中民主鞏固的探究**。國立成功大學政治經濟研究所碩士論文。（未出版）。

蓋浙生（1999）。**教育經濟與計畫**。台北市：五南。

蔡鈺鑫（1981）。懷德海教育目的一文研究。**中正大學社會科學分冊，3**（1），1-25。

謝文全（2004）。**教育行政學**（二版）。台北市：高等教育。

魏鏞（2004）。**公共政策導論**。台北市：五南。

二、英文部分

Banghart, F. W., & Trull, A. Jr. (1973). *Educational planning*. New York: The Macmillan.

Bush, T. (1986). *Theories of educational management*. London: Harper & Row Ltd.

Chadwick, G. (1971). *A system view of planning*. New York: Pergamon Press.

Dunn, W. N. (1994). *Public policy analysis: An introduction*. Englewood Cliffs, N. J.: Prentice-Hall.

Kaplan, A. (1973). On the strategy of social planning. *Policy Science, 4*(1), 41-62.

Starling, G. (1988). *Strategies for policy-making*. Chicago, Illinos: The Doresy Press.

Weber, M. (1947). *The theory of social and economic organization*. New York: Free Press, Glencoe, Illinois and Collier-Macmillan.

第二章
教育政策規劃方法

一、瞭解人力規劃的方法。

二、能指出教育政策規劃的技術。

三、會運用不同的統計方法於政策規劃。

四、民意調查法的意義及應用。

第一節　人力規劃方法

教育與人力發展的關係密切，教育政策規劃適當，對國家人力發展將有很好助益，人力發展包括人力需求、職業與產業與教育配合。關於人力規劃方法頗多，Psacharopoulos（1987）在其主編的《教育經濟：研究與研習》（*Economics and Education: Research and Studies*）一書中，就列出地中海型區域計畫法、投入與產出分析法、產業間模式法、國際比較法、線性規劃法、Bowles模式、社會需求模式。林文達（1985）也提出了人力需求法、成本利益法及社會需求法。張丕繼（1979）也歸納了雇主意見調查法、地中海型區域人力規劃法、外推趨勢法。綜合以上，本章列出常見的方法，這些可視為教育政策規劃方法，不同方法各有特色及限制，說明如下。

壹、雇主意見調查法

此法旨在運用問卷徵詢產業界雇主，在未來若干年內，他們希望雇用何種人力類別及數量，然後各企業雇主提出人力類別及數目，並將死亡及退休預估額估計在內，即知悉未來短期內產業界的人力需求；它在教育政策規劃可應用於高等教育系科班組人數的調整。因為政府要培育多少類型人力，有賴於產業界提供資訊，如果業界提供人力需求，學校才可密切配合。其優點在於業界明確提供人力需求類型，教育當局易掌握；缺點在於業界提供人力可能是急迫、個別或提出的訊息有本位主義，而學校培養人力需要一段時間才可完成，學生畢業時已不再需要該類型人力是最大問題。

此種方法主要用於對高級技術人力預估，便於短期人力計畫進行，在學校就業輔導亦有其價值。其限制在於：1.一般雇主常避重就輕，隨便填答；2.雇主亂填答，尤其自顧不暇，沒有時間理會政府的人力調查真正需求；3.基於產業機密，對真正人力需求並未做精細及深入分析；4.各企業不斷競爭，對未來所需人力亦常不據實以告之外，更有意要混亂產業界的人力需求以尋求自保；5.對今後市場競爭及可能發展難以預知，雇主無法對未來進行預測。此法較盛行

於實施自由經濟政策國家。

、增加勞力產出比例的外推趨勢法

「勞力」係指某一職業類別之特定勞力而言，而「產出」係指工業國家收入產出，它是依據國家收入，利用外推法求出某一職業類別之勞力人數的直接迴歸，據以預估此種人力之需求。同樣，亦用某一特別人力數的直線迴歸，據以預估此種人力需求。它亦可利用某一特別人力之產出的直線迴歸以及某類人力在整個經濟各部門勞動力所占比例，以預估各部門對某類人力需求，此種較適用於先進國家，如果沒有時間系列資料，人力估算出來的結果不可靠。

它在政策規劃扮演重要角色，尤其它估算教育應培養何種人力來供給產業需求。例如台灣 1950 年代以農業為主，製造業未受重視，而經濟發展之後，1980 及 1990 年代各轉型為製造業及服務業。因此以過去產業發展趨勢來掌握未來教育應提供何種人力需求及課程內容，也是一種政策規劃所應掌握的取向。

、密度比例法（Rate of Saturation Method）

此法旨在利用外推法，建立兩類人力間比例，某一類別人力與該部門人力與整個經濟制度中總人力比例。舉例言之，利用外推法，估計某一工業所雇工程師及科學家與該工業所雇人力總數比例。它先估計合格人力在某一經濟部門勞力之穩定分數，然後再利用此一分數到其他部門，以推估整個經濟制度中的總勞力需求。此外，尚可估計各種人力之間的穩定密度比例，例如科學家與工程師之比，工程師與技術師之比，由推估某種人力導至推估另一種人力需求。它有助於未來科技人力培育掌握，因為從過去的總經濟勞動人口中，掌握尖端科技人力的比率，有益於科學人力培養。

例如 2003 年各國大學以上畢業生結構的類科比率，台灣在工程、製造業及營造業為 26.2%，均比日本、美國、法國及德國還高，而台灣在醫藥衛生及生物科技比起這些國家的比率還低。如表 2-1。

表 2-1　2003 年大學以上畢業生結構——按學科分　　　　單位：%

國別	教育	人文藝術	社經商業法律	服務	工程製造營造	農業	醫藥衛生	生物科學	體育	數學統計	電算	未分類
台灣[4]	4.8	9.3	28.2	1.4	26.2	2.5	8.3	3.2	1.1	1.7	7.9	5.5
日本[2]	5.8	18.3	36.4	1.8	20.8	3.2	6.1	4.7	x (8)	x (8)	x (8)	2.9
韓國	5.2	20.3	22.2	4.5	27.9	1.1	7.9	3.6	3.5	2	1.9	a
澳洲	11.8	11	37.7	2.7	7.3	1	13.8	3	2.1	0.4	9.2	n
紐西蘭	12.2	11.8	37.6	2.2	5.2	1.5	14.8	2.2	3.9	1	6.7	0.7
美國	13.1	15.5	41.7	2.4	6.4	1	8.7	3.8	1.4	0.9	3.9	1.2
丹麥	10.4	15.2	24.6	1.1	9.7	1.3	31	2.4	2.3	0.4	1.6	a
芬蘭[1]	6.8	11.7	23.5	5	21.3	2.4	21.8	1.3	1.8	0.6	3.8	n
法國	9.3	16.9	39	3.1	12.4	0.3	2.6	5.8	4.8	2.5	3	0.3
德國[3]	7.7	15.1	27.9	1.9	17.3	2.1	14.5	3.3	4.6	1.8	3.9	n
愛爾蘭	10.4	18.1	29.1	0.8	8	1.2	12	5.3	2.1	0.7	9	3.2
挪威	18.9	7.8	21	2.8	8.9	1.1	27.3	1.1	1	0.2	6.2	2.9
瑞典	17.8	5.1	21.3	0.9	20.8	0.8	24.1	2.6	2.2	0.6	3.8	a
瑞士	11.3	12.1	35.5	1.5	13.2	1.5	10.9	3.5	3.5	0.7	5.8	0.6
英國	10.8	17.2	30.6	0.7	9.2	0.9	11.9	6.9	4.1	1.5	6.2	n

註：1.為 2002 年資料；2.所有科學類併入生物科學；3.不含第二學位；4.我國資料服務業含觀光服務業；生物科學含自然科學；未分類含家政、交通、大眾傳播。

資料來源：整理自 Education at a glance. OECD (2005), Tab. A3.5. Paris: The Author.

肆、國際比較模式（The International Comparisons Model）

還有一種人力規劃方法是國際比較法。國際比較法是以國際資料或教育統計資料進行分析，來評估一個國家未來的人力需求。國際比較法需要找尋相關的勞動力與教育指標作為提供勞動生產力調整基礎。接著運用人力規劃技術進行估算。它是以先進國家在某一時間點的發展能力，作為某一個國家學習的標的。Psacharopoulos（1987）就指出，Harbison 與 Myer（1964）計算出落後國家與開發中國家的中等教育在學率各為 2.7%與 12%，因此落後國家要追上開發中國家的中等教育在學率就要增加五倍。

簡單的說，此法先預估本國幾年後的工業生產力，將達到某一先進國家某一年水準，再以該先進國家當年經濟各部門人力分配，推知自己國家幾年後所需人力資源分配。例如法國曾與若干先進國家做比較，以預估某一時期該國二十五個經濟部門之勞動力分配。義大利於 1960 年曾預估十五年後該國勞動力分配，其假定 1975 年義大利生產力將達到法國 1960 年水準，接著進行義國的人力培育。此種方法優點在於：1.已有先進國家或先前案例可循，僅要依據先前經驗，照理會達到目標；2.此發展經驗可節省學習時間，避免不必要的錯誤路線問題。其限制有：1.國與國之間背景不同，他國經驗不一定雷同與學習的國家，因為社會價值觀、政府體制、教育文化及政治民主化程度都不同；2.它假定已開發國家在某一種生產力會有多少產出，學習國家僅投入與他國相同資源即可，這種生產力假定不可靠，所以應用頗多限制。

國際比較法在政策規劃中可掌握他國人力規劃發展經驗，一方面提供國人掌握國際脈動，一方面可以作為國內人力規劃及政策參考。但是其缺點在於沒有任何兩個國家可同時有相同國家發展經驗（政治、經濟、文化、教育、社會等），同時國際之間的發展快速，並無法完全移植。而其優點在於依據先進國家腳步即可完成所要的人力及國家發展，這可減少國家在發展過程的問題及更快速達到發展目標。這方面可參考張芳全（2006）的研究。

伍、帕尼斯——地中海地區規劃法（Mediterranean Regional Project）

帕尼斯——地中海地區規劃法於 1961 年實施。它一開始主要是作為六個地中海鄰近國家的合作發展方案，這六個國家為希臘、義大利、葡萄牙、西班牙、土耳其與南斯拉夫。基本上它是一種直線式的規劃方法，也就是基於一個國家經濟體的投入與產出的效果進行規劃，政策規劃者可以透過最後的產出值規劃未來的人力需求。它將一個國家或經濟體未來可能的國民生產毛額依產業的需求進行切割，盡可能將產業細部化到個別產業，接著瞭解它們這些產業的需求，再進行這些產業人力需求的預測（Williams, 1987）。

其主要步驟為：第一，先設定未來某一目標年可獲致之國民生產總毛額，也就是國家未來的經濟發展目標；第二，將此國民生產總毛額分配至主要經濟部門成為部門目標，例如經濟部門、勞動部門，依此類推，部門目標亦可再予細分；第三，求出平均勞力產出係數，並將之應用至部門的國民生產總毛額目標，以推估該部門的人力需求；第四，再將此等經過推估所得人力分配至各種類別的職業中；第五，將勞力的結構轉換成教育結構，並訂定各種職業所需人力之正規教育類別及等級。此法係以國民生產總毛額目標為導向，雖然目標預定與實際常有不少出入，但就實效而言，則比前述四種為佳。

此法的公式如下：

$X(X_J/X)(L_J/X_J)(L_K/L_J)(L_I/L_K)$ ＝ J 部門 I 行職業所需的各級教育的人力矩陣

X 代表國民生產毛額或國家總生產值

X_J代表各部門的產值

L_J代表各部門需求總人力

L_K代表各行職業需求人力

L_I代表各行職業需求教育人力

陸、社會需求模式（Social Demand Model）

社會需求法是以社會大眾個人立場對教育需求，而非對經濟發展需求作為政策規劃基礎。每位國民的價值偏好不一樣，對於教育需求的類型就不同。因此掌握影響社會需求的因素就頗多，例如學生家庭背景、家庭文化資本、性別、個人智能、教育成就、興趣與期望。一般而言，國民接受基礎教育、義務教育應是一樣的，但是教育成就卻受到家庭環境與文化資本的影響，因而教育成就在性別、教育期望上出現差異。Boudon（1974）指出，解釋社會文化的差異導致教育選擇不同，有三種理論可以解釋：第一是根據價值理論，也就是不同的社會等級有不同的社會價值體系，這些不同的價值體系就影響家庭或孩童對於教育價值或利益的選擇；第二是社會地位理論，它指出不同的社會等級有不同的社會距離，高社會階層的家庭對於獲取較高等級的教育機會較多，受到阻礙的機會較少；第三是文化資本理論，它主要強調教育機會不均等是受到不同等級在文化資本上的差異。

它需要掌握影響教育政策之社會需求因素，包括：1.社會價值體系：也就是社會中一般國民普遍存在的價值觀為何？父母對學校之價值觀念與對子女抱負水準，均能影響子女接受何種教育。通常，農業社會的家長對女性接受教育的期望較低，男性較高，服務型社會就不一定；2.文化背景：各種社會階層對教育常懷有傳統態度，而影響不同的需求，社會階層較高的家庭對子女的教育期望也較高；3.人口年齡結構：各級學校之人口組合及男女比例為規劃各類教育量基礎；4.人口密度及分布類型：此因素影響教育之地區需求，亦影響設校地點、學校增班及學校容量；5.社會形態：也就是社會結構區分為農業、製造業及服務業，不同的社會產業結構不同，需要不同的專業人力；6.政府教育施政願景：各國均有獨特之教育理念和政策，關係到教育制度的結構式建立；7.國家發展目標：教育目的在促進個體發展、經濟成長、社會文化傳遞，各國均有側重方向。

柒、成本利益分析

它主要在考量政策規劃之後政策的成本與效益。教育政策規劃應考量政策執行成本。所謂教育政策成本是對特定目標價值的衡量。規劃未來政策執行成本應包括政策期程、人力、設備、材料的實質成本與機會成本。規劃教育政策掌握成本是教育規劃者及教育行政機關應考量。以發生時間區分，有過去成本與現在成本，前者如教育政策在規劃前所投入的規劃費，後者則是目前支應於教育政策的成本。以性質區分，有機會成本與支出成本，機會成本是教育政策投入之後，無法在另一項教育政策投資所損失的成本；支出成本是教育政策所支應的一切成本，例如經常成本及固定成本。決策者觀點區分，有增量成本及沉澱成本，前者是增加政務所支出的成本，後者是因為無法執行政策，而先前投入的成本損失。另外也有以業務區分為變動成本及固定成本。衡量成本效益標準包括：1.成本一定，利益最大；利益一定，成本最低的規劃量；2.成本、利益同時變動，收益為最大規劃。其公式如下：

一、成本利益比

$$\frac{B}{C}=\sum_{t-1}^{n}\frac{b_t}{(1+i)^t}\Big/\sum_{t-1}^{n}\frac{b_t}{(1+i)^t}$$

式中：i 為折現率。

t 為利益及成本發生期間。

b_t、c_t分別為 t 年的利益及成本。

二、成本利益現值

$$\text{Epdv}=\sum_{t=1}^{n}\frac{b_t-c_t}{(1+i)^t}$$

三、教育內在收益率

$$\sum_{t=1}^{n}\frac{b_t-c_t}{(1+i)^t}=0$$

式中：r 為內在收益率。

表 2-2　教育政策成本效益分析

任務	說明
問題建構	經由目標、目的、方案、標準、標的團體的成本利益界定，形成整合性問題
目標界定	將一般目的轉為短暫、特定目標，它是可測量的
方案界定	問題建構階段由較多潛在解決方案選出最好、最可行的方案
訊息探索分析及解釋	訊息確定、分析及解釋，作為特定政策方案的預測結果
標的團體及利益團體認定	列出所有團體（政策利害關係人）。這些人員參與政策的行動或不參與行動的標的人員，或在行動或不行動下獲得利益者
估計成本效益	估計特定單位利益及每種方案成本比例（內在、外在；直接及間接，主要與次要、有效及重分配價值）
成本效益折現	基於某種特定折現因素，將經濟成本和效益轉為現在價值
估計風險及不確定因素	運用敏感度及未來環境分析，估計未來可能的成本及效益
決定標準及選擇	從眾多方案中選擇標準
政策推介	方案選擇是最合理，且考量倫理及因果假設

如何進行成本效益分析呢？其步驟如上頁表2-2。教育成本效益分析步驟是從問題建構、目標界定、方案界定、訊息探索分析及解釋、標的團體及利益團體認定估計成本效益、成本效益折現、估計風險及不確定因素、選定方案等。

捌、實驗設計

有些政策需要經過適當的時機實驗之後，才可以瞭解政策是否適合民眾所需；亦即實驗研究設計也是政策規劃方法之一。實驗研究設計是政策規劃者以一項政策實驗處理，接著來瞭解該實驗處理（即操弄自變項）以瞭解政策結果（依變項）反應。實驗研究設計主要在讓政策實驗處理效果愈大愈好，實驗的誤差愈小愈好，這會讓實驗變異愈大，代表政策效果愈好。進行實驗時，應找一組對照組，這組可能就是沒有參與政策方案實驗者，透過實驗組與對照組在政策效果的比較，就可掌握政策方案的效果。

實驗設計包括準實驗研究及真實驗研究。前者是因為受試者無法隨機取得樣本及將樣本隨機分派至控制組與實驗組，後者則有進行這些實驗步驟。實驗過程強調要有效度，對實驗研究設計，政策規劃者應掌握影響實驗的內在效度（包括受試者的流失、實驗工具、實驗過程是有練習效果、受試者是否有成熟及迴歸效果產生）及外在效度（例如多重實驗處理造成實驗效果不當）。前者是真的自變項影響依變項的效果，後者是整體的研究結果可以類化至其他研究程度。

玖、行政與專家會議

教育政策規劃會議是政策規劃方法之一。教育政策規劃會議類型很多，例如行政機關決策會議（例如教育部最高的決策會議為部務會議）、行政機關例行性會議（例如台灣的行政院每週三院會）、行政機關所舉辦的全國性或地區性會議（通常它會探討不同的主題，例如原住民族教育會議、私立學校發展會議）、跨行政機關會議（例如我國的行政院院會）、專案會議、民意機關審查

會議、行政機關與民意機關所舉辦公聽會、政策德懷術等都是政策規劃會議。

會議召開之前通常宜將要討論的政策規劃議程逐項舉列，告知與會機關及人士。會議主席掌握整個會議進行。政策規劃會議常將重要政策規劃案納入討論，經由與會政策規劃單位及專家學者對議案的討論，最後進行決議。如果要討論議案重要性、政策期程、執行方式、配套措施、政策規劃案優劣、政策規劃案可行性（包括技術可行性、政治可行性、經費可行性、人員配置可行性、政策本身屬性可行性等）及未來在整個政策規劃案中，各細部策略或方案執行優先順序，此時就必須在會前指定評比政策規劃案標準。

拾、德懷術（Delphi Technique）

它是專家學者對於政策問題及政策形成一種共識的專業會議。在公共問題產生或建構之後，教育行政計畫者為了讓問題達成共識，經由專家集會，設計問卷，並發出問卷對於相關問題進行意見蒐集，當第一次蒐集完成意見後，再進行意見彙整及修改，以形成共識的專案會議。進行會議時專家學者應以匿名方式進行，避免有本位主義產生。

其步驟如下：1.選擇參與的專家，它需要多元專家，以滾雪球方式徵詢更多專家，通常需要十位左右，多者為二、三十位；2.設計政策問卷，它應包括政策問題、備選方案、方案可行性之評估；3.發出問卷；4.回收問卷，進行第一回合的分析；5.發展後續的問卷；6.召開團體會議；7.準備最後的政策報告（鄭興弟，2003）。

總之，第一至五種規劃方法的考量，是社會背景及職業結構無法完全適應單一國家實際需要，要有效推估人力需求應交互應用，以探測出穩定需求趨向，使教育制度產出與經濟發展的人力需求密切配合。社會需求規劃教育政策則以民意作為向背來規劃；成本效益在規劃教育政策方案的未來效益，作為選擇方案的基礎。實驗設計則在模擬規劃方案之後的可能情境與效果；行政專家會議及德懷術則在蒐集專業意見作為規劃的依據。它們也都有優劣。

第二節　教育政策規劃技術

壹、政策辯論

一、政策辯論的必要與限制

政策辯論是民主國家為追求更好政策，所進行的公共政策討論。政策辯論是民主國家在政黨政治的產物，也是政黨政治重要的一環；因此為了讓教育政策執行更具體性與可行性，任何一項的教育政策辯論是民主國家不可免的。尤其，近年來各政黨意識形態高漲，加上很多的政策並沒有尊重專業的前提下，如何以政策執行來解決問題，並讓社會各界接受，就是重要課題。

政策規劃過程中重要的一環是透過政策辯論，來釐清教育政策規劃是否可行、技術面有無問題、教育政策目標是否具體可行、政策指標是否建立、政治體制是否配合、人民是否支持等。政策辯論是民主國家進行政策規劃重要的一環。民主社會價值觀多元、政黨林立、民眾自主意識高、產業界及教育界對教育發展需求又持不同立場。因此透過政策辯論，可讓政府所要執行的政策或要規劃的政策更具正當性、可信度、認同感與可行性。

透過政策辯論有幾項優點：第一，讓政策規劃問題更能釐清，透過不同團體、機關與個人，不管在經驗、學識、觀點、政策執行態度、專業考量，可以讓政策規劃案增加不同思考面向；第二，透過政策辯論讓民眾支持與反對者更瞭解政策規劃原由，使社會大眾瞭解政府在政策規劃上的苦心及努力方向；第三，可以讓政策規劃取得正當程序，這可能在政策完成之前就應進行。因為最後政策定案受到民意機關審查，而民主國家的民意機關是多黨政治，所以讓各黨派觀點盡早納入政策規劃，可避免未來在政策審查時遭封殺；第四，政策辯論讓政策規劃獲得充分資訊（不管是未來要執行訊息或當前政策規劃訊息都是重要的），來遂行未來政策。因為不同團體會對政策規劃提出正反意見，如果行政機關能多元吸納可行意見，接著納入修正政策規劃案，會讓政策規劃案更成熟可行，因此政策辯論是必要的。

但是政策辯論也有限制：第一，政策規劃者或機關如沒有充足的政策規劃資訊、對未來政策規劃內容沒有掌握，政策辯論是空談，即再好的辯論都無濟於政策規劃；第二，縱使有政策辯論，但因不同利益團體、政黨、學術團體，以及受到社會價值觀與意識形態影響，政策辯論淪為一種「詭辯」，也就是說，辯論之後，並沒有將所要規劃的政策內容、方案、具體解決方式及應該如何進行下一步的規劃都交代清楚，反而增加更多政策規劃或執行疑問；第三，教育政策辯論並不一定會達成雙方共識，可能還會加深雙方的對立與衝突，尤其政策涉及到政黨利益、利益團體利益、意識形態及宗教理念，政策規劃辯論不會愈辯愈明，反而愈辯愈增加雙方的仇恨與敵對；第四，教育政策辯論可能僅淪為政客與政黨在政治權謀的一種障眼法手段，也就是表面上是透過各方政策辯論獲取各界對政策規劃案的認同與支持，但辯論雙方可能都是「御用學者或御用辯士」，因此雖有雙方交戰辯論，但其背後卻受到政黨或政治操控。這種政策辯論是假民主，卻糖衣式獲取民眾支持。

二、政策辯論學理基礎

政策辯論的理論基礎包括行政學、哲學、法學、詮釋學、美學及邏輯學。以行政學而言，就一項政策規劃應對政策本身、政策特性、政策規劃過程以及對行政體制瞭解，如此才可掌握所要辯論的內容與辯論對方的資訊。以哲學而言，辯論涉及到詭辯，辯論在於說服對方與獲得更正確的立論，所以在詮釋語言藝術時就格外重要，同時教育政策辯論常是不同的教育哲學基礎規劃者所規劃出來的政策，在根本基礎就不同，所以在辯論時，無論是要駁倒對方或加強我方立場，都應對於所持教育哲學立場掌握清楚。例如雙方立場可能是實用主義的教育哲學，以及理性主義的教育哲學，此時對於課程內容究應以學生為中心或是以教師為中心的教育理念就可以爭辯。以溝通角度而言，政策辯論是運用豐富語言與肢體表達，如果善於溝通表達，可以運用精簡又具有藝術及哲理的辯論語言，讓對方瞭解所持立場的重要。以法學角度而言，政策辯論強調有條理的批判與分析，這種辯論方式就如同一件法律案件，被告與原告在法庭由當事人或律師在法庭上陳述雙方事實，經由幾次公開庭辯論之後，最後再由審理法官做出判決。從這個流程與場景，就如同政策辯論雙方需要卯足全力蒐集相關資料，來說服對方及裁決者，期待最後獲得勝利。

政策辯論雙方（可能是機關、政黨、個人、學者、學生、專業人士或政策規劃者）進行辯論之前應有前置作業。這些前置作業包括：1.瞭解我方的政策立場（例如支持政策規劃案或反對該案）；2.充分的蒐集要辯論的政策方案內容（包括執行期程、經費分配、人力調配、執行機關、執行人員、規劃時間、規劃預期效果與實際結果的差距，以及政策規劃案是否真的可以解決政策問題）；3.掌握對方的陳述及所可能提出的問題，也就是知己知彼，將敵人陣線所有可能資訊與線索一網打盡，如此可在辯論過程中，胸有成竹的應戰；4.前置作業的模擬，即在辯論之前，雙方可以就政策辯論中可能發生的問題或程序進行模擬。例如對方可能會提出哪些政策規劃案的問題，在時間掌握上是否恰當，例如在陳述我方的意見、陳述我方要詢問對方的問題、回答對方的問題是否能掌握時間；5.對於場地掌握，包括講台、民眾席、詢問員、主持人等都需要掌握，如此才可在辯論政策之前，吃下定心丸。

當然，進行政策辯論之前，也應知道有一些議題是值得辯論，但有些教育政策議題是不值得辯論的。就前者而言，值得辯論的教育議題很多，例如：1.大學教育應普及教育或是精英教育？2.師範教育的存廢？3.教育經費是否應受到《憲法》的保障，因而有固定比率的問題？4.現階段台灣是否值得延長國民教育年數？5.台灣的幼稚園是否應學習英語？6.九年一貫課程是否值得再實施？

而也有些不值得辯論，例如：1.國民要不要接受義務教育？2.辦理各項教育要不要經費（是一個事實命題，一定要經費，否則就無法經營教育）？3.政府要不要興辦教育（也是事實命題）？當然，例如涉及到意識形態、政黨、宗教及個人信仰的議題，辯論亦可能無法釐清問題真相，反而會讓雙方加深敵對。

三、政策辯論所需資訊

政策辯論或論證（public argument）在瞭解政策問題所支持的理由。它反應出政策利害關係人對政策方案支持及反對的理由。政策論證主要在傳達政策論題爭論媒介。它有以下六種訊息成分（Dunn, 1994）：

1.適當訊息（policy-relevant information，以 I 代表）：政策訊息有政策問題、政策未來、政策行動、政策結果及政策表現，它可以有不同的形式提供。

2.政策宣稱（policy claim，以 C 代表）：政策宣稱是一種政策論證結論。政策宣稱是一種在不同社群的成分中的不同意或衝突的論點。當政策訊息提供之後，宣稱者會以「因此」作為一種宣稱。

3.正當理由（Warrant，以W代表）：正當理由是假設一個政策論證允許政策分析者從適當的訊息朝向政策宣稱。適當理由包含權威式、直覺式、分析式、因果式、方案式及價值式。正當理由主要角色在執行正當的訊息至政策宣稱，有關同意或不同意或衝突，它提供理由是否接受宣稱。

4.支持依據（backing，以 B 代表）：支持依據包括額外假設或論證，它通常是在協助正當理由。支持依據包括社會科學法則、權威專家運用、道德法則等。

5.否決（rebutatal，以R代表）：在政策論證中，否決是第二項結論、假設或論證的陳述，它的陳述是在於原始宣稱無法接受或只在於合格條件下的情境。政策論證否決可協助分析者對不支持、反對政策目的，提出系統性分析法，以批判不同論點、宣稱及假設。它是一種反向思考。

6.合格條件：它是表達分析者是確定此種宣稱。政策分析表達方式常以機率方式為之，如可能、非常可能、已經達到 .01 顯著水準。當政策分析者已完全確定宣稱，即當結論已確定，並可能無誤時，此種宣稱是重要的。

教育政策辯論的重要在於政黨為了執政、讓民眾有更好的公共政策或讓政黨具有特殊色彩，會提出專屬於某黨派的公共政策。因此政策辯論重要性有幾項：第一，透過政策辯論，讓社會大眾瞭解不同政黨對於政策的主張、理念及未來要執行的政策方向，它可以拉近政黨與民眾的距離；第二，透過政策辯論可以掌握政策可能的問題，這些問題包括政策經費是否適當、政策執行是否有問題、政策執行機關是否合權責、政策配套措施是否適當；第三，透過政策辯論可以掌握政府重要的施政，同時民眾亦可以監督政府的政策走向；第四，政策辯論主要在宣示政府的作為，但因為辯論可以釐清政府未思考或未能周延擬定的政策方向，此時就可以透過辯論的結果獲得政策調整或修正的方向；第五，政策辯論將讓政策執行、政策形成與政策評估更具體，因為有政策辯論，能凝聚共識，將不必要的問題及可能似是而非的問題釐清，此時不管是在執行前、執行後的政策評估都較易掌握。

教育政策在解決國民及學生的教育問題，教育政策要貼近學生、老師及社會大眾，教育政策更應反映民眾及專家意見，否則在教育政策形成及評估，或者教育政策執行過程，必然有更多問題產生。在教育政策辯論應掌握幾項重要原則，否則也可能淪為御用的政策辯論、假象的政策辯論來魚目混珠。這些原則如下：第一，教育政策辯論應基於教育現象的事實，不可以狡辯；第二，教育政策辯論應有多方專業人士參與，不可以僅有單一政黨、單一的行政機關人員，這樣可以避免為政府護航；第三，教育政策辯論應公開，甚至應有更多的社會大眾參與，經由辯論的雙方提出意見，讓社會各界瞭解政策正反方的問題；第四，教育政策辯論應成為機關組織在形成政策前的一種前置重要任務。也就是政策執行與形成之前，都應進行辯論，如此才可掌握政策在未來執行可能面臨的問題。同時瞭解政策可能要解決哪些政策利害關係人，如此才可讓政策在執行之後順服力提高。最後，教育政策辯論不可淪為政黨粉飾太平的工具，也就是政黨不可透過御用學者的政策辯論，來騙取人民的同情與支持。

貳、政策指標評估

指標（indicator）是以明確及具體的數據描述社會現象的工具。它具有比較（如與不同時代、不同國家與區域）、監控（掌握政策執行成效）、追蹤（運用指標瞭解未來可能發展方向）與評估價值的功用。教育政策規劃應注意政策規劃完成之後，該項政策執行時將產生的影響力與效益。因此，規劃教育政策、評估教育政策可行性與掌握教育政策執行情形，若能掌握代表性與參考性指標，讓教育政策規劃完成率高，教育政策執行機會也會愈高。因為教育政策指標有以下特性：1.在教育政策規劃過程，作為衡量教育政策規劃的可行性；2.在教育政策執行中，指標可比較與瞭解教育政策執行之後的執行成效。究竟教育政策正反面效應為何或並沒有預期效果等；3.教育政策執行後評估其結果，作為回

饋價值，也就是它可作為日後教育政策延續或重新規劃的參考。

若在教育政策規劃階段中，需要透過教育政策指標來規劃，此時政策指標應掌握幾項重點（張芳全，2006）：1.透過指標提供教育產業過去的發展，瞭解教育產業發展程度；2.透過指標提供診斷教育問題基礎，作為教育政策規劃方針；3.透過指標，提供教育政策在進行完政策規劃時，教育方案及策略的選擇參考方向及成本效益分析基礎；4.透過指標提供教育政策規劃者在社會溝通的參照標準；5.透過指標作為未來衡量教育政策執行後的價值。

聯合國於 2000 年 9 月 6 日至 8 日發表共同目標，重申對聯合國的信心，並承諾創建更為和平、繁榮和公正的世界，此為「聯合國千禧年宣言」（Millennium Declaration）。為具體落實消弭極端貧窮和饑餓、普及初等教育、賦予婦女權利並促進男女平等、降低幼兒死亡率、改善孕產婦保健、努力對抗愛滋病和瘧疾、確保環境之永續發展、促進全球合作發展目標，陸續發展具體且有時程的發展計畫及評量指標，以貫徹宣言達成千年發展目標（Millennium Development Goals, MDG）。會員國未來在「和平與安全」、「消弭饑餓與貧窮」及「兩性平權」 提供合作與發展方向。尤其提出了具體目標：期望在 2015 年達到全球兒童都能完成初等教育課程（行政院主計處，2006）。

據聯合國教科文組織（UNESCO）估計，2000 年全球有將近一億個學齡兒童未能接受初等教育，平均每六個就有一位兒童被剝奪受教育機會，其中約有 4,403 萬人在撒南非洲，3,241 萬人在南亞及西亞，合計占七成。為達到普及教育（Education for All, EFA）目標，「千禧年宣言」訂定在 2015 年前，確保各地兒童，不論男女，都應完成全部初等教育的承諾。我國實施國民義務教育政策已久，初等教育淨在學率自 1967 年起已達 97.5%；十年來撒南非洲亦由 54.5% 增至 57.7%（表 2-3），但距目標仍遠。

2000 年全球 15 歲以上不識字人口約 8.6 億人，文盲率為 20.6%，其中 4.1 億人分布於南亞及西亞，以印度、孟加拉共和國及巴基斯坦分居前三名，1.9 億人在東亞及大洋洲，以中國大陸 1.4 億人居首；另以 15 至 24 歲人口識字率而言，世界平均為 88.8%，其中中南亞 70.8%、北非 76.1%與撒南非洲 76.4%落後較多，我國普及初等教育，與已開發國家識字率都已達 100%。

在上述的國際教育指標發現，台灣的識字率及初等教育在學率與日本相近，同時高於世界各地理區域，這表示台灣的教育普及使得人民識字率已有明顯的改善。而關於教育政策指標在教育政策規劃的應用及相關概念，可見張芳全（2006）所著的《教育政策指標研究》一書。

表 2-3 全球初等教育及識字率

指標 區域	初等教育淨在學率（%）		15 至 24 歲人口識字率（%）	
	1990/1991	2000/2001	1990	2000
中華民國	98.0	98.8	99.9	100.0
世界	81.9	83.6	84.2	86.8
已開發地區	96.6	99.0	99.2	99.6
日本	99.7	100.8	–	–
東亞	97.7	93.5	95.4	97.7
中國大陸	97.4	93.2	95.3	97.7
中南亞	73.1	79.2	63.0	70.8
東南亞	92.6	91.5	94.3	96.3
北非	82.6	91.4	66.3	76.1
撒南非洲	54.5	57.7	66.5	76.4
中南美洲	88.3	94.2	92.0	94.1
大洋洲	76.0	82.9	77.3	82.0

註：初等教育淨在學率=該國初等教育學齡之初等教育學生人數／該國初等教育學齡人口數×100；不含南韓、新加坡及轉型為已開發國家地區，係 1999 年資料。

資料來源：聯合國「千禧年宣言」計畫目標資料庫、教育部教育統計指標、內政部內政統計年報、行政院主計處（2006）。

參、經濟模型法

經濟模型（economic model）法是運用科學符號及圖形來掌握社會現象。由於社會現象複雜，政策規劃者並無法掌握此社會現象。經濟學者就運用數學符號進行模擬規劃。在經濟學常用的是生產函數（productivity function）。生產是一種價值創造過程，而此過程若運用投入及產出來分類，並將它們之間的關係，運用數學函數來表示，就成為生產函數。

生產函數表示在現有的技術知識陳述之下，讓投入組合因素發揮最大效益。在教育環境中，它可以寫成以下形式：

$$Y_{It} = g\ (F_I, S_I, P_I, I_I)$$

在註標中的 I 代表學生，t 代表時間，而 F、S、P、I 代表家庭背景、學校投入、同儕團體與個人起始的能力因素。

為了讓最大產出產生，需要讓最後投入於每一生產函數中的任何一塊錢均達到邊際效果（Carnoy, 1993）。政策規劃的處方出現就是依據究竟在投入因素中，哪一種的邊際生產效果較大。然而，這種政策處方如運用在投入效率，即由生產函數估計所產生，則教育資源分配是否有效率，就不一定是重要結果。因為估計效率不一定反應出真實的生產函數（Simmons & Alexander, 1978）。

Montmarquette 和 Mahseredjian（1989）以生產函數方式研究影響學生學業成就因素，他們以三個投入變項：1.個人特質變項（包括年齡、自我概念、智商、學生缺席率、每週看電視時間、看電視時間平方）；2.家庭社經變項（包括父親教育程度、母親教育程度、家中孩童數、是否為單親家庭）；3.班級變項（包括教師教學經驗、教師接受職前教育年數、教師缺席比率、班級大小）為自變項，而以法語成績與數學成績為依變項，參與研究的有國小一年級及四年級學生。其中國小一年級及四年級的法語成績組各有學生 893 名及 1,102 名，數學成績組各有 888 名及 1,098 名。研究顯示，在國小一年級對法語成績有顯著影響變項為自我概念（+，代表與依變項關係，以下同）、智商（+）、父親教育程度與母親教育程度（+）；對四年級法語成績的影響有年齡（−）、自我概念（+）、智商（+）、看電視時間（+）、父親教育程度與母親教育程度（+）、家中孩童數（−）、單親家庭（+）、教師缺席率（−）、班級大小（−，班級愈大，法語成績愈不好）。對一年級與四年級的數學成就的影響有年齡（−）、自我概念（+）、智商（+）、母親教育程度（+）。一年級與四年級法語成績的解釋力各為 24.78%與 31.36%；一年級與四年級數學成績各為 23.54%與 34.21%。

、教育政策規劃的作業研究

教育政策規劃的作業研究包括對教育政策規劃管制與作業研究。就教育政策規劃管制來說，它對完成教育計畫目標所從事的作業，將政策方案與程序做成分析並加以掌握，使計畫資源有效運用，並如期達成政策目標。計畫程序呈現有兩類：1.進度表，又稱甘特圖（Gant）：利用座標，結合資源與活動進度，呈現所要完成目標之日期與進度；2.網路分析：以活動與活動始末事件，來表明計畫作業過程，又可分為二：①緊要路線法（Critical Path Method, CPM）：就網路相關—分析計畫完成的最緊要路線，總寬餘時間及自由寬餘，以備計畫管制之用；②計畫評核術（Program Evaluation and Review Technique, PERT）：計畫評核術是運用圖形來表示未來要進行的政策計畫及所要進行的計畫期程。其流程如下（謝文全，2004）：

- 決定計畫及計畫目標；
- 分析及確定所要進行作業；
- 決定各作業間依賴關係；
- 繪製網狀圖，將各作業以圖形方式表示；
- 估計各作業時間，如整體作業時間及各作業期程；
- 計畫時間並確定重要路徑；
- 進行行事曆編製。

作業研究則包括線性規劃、決策樹、預測分析（例如時間數列分析）等。簡單線性規劃是以兩向度空間軸，將所要分析項目，運用數學代號，進行線性關係陳述，最後再將模擬的線性方程，依據線性代數原理，或在空間座標軸畫出最佳點，此時即可得到某項教育政策最佳效果或最佳預期效果。如再以時間數列分析來說，它主要是以自我迴歸整合移動平均過程（AutoRegressive Integrated Moving Average, ARIMA）方法進行，此法先進行模式辨認，其次進行模式選擇，第三再進行未來人數預測。

第三節　統計方法與政策規劃

壹、教育統計之重要性

一、統計在政策規劃之重要性

教育政策規劃方法之一是透過教育統計進行，教育政策規劃常須處理龐大資料，為更科學及有效的處理資料，教育統計在教育政策規劃更形重要。

林清山（1996）指出研究教育統計理由有：1.教育專業實際工作的需要；2.心理實驗和教育實驗需要；3.閱讀或撰寫論文研究報告需要；4.使用現成統計套裝軟體程式需要；5.科學訓練需要。以統計資料進行政策規劃，統計資料分析即為實證研究（empirical research），要進行好的實證研究，馬信行（2000：4-11）指出有四個要素：1.是對變項做操作型定義；2.是明確測量；3.是邏輯推理要嚴謹；4.是對於研究中的定義要封閉及完整。他同時指出在進行資料分析時，勢必要對資料進行蒐集，他認為資料蒐集的方法有計質研究，例如人種誌研究法、內容分析法、歷史研究法、個案研究法等。計量研究資料蒐集方法有觀察法、調查法（問卷調查法、實地調查法、觀察法、訪談法及電話訪問法）、問卷法、實驗法等。

二、相關的統計之基本原理

統計分析方法讓蒐集到的資料進行有效精簡呈現，以獲得與政策規劃相關資訊。統計方法分為描述統計、推論統計與實驗設計：第一項在描述政策規劃蒐集到的數據現象；第二項是依據政策規劃所設定母群體進行抽樣，再進行統計；第三項是以配對組與實驗組進行比較，此時就依實驗情境而應用不同的統計方法。實驗設計包括實驗組及控制組，前者接受政策規劃所要的實驗處理進行一段時間之後，瞭解此實驗處理是否有效，而後者是一個參照組別，它在實驗組進行實驗時，控制在原有狀態，旨在讓實驗後與該控制組進行效果差異比較。

進行資料分析宜先掌握變項尺度。資料類型有類別尺度（nominal variable）（主要在區分類別，類別所代表符號並無法進行加總），例如性別、球員號碼；等級尺度（ordinal variable）（主要在比較大小，並無法加總），例如第一名、第二名、第三名、高年級、中年級與低年級；等距尺度（interval variable）具有相等單位，可以加減，例如溫度、明暗度等。在平均數、標準差與相關係數等統計方法都適用此資料。比率尺度（ratio variable）（可以加總、單位一致、有絕對零點，它是一種自然原點，可測量更精確的數字），例如身高、體重、國民所得等。

三、常運用的統計方法簡介

描述統計有以下幾項最主要的規劃常用方法：1.平均數：在瞭解樣本或母群體在某一屬性集中情形；2.標準差：在瞭解樣本或母群體在某一個屬性的分散情形；3.相關分析：在瞭解兩個或兩個以上變項的關係程度，如果兩個變項是連續變項，則稱為皮爾遜積差相關，它的關係係數在正負 1 之間。1 稱為「完全相關」，-1 則稱為「完全負相關」。兩個變項所計算出的相關係數是否達到統計顯著水準，必須經由統計考驗，考量樣本大小、拒絕虛無假設風險高低進行考驗，才能瞭解是否變項與變項之間達到顯著水準。

而推論統計常運用的有以下幾項：

㈠卡方考驗（Chi-Sguare Test）

它有以下用途：1.適合度考驗：政策分析者常要分析或考驗同一個變項或反應，在實際的觀察次數與期望的次數是否有差異，此時要運用此檢定。此變項或反應須為類別變項；2.獨立性考驗：如果政策分析者在進行一項調察，濫用藥物與體力狀況是否關聯。在藥物濫用分為學生濫用藥物與沒有濫用藥物兩向度，體力方面則分為體力不佳與體力甚佳等兩向度，諸如此類將變項或反應是依政策分析者所設計出的變項，而政策分析者又要考驗二者之間是否獨立，此時即運用獨立性考驗；3.改變顯著性考驗：政策分析者常常針對一群社會大眾調查是否對某項教育政策的支持情形，政策分析者可能年初時調查一次，年末時又調查一次，如此要瞭解該群（要同一群）樣本，對該教育政策的前後支持程度，此時須運用改變顯著性考驗；4.百分比同質性考驗：政策分析人員可能常在針對不同的社會大眾，例如高中低社會階層，調查他們對一項政策的支持程度，如支持或反對，此時政策規劃要分析的問題在於不同社會階層對政策的支持度，此時就需要運用百分比同質性檢定。

㈡迴歸分析（Regression Analysis）

它分為簡單迴歸分析與多元迴歸分析，前者的迴歸分析是在進行多個變項的線性關係，從變項中找出自變項及依變項，以瞭解自變項及依變項間的關係。單元迴歸分析是一個自變項與一個依變項。而多元迴歸分析（Multi-Regression Analysis）是有一個依變項，而有多個自變項。多元迴歸分析模式如：$y = a + b_1X_1 + b_2X_2 + b_3X_3 + b_4X_4 + ... + b_NX_N + e$。式中 y 為依變項，x 為自變項、a 為常數項、b 為估計的權重項、e 為誤差項。

㈢因素分析（Factor Analysis）

它的基本假定是任何一組變項所形成的觀察值，一部分由「共同因素」組成，另一部分由「特殊因素」組成。也就是所有數值＝特殊因素＋一般因素。進行因素分析步驟為：1.先計算要分析的「相關係數矩陣」或共變數矩陣，接著進行「共同性」估計；2.進行抽取共同因素。當共同因素抽取之後，所得到資料結構並不一定直交（即因素與因素之間並非呈現有意義現象）；3.第三個步驟進行因素「轉軸」。進行過程需要決定共同因素數目。決定方式可運用「特徵值」（重要值）大於 1 者保留，或以陡坡（Scree）考驗，來篩選重要的特徵因素；4.為了要讓共同因素具有意義，宜先將具有較大的因素負荷量找出，並瞭解這些因素負荷量的共同特性，再給予因素命名。

㈣典型相關（Canonical Correlation）

它是在一組由多個 X 變項組成的資料，以及多個 Y 變項所組成的數值。此時，政策分析者如果要以更簡潔的方式瞭解整群的 X 變項與 Y 變項之間的關係，此時就可以運用典型相關先找出 X 變項的加權值與 Y 變項的加權值，使得兩組變項之間的線性組合之相關係數達到最大。

㈤單因子變異數分析（One-Way Analysis of Variance）

教育政策分析者可能要針對兩組（或兩個水準）以上的樣本平均數差異，

進行檢定的方法為變異數分析。當政策分析者如果僅在瞭解一個自變項對於依變項的平均數影響，此時稱為單因子變異數分析。

㈥集群分析（Cluster Analysis）

它主要在對一群個體或教育現象進行分類。進行集群分析時有兩種方法：一為 K-Means 集群分析；二為階層式的分析法。進行分析時最好將每個變項標準化，讓每個變項可在相同標準下進行分析。為了讓某一集群與另一集群的差異性最高，而在同一集群之內差異性最低。

㈦多向度尺度法（Multidimensioinal Scaling, MDS）

它主要是在許多社會或教育現象的個體依據他們之間的相似性或個體所擁有的特質（轉換為距離），運用電腦技術在二度或三度的空間畫出構面圖，以瞭解個體之間的相對位置。

㈧區別分析（Discriminant Analysis）

如果政策規劃者發現某一個國家尚未納入分析，但要瞭解該國屬哪類型國家，此時即可運用區別分析方法，將要區別國家從區別函數中計算該屬哪類型，區別分析後可以得到區別函數。在區別函數如特徵值（Eigenvalues）愈大，表示它有愈高區別力。區別分析亦顯示出典型相關係數（Canonical Correlation），它表示區別函數與群組間的關聯程度。在區別分析可求得所投入的指標之典型區別函數的標準化係數（Standardized Canonical Discriminant Function Coefficients），也稱為標準化典型區別函數，由此函數中可以發現投入的變項之中，哪些是具有顯著及重要的，研究者就可掌握這些因素進行有效率的分類或做政策規劃的應用。

㈨結構方程模式（Structural Equation Modeling, SEM）

它是由測量模式與結構方程模式所構成。前者是由幾項可觀察到的變項所組成，後者則由測量變項形成的潛在變項所形成的關係。結構方程模式的檢定過程有幾個步驟：1.透過文獻的閱讀及整理，提出理論模式；2.接著蒐集理論模式所需的實際資料，來檢定實際資料與理論資料的契合度；3.運用 SEM 進行估計，其中要撰寫相關的程式，接著進行估計，估計方式可以運用資料的相關係數矩陣、共變數矩陣與原始資料進行估計；4.將估計出來的結果來判斷實際資料是否與理論模式適配；5.模式適合度檢定標準來判定，在整體模型適配度與模型內在標準為根據（馬信行，2000；Jöreskog & Sörbom, 1993），亦即以下標準：

- Chi-Square（X^2），卡方值在理想情形是經統計檢定之後，不達顯著水準。
- Goodness-Of-Fit Index（GFI），理想數值至少在 .90 以上，最高為 1.0。
- Adjusted Goodness-Of-Fit Index（AGFI），理想數值至少在 .90 以上，最高為 1.0。
- Root Mean Squared Residual（RMSR），理想數值應低於 .05，最好低於 .025。
- Q 圖殘差分布線應在 45 度或高於 45 度（即斜率大於 1）。
- 判斷模式的適配程度。

評估結構方程模式是否契合或適配？黃芳銘（2004）建議以多數決為評判標準，也就是上述適配指標有相對多個指標符合標準，即認為被檢定的模式適合。然而余民寧（2006）認為，多數決並不一定能保證結論就符合理論所期望者，反而是挑選幾項以研究者有利於建構理論模式說詞的指標，並輔以基本適配度指標及內在適配度指標等，最後再做成結論，因此本研究因為樣本少，如果單以卡方值作為結論，可能會無法如預期結果。

貳、例子

以下就以 1998 年聯合國發展方案在二十八個低度人力發展指標的國家，在不同發展指標表現進行統計說明，資料如表 2-4。要瞭解這二十八個國家各指標平均數的標準差，經過 SPSS 在平均數與標準差計算結果如表 2-4 所示。

如果要瞭解各指標之間的相關係數，政策規劃者經過統計分析得到相關係數矩陣如表 2-5 所示。表中看出，所有政策指標之間都具有 .05 顯著相關。

如果要瞭解男性與女性在各個指標的差異，此時政策規劃者運用獨立樣本平均數 *t* 檢定，結果如表 2-6 所示。

表 2-4　1998 年低度人力發展指標國家在不同指標的表現

國家	GDI	女壽	男壽	女識	男識	女三級	男三級	女性所得*	男性所得*
寮國	0.47	55	52.5	30.2	61.9	48	62	1390	2073
馬達加斯加	0.48	59.4	56.4	57.8	72.2	39	39	562	953
蘇丹	0.45	56.8	54	43.4	68	31	37	645	2139
尼泊爾	0.45	57.6	58.1	21.7	56.9	49	69	783	1521
多哥	0.45	50.3	47.8	38.4	72.5	47	75	883	1870
孟加拉	0.44	58.7	58.6	28.6	51.1	30	40	744	1949
茅利塔尼亞	0.44	55.5	52.3	31	51.7	36	45	1130	2003
葉門	0.39	58.9	57.9	22.7	65.7	27	70	311	1122
海地	0.44	56.4	51.5	45.6	50.1	24	25	976	1805
奈及利亞	0.43	51.5	48.7	52.5	70.1	38	48	477	1118
剛果民主	0.42	52.7	49.6	47.1	71.3	27	38	590	1060
尚比亞	0.41	41	39.9	69.1	84	46	53	540	903
象牙海岸	0.4	47.5	46.3	35.7	52.8	32	48	856	2313
塞內加爾	0.41	54.6	50.9	25.8	45.4	31	40	917	1698
坦尚尼亞	0.41	49	46.8	64.3	83.3	32	33	400	561
貝林	0.39	55.3	51.8	22.6	53.8	31	53	715	1024
烏干達	0.4	41.5	39.9	54.2	76.1	36	44	865	1285
厄利垂亞	0.39	52.6	49.6	38.2	65.7	24	30	568	1102
甘比亞	0.39	49	45.8	27.5	41.9	35	48	1085	1828
馬拉威	0.38	39.8	39.2	44.1	73.2	70	79	432	616
盧安達	0.38	41.7	39.5	56.8	71.5	42	44	535	788
馬利	0.37	55	52.4	31.1	45.8	20	31	524	843
中非	0.36	46.8	42.9	31.7	57.5	20	33	856	1395
莫三比克	0.33	45	42.6	27	58.4	20	29	647	921
幾內亞比索	0.3	46.4	43.5	17.3	57.1	24	43	401	837
衣索比亞	0.3	44.4	42.5	30.5	42.1	19	32	383	764
布吉納法索	0.29	45.5	43.9	12.6	32	16	25	712	1028
尼日	0.28	50.5	47.3	7.4	22.4	11	19	541	941
平均數	.393	50.66	48.29	36.25	59.09	32.32	44.00	695.29	1302.1
標準差	.0545	5.95	5.86	15.48	14.85	12.44	15.50	255.80	515.22

註：*為美元。

資料來源：Human development report, 2000. UNDP (2001). Oxford: Oxford University Press.

表 2-5　不同變項之間的相關係數矩陣　N=28

變項	女壽命	男壽命	女識字	男識字	女三級	男三級	女所得	男所得
女壽命	1.00							
男壽命	.980**	1.00						
女識字	-.240	-.241	1.00					
男識字	-.171	-.132	.821**	1.00				
女三級	-.146	-.063	.446*	.590**	1.00			
男三級	.002	.103	.087	.440*	.821**	1.00		
女所得	.218	.170	-.167	-.221	.163	.102	1.00	
男所得	.433*	.423*	-.172	-.178	.102	.161	.776**	1.00

註：$^{*}p<.05$；$^{**}p<.01$。

表 2-6　1998 年低度人力發展指標國家兩性在不同指標的差異檢定

變項	差異	t 值	自由度	顯著水準
壽命	2.364	10.441**	27	.000
識字率	-22.843	-13.285**	27	.000
三級教育量	-11.679	-6.974**	27	.000
國民所得	-606.857	-9.037**	27	.000

註：$^{**}p<.01$。

表 2-7　影響 1998 年低度人力發展指標國家男性預期壽命迴歸分析摘要

變項	β	B	t 值	VIF	R^2	Adj-R^2	F 值
識字率	-.098	-.0389	-.461	2.12	.188	.086	F（3，24）
三級教育量	.083	.0313	.389	1.31			=1.849
國民所得	.393	.00447	2.022*	2.01			
常數項		43.393	7.638**				

註：$^{*}p<.05$；$^{**}p<.01$。

表 2-8　1998 年低度人力發展指標國家兩性關聯指標因素分析摘要

變項	因素一	因素二	因素三	共通性
	教育因素	壽命因素	經濟因素	
女性壽命	-.102	.975	.153	.984
男性壽命	-.00309	.984	.146	.990
女識字率	.700	-.152	-.348	.634
男識字率	.871	-.0397	-.318	.862
女三級教育量	.894	-.0955	.252	.871
男三級教育量	.751	.0676	.304	.661
女性國民所得	-.00887	.04199	.914	.838
男性國民所得	.002155	.328	.841	.815
解釋量	36.677	29.914	16.586	

如果以男性三級教育在學率、男性國民所得、男性識字率對於男性預期壽命的影響，可運用多元迴歸分析，所得到的結果如上頁表 2-7 所示。

因素分析之後發現，八個變項可以區分為三個因素，第一個因素中是女性、男性識字率、女性與男性的三級教育在學率，四個變項都與教育有關，所以將它稱為教育因素。而第二個因素是女性及男性壽命都與壽命有關，所以命名為壽命因素。第三個因素為女性及男性的國民所得都與經濟有關，所以命名為經濟因素。在三個因素中以教育因素的解釋量最大，而三個因素總體解釋力也有 83.17%，如上頁表 2-8。

第四節　民意調查與教育政策規劃

壹、調查方式

教育政策規劃往往需要掌握人民對教育政策需求作為研議政策參考，或者政府為掌握社會問題必須透過民調作為意見蒐集的工具之一。政府透過民意調查來掌握民意脈動與問題走向是政策規劃的重要方式之一。民意調查方式包括：1.以書面問卷讓受試者自陳對政策意見；2.電話調查；3.網路意見調查；4.面對面訪問調查。前述調查方法最好設計「結構性問卷」作為工具。所謂結構性問卷是政策規劃者對所要規劃的政策設計一份自陳量表，接著由訪問者讓受訪者填答意見，而此份問卷應包括政策規劃背景、填答說明、受試者個人基本資料、要填答問題（包括開放性的問題及封閉式選擇題或填空題）。

政策規劃者設計政策調查問卷應具有信度、效度與好的記分方式。信度是政策規劃者所設計出來的問卷可信程度；效度是政策問卷所要測量特質、內容與所要規劃政策方向應一致，而不是政策規劃者問東，而受試者填答西。計分方式讓問卷回收之後，規劃分析者考量要如何將龐雜資料記錄在電腦以便進行分析。如果政策規劃者運用的是標準化量表（standardized scale），除了信度、效度與計分方式之外，更應有常模，常模用在比較上。如果政策規劃者回收樣本與分析之後與過去建立常模比較，如此才可依此問卷進行教育政策的意見、態度、滿意度調查或相關的後續教育政策研究。

教育政策規劃問卷設計是重要的一環，政策規劃問卷設計應掌握幾個原則：

1.一個問題，以一個概念為主，不可以有多種選項。也就是說一個題目中僅問一個概念是正確的做法；

2.問題不宜讓受試者回憶過久；

3.問題不可以過多、內容太雜、不以學術用語作為陳述；

4.問題不可以涉及人身攻擊、激發情緒困擾；

5.問題不可以與所要瞭解的議題無關、問題要切中規劃項目；

6.在問卷整體結構應有簡單作答說明（包括基本資料與內文說明）；

7.如果都是勾選題項，最後宜有簡答題讓受試者表達意見。

另外問卷中應有適當的基本資料，例如性別、職業、年齡或工作年資等。

總之，運用教育政策調查主要在瞭解政策執行前是否為標的團體所接受？支持程度或反對程度為何？抑或政策規劃之前，施放政策氣球，透過調查來瞭解政策可行性與相關問題。

貳、調查步驟

教育研究步驟有：1.選定研究問題；2.閱讀有關研究文獻；3.界定研究問題；4.建立假設；5.擬定研究設計；6.從事資料蒐集；7.從事資料分析；8.撰寫研究報告。Black（1999）指出研究步驟是：1.認定可能變項、問題；2.提出法則；3.法則統整；4.提出理論；5.對理論邏輯演繹；6.提出假設；7.對變項操作型定義；8.對資料處理；9.對研究結果進行解釋及修正。

問卷調查步驟僅是教育研究類型之一。政策問卷調查步驟有：1.瞭解所要調查的政策規劃問題；2.閱讀與該政策問題有關的研究，或深入瞭解該政策問題原因；3.擬訂政策問題初步問題；4.與專家學者或政策分析人員進行問卷題目的討論，必要時應進行問卷題目的專家學者效度；5.問卷選題，將所有問卷題

目，依據政策需要及政策問題的嚴重性進行篩選。在選擇問卷題目時應該掌握不要讓問卷題目太多，問卷題目應該以政策問題為主體；6.問卷選題完成之後，進行小規模的施測，來瞭解問卷效能及可能的問題；7.將前述的預試問卷，進行因素分析、效度分析等；8.最後以預試問卷結果，進行問卷題目的刪、增或問題的修飾；9.正式政策問卷的產生，即可進行正式施測。

、問卷內容

在調查過程，政策規劃者應先提出要蒐集資料內容（哪一種政策議題）、向度（經費、人力、政策執行力、滿意度、支持度）、變項（年齡、教育程度、職業、所得收入、學校類型）或是相關資訊。問卷資料類型有兩種，一是量化資料，如果是量化資料，應確定所要蒐集方法，如果運用政策問卷，應掌握問卷的設計原則。如果是標準化測驗，應掌握該份測驗量表信度、效度、計分方式及常模。如果是質化資料，例如田野蒐集資料，應掌握其資料準確性、是否運用錄音機錄音、攝影、是否有其他文獻補充，以及是否可以事後查證等。

政策研究如已掌握研究資料屬性，就可以決定資料統計方法。如果運用量化研究，應將所蒐集的資料登記在電腦檔案中，作為統計電腦分析基礎。進行資料蒐集應注意資料屬性（例如資料是類別變項、次序變項、比率變項、等距變項等），以及如何讓資料屬性與統計分析方法配合，都是政策規劃者關心的重點，否則資料回收之後，會發現有些資料無法進行分析是非常可惜。

、調查法特色與價值

一、特色

問卷調查法特色如下：1.具體提出政策規劃問題。將問題具體界定說明，問題不宜空洞、沒有研究變項或缺乏問題核心；2.具體提出教育政策目的、所要達到的預期目的，研究者在進行研究時會有預期目的；3.將研究目的轉換為待答問題，將所要解決的問題轉為研究假設，研究假設有統計假設及研究假設，

前者有虛無假設及對立假設。假設也有方向性的及無方向性的，如果要考驗的某量數間有如高於、優於、劣於、快於、低於等字眼，則是一個有方向性的考驗；4.考驗研究假設變項。如果是在量化研究應界定研究問題變項，也就是界定何者為自變項、何者為依變項，變項的量尺為何？是名義量尺、等級尺度、等距或等比尺度，應有所界定；5.研究假設考驗。研究假設考驗是根據所蒐集到的資料，在統計資料屬性及統計分析方法的基本假設進行考驗；6.獲取結論。不管是接受所考驗的假設或否定所考驗的假設，都是研究結果。

二、問卷調查的價值

此項方法對教育政策規劃有以下價值：1.它提供教育政策規劃的客觀政策研究成果，將問卷調查的成果作為政策形成參考；2.經由國際調查更能掌握各國教育發展及進行不同國家教育層級比較；3.追蹤教育政策發展程度，瞭解教育政策發展問題；4.掌握國家的教育政策問題，並進行政策研究，提供研究基礎，俾建立教育政策理論；5.調查數據常無法完整提供政策執行成果或評估全貌，數據會說話，將補充個人主觀政策規劃不足。

調查法是教育政策規劃方式，優劣都有：例如調查為短時間現象，無法長時間瞭解社會現象，除非教育政策規劃長時間調查；其次，調查耗費成本高，並不一定回收到一定數量且具有代表性的問卷，來進行政策規劃分析；第三，民意調查受到國情與地域差異影響，問卷內容填答不一定注意重點。

伍、調查法的問題

教育政策規劃進行的民調是否都可信呢？其實，民意調查有很多迷思：

首先，民意調查並未運用正確抽樣方法。調查法的可貴在於瞭解民意對教育政策及問題的反應向背；然而，它會因樣本選取方法不同，對政策規劃意見有不同。調查法應進行樣本取樣，而樣本取樣包含簡單隨機取樣（Simple random sampling）、分層取樣（Stratified random sampling）、叢集取樣（Cluster sampling）及系統取樣。四種取樣方式都是以隨機方式進行，所謂「隨機」是指在母群體中的每一樣本被抽到的機率一樣。規劃者可以找到隨機亂數號碼表，依規劃者所提出的邏輯進行取樣。取樣的第一個步驟，是應以根據調查的目的加以界定擬調查的目標族群，確定目標族群後，依性質決定採取取樣方式。也就是說，在抽樣設計上的步驟是：1.界定母體；2.決定樣本大小；3.抽樣方法；4.抽樣結果。就如要掌握全國中小學生對九年一貫課程政策的意見，全國所屬的中小學生投票樣本都應有被抽中的可能。另外，抽樣方法也有非隨機取樣，所謂非隨機是指樣本選取，並非依據每個樣本都有被抽到的可能，取樣方式是由一定目的、有特定的團體所取出的樣本，進行施測所得到的結果。然而，教育行政機關的民意調查沒有說明樣本的抽樣方式，而以「隨便取樣」方式來代替「隨機取樣」，所得到的結果有待商榷。

其次，抽取的樣本不足及在母群體並不具有代表性。民意調查要能有預測準確度必須要有足夠大的樣本（受訪者），才可依得到結果推論母體特性。以統計大數法則而言，若要讓預測準確度提高，每次樣本應有足夠量，才可代表整體樣本特性。如果樣本數過小，樣本分配不均勻，無法反應母群體特性，得到的結果只是一片面推論而已。依統計法則而言，樣本抽樣應要有十分之一樣本數或更多樣本，以及所抽出樣本應代表母群體，否則得到的民意調查會造成謬誤。國內多次民調，所抽取樣本僅有一千多名受訪者，有些更只有幾百名樣本，就進行推論，這是不對的。如以 2003 年北市長選舉，北市有一百五十萬名合格選民，若要進行民調應抽一萬多名樣本，才有代表性可言。國內民調中樣本數不足，就對民調結果進行推論，會誤導社會大眾。

第三，調查法應對樣本屬性有特別說明（如樣本年齡、性別、政黨或宗教等），也應讓民眾瞭解設計的問題，否則民調只是一個黑箱，並無實質意義。就前者言，如果無法描述樣本屬性，得到的結果不僅無法說服群眾，反倒是會引起民眾錯誤判斷。就如某次民調是問：民進黨候選人支持度高低，民調結果顯示民進黨民意支持度最高，但該次抽樣背後卻是都以民進黨員為樣本，也就是以民進黨意見為意見，其結果就可能失去公允性，其他黨派亦同。以後者言，民調設計的問卷往往有社會期許、不當隱含意義或不當暗示，它會造成問卷受訪者填答的困惑，而有不正確的民調結果。就如：醫生認為吸菸不好，你認為吸菸好嗎？此問題在設計項目已有誘導性（即醫生認為），對填答者將會有誘導作用。

第四，調查法在執行過程中也有很多謬誤。就如抽取樣本填答者過低，因而問卷的回收率過低；有很多受訪者觀望不答，或不願表達真實意思，同時有很多受訪者在心境不佳下接受訪問，如此訪問誤差，在公布結果時應說明。就如每次民調，有些調查團體指所得到的結果是在一個誤差百分比之內，可是它並沒有說明一個誤差百分比在此次調查之意義，如此民調不值得採信。

最後，基於倫理考量及對輿論重視，調查法宜慎重進行不可輕率，以免誤導社會大眾。社會開放後，民間團體、媒體、教育行政機關進行民調司空見慣，過於氾濫造成社會困擾，誤導視聽。一者，它無完整依據母群體特性及母群大小取樣，也沒有隨機取樣就進行調查結果的推論；再者，抽取樣本不足以代表母群特性。當然，民調未能掌握樣本填答心境，一味以民調讓民眾接受某政策的重要性，這對社會、政黨及教育行政機關政策的不當推論，影響非同小可。換言之，如果民意調查設計不適當可能影響社會對公共政策的支持態度，進而影響政策規劃與執行，豈可不慎重。

陸、實例舉隅

張鈿富、葉連祺（2005）以台閩地區 20 歲以上的民眾為對象，並透過暨南大學教育政策及行政學系的電話訪問調查系統進行調查，依縣市人口比例，由電腦隨機抽取 1,068 個樣本進行施測，對綜合高中、九年一貫課程、義務教育問題、教育經費問題、升學問題等進行訪問。以升學問題來說，問到：您贊成國中畢業生不用考試就可以就讀高中職嗎？非常贊成、贊成、不贊成、非常不贊成、沒意見及不知道的比率各為 1.5%、27.84%、58.38%、7.22%、3.87%、1.19%，可見「不贊成沒有考試就可以進入高中職就讀」的比率約有 66%，這表示國人對於考試升學仍頗為依賴，可能經由考試也較能展現公平性。

以下再提供一項作者實際調查台灣的「教育政策問題」的問卷議題，它採調查法，透過 1,200 份的受試者調查，問卷回收之後，再進行整理與統計分析，

其結果如表 2-9。表中看出，受試者對十個政策問題，僅對教育部政策具信心者支持度在 50%以下，其餘的都在 50%以上。

表 2-9　教育政策問題問卷調查結果

教育政策問題	支持（%）	反對（%）	沒意見（%）
1.幼稚園可以進行英語教學？	500（50）	300（30）	200（20）
2.目前延長十二年國民教育？	600（60）	300（30）	100（10）
3.停止實施九年一貫課程政策？	700（70）	200（20）	100（10）
4.綜合高中應繼續執行？	550（55）	350（35）	100（10）
5.您認為應廢除國中基本學力測驗？	800（80）	100（10）	100（10）
6.您認為多元入學考試可減少學生壓力？	800（80）	50（5）	150（15）
7.您認為過去聯考比目前多元入學還好？	600（60）	350（35）	150（15）
8.您認為基本學力測驗的組距應公布？	700（70）	200（20）	100（10）
9.大學教育應採精英教育（錄取率 30%）？	500（50）	350（35）	150（15）
10.對於教育部的政策具有信心？	350（35）	350（35）	300（30）

本章的討論問題

一、試列舉三種人力規劃的方法，並說明它們的優劣。

二、試說明教育政策規劃的技術，並說明它們的優劣。

三、試舉例說明如何運用不同方法於教育政策規劃。

四、試說明民意調查法有何價值及限制。

參考文獻

一、中文部分

行政院主計處（2006）。**聯合國千禧年宣言**。2006.3.10 取自 http://www.dgbas.gov.tw/lp.asp? CtNode=2005&CtUnit=697&BaseDSD=29

余民寧（2006）。**潛在變項模式：SIMPLIS 的應用**。台北市：高等教育。

林文達（1985）。**教育經濟學**。台北市：三民。

林清山（1996）。**心理與教育統計學**。台北市：東華。

馬信行（2000）。**教育科學研究法**。台北市：五南。

張丕繼（1979）。**教育人力資本投資研究**。台北市：行政院經建會。

張芳全（2006）。**教育政策指標研究**。台北市：五南。

張鈿富、葉連祺（2005）。2004 年台灣地區教育政策與實施成效調查。**教育政策論壇，**8（1），1-24。

黃芳銘（2004）。**結構方程模式整體適配度評鑑議題之探究**。發表於 2004 年 1 月 10 日輔仁大學舉辦的 2004 年統計方法學論壇：結構方程模式方法學的開展。（未出版）。

鄭興弟（2003）。**政策規劃：理論與方法**。台北市：商鼎。

謝文全（2004）。**教育行政學**。台北市：高等教育。

二、英文部分

Black, R. T. (1999). *Doing quantitiative research, design, neasurement, and statistics*. London: Sage.

Boudon, R. (1974). *Education, opportunity, and social inequality: Changing prospects in western society*. New York: Wiley.

Carnoy, M. (1993). Education and productivity. *Economics of Education Review, 15*(2), 343-350.

Dunn,W. (1994). *Public policy analysis: An introduction.* NJ: Prentice-Hall.

Harbison, F., & Myer, C. A. (1964). *Education, manpower, and economic growth.* New York: McGraw-Hill.

Jöreskog, K. G., & Sörbom, D. (1993). *LISREL 8: Structural equation modeling with the SIMPLIS command language*. US: Scientific Software International.

Montmarquette, C., & Mahseredjian, S. (1989). Could teacher grading practices account for unexplained variation in school achievement? *Economics of Education Review, 8*(4), 335-343.

OECD (2005). *Education at a glance, OECD indicators 2004.* Paris: The Author.

Psacharopoulos, G. (Ed.) (1987). *Economics and education: Research and studies.* New York: Pergamon.

Psacharopoulos, G. (1987). The international comparisons model. In G. Psacharopoulos (Ed.), *Economics and education: Research and studies.* New York: Pergamon.

Simmons, J., & Alexander, L. (1978). The determinants of school achievement in developing countries: A review of the research. *Economic Development and Cultural Change, 26*(2), 341-359.

United Nations Development Program (UNDP) (2001). *Human development report,* 2000. Oxford: Oxford University Press.

Williams, G. (1987). The OECD's Mediterranean regional progect. In G. Psacharopoulos (Ed.), *Economics and education: Research and studies.* New York: Pergamon.

[illegible] (1984). [illegible] New York: McGraw-Hill.

[illegible] (1993). LISREL [illegible] Scientific Software International.

[illegible] for the [illegible] variation [illegible] achievement [illegible]

[illegible]

[illegible] for development [illegible] New York: [illegible]

[illegible] In G. Psacharopoulos (Ed.), [illegible] New York: Pergamon.

[illegible] (1978). [illegible] development [illegible]

United Nations Development Programme (UNDP) [illegible] Oxford University Press.

Williams [illegible] In [illegible] education research [illegible] Pergamon.

第三章
我國教育政策規劃

本章學習目標

一、掌握我國五院行政體制與公共政策的權責。
二、說明我國地方政府在教育政策的規劃。
三、掌握台灣社會發展的變遷。
四、指出台灣經濟發展與教育發展的關係。
五、說明台灣的教育經費投資情形。
六、指出台灣的教育政策規劃流程。
七、指出台灣的教育政策立法過程。
八、說明台灣教育政策規劃的問題。
九、陳述台灣教育政策規劃的發展方向。

第一節　我國政經社教環境分析

欲瞭解我國政策規劃，應先掌握我國的行政、社會、經濟、教育制度。說明如下。

壹、政府體制與權責劃分

一、政府體制

台灣是五權分立國家。中央行政機關以行政、立法、司法、考試與監察五院分工相互制衡。它們都可提出教育政策規劃方案。中央行政機關包括中央部會、台北市政府及高雄市政府，地方政府則還包括縣市政府及鄉鎮、區公所。茲說明政府體制如下：

㈠行政院

行政院為我國最高行政機關。行政院設有多個部會，其中與教育有關的是教育部、行政院第六組，而行政院幕僚機構包括研究發展考核委員會、經濟建設委員會、國科會，三個委員會功能都是行政院對重要政策管考、審查與研究的機構。行政院幕僚機構對於行政院所轄的行政單位的政策方案都有審議的責任，政府的政策審議，也是政策規劃的一環。審議是審查會議的簡稱，一般說來，在政策尚未定案之前，通常會由行政機關中的幕僚機關進行政策草案的審議。審議功能有幾項：第一，先對政策進行把關，避免政策編列經費浪費；第二，對政策內容進行掌握，例如對政策的期程、人力、配套措施、相關法規等進行審查瞭解；第三，審議目的在進行政策有關機關的溝通與協調，避免在政策定案之後有翻案可能，如果政策翻案，則會造成先前的政策規劃功虧一簣；第四，審議可讓政策事先與媒體溝通，透過媒體試放出政策氣球，讓政策利害關係人可以事先瞭解未來將要執行的政策方向。

據 2005 年 6 月 10 日的《憲法》增修條文第 63 條規定：行政院依規定，對立法院負責；《憲法》第 57 條之規定，停止適用，但須依以下辦理：1.行政院

有向立法院提出施政方針及施政報告之責。立法委員在開會時，有向行政院院長及行政院各部會首長質詢之權；2.行政院對立法院決議之法律案、預算案、條約案，如認為有窒礙難行時，得經總統之核可，於該決議案送達行政院 10 日內，移請立法院覆議。立法院對於行政院移請覆議案，應於送達 15 日內做成決議。如為休會期間，立法院應於 7 日內自行集會，並於開議 15 日內做成決議。覆議案逾期未議決者，原決議失效。覆議時，如經全體立法委員二分之一以上決議維持原案，行政院院長應即接受該決議；3.立法院得經全體立法委員三分之一以上連署，對行政院院長提出不信任案。不信任案提出 72 小時後，應於 48 小時內以記名投票表決之。如經全體立法委員二分之一以上贊成，行政院院長應於 10 日內提出辭職，並得同時呈請總統解散立法院；不信任案如未獲通過，一年內不得對同一行政院院長再提不信任案。《憲法》第 59 條規定：行政院於會計年度開始三個月前，應將下年度預算案提出於立法院。

㈡立法院

立法院為我國最高的立法機關，由人民選舉之立法委員組織之，代表人民行使立法權。《憲法》第 63 條規定立法院有議決法律案、預算案等之權。立法院設立各種委員會，例如教育委員會、交通委員會等進行案件審查。我國立法院會期每年兩次，自行集會，第一次自 2 月至 5 月底，第二次自 9 月至 12 月底，必要得延長之。立法機關與教育政策規劃有關者還包括：1.《憲法》第 70 條規定立法院對行政院所提之預算案，不得為增加支出之提議；2.《憲法》71 條也規定立法院開會時，關係院長及各部會首長得列席陳述意見（教育部長對於相關業務如立法委員需要則應列席）；3.立法院法律案通過後，移送總統及行政院，總統應於收到後 10 日內公布之。

㈢司法院

台灣的司法院是提出教育政策來源的機關之一。就司法制度而言，據 2005 年 6 月 10 日《憲法》增修條文第 5 條規定：司法院設大法官十五人，並以其中一人為院長、一人為副院長，由總統提名，經立法院同意任命之，自 2003 年起

實施，不適用《憲法》第79條之規定。據《憲法》第77條規定司法院為我國最高司法機關，掌理民事、刑事、行政訴訟之審判及公務人員懲戒。因為教育政策規劃需要瞭解教育機關人員之配置，同時政策規劃之後，執行期間可能會有不當或失職可能，這都需要經由司法機關進行處理。《憲法》第78條又規定，司法院解釋《憲法》，並統一解釋法律及命令之權。這即為人所知曉的大法官解釋條文。

與教育政策有關的內容被解釋者不少，例如大法官解釋第380號、382號、450號、563號等。就以563號解釋大學自由來說，它的解釋如下：《憲法》第11條之講學自由賦予大學教學、研究與學習之自由，並於直接關涉教學、研究之學術事項，享有自治權。國家對於大學之監督，依《憲法》第162條規定，應以法律為之，惟仍應符合大學自治之原則。是立法機關不得任意以法律強制大學設置特定之單位，致侵害大學之內部組織自主權；行政機關亦不得以命令干預大學教學之內容及課程之訂定，而妨礙教學、研究之自由，立法及行政措施之規範密度，於大學自治範圍內，均應受適度之限制。

㈣考試院

就考試院而言，《憲法》第83條規定，考試院為國家最高考試機關，掌理考試、任用、銓敘、考績、級俸、陞遷、保障、褒獎、撫卹、退休、養老等事項。因為教育政策規劃人員，包括教育部長、政務次長、常務次長及經過國家考試的教育行政人員，均依2001年12月修正的《公務人員考試法》相關規定任用。《憲法》89條規定公務人員之選拔，應實行公開競爭之考試制度，並應按省區分別規定名額，分區舉行考試。非經考試及格者，不得任用。

㈤監察院

就監察院而言，據2005年6月10日《憲法》增修條文第7條，監察院為國家最高監察機關，行使彈劾、糾舉及審計權，不適用《憲法》第90條及第94條有關同意權之規定。教育政策規劃人員如有違法可能受到監察院的糾正。《憲法》第97條規定監察院經各該委員會之審查及決議，得提出糾正案，移送行政院及其有關部會，促其注意改善。監察院對於中央及地方公務人員，認為有失職或違法情事，得提出糾舉案或彈劾案，如涉及刑事，應移送法院辦理。

2005 年 6 月 10 日《憲法》增修條文規定《憲法》之修改，須經立法院立法委員四分之一之提議，四分之三之出席，及出席委員四分之三之決議，提出憲法修正案，並於公告半年後，經中華民國自由地區選舉人投票複決，有效同意票過選舉人總額之半數，即通過之，不適用《憲法》第 174 條之規定。

㈥地方行政機關

在地方行政體制而言，是以 2000 年的《地方制度法》作為行政與立法規範。《地方制度法》第 3 條規定：地方劃分為省、直轄市。省劃分為縣、市〔以下稱縣（市）〕；縣劃分為鄉、鎮、縣轄市〔以下稱鄉（鎮、市）〕。直轄市及市均劃分為區。鄉以內之編組為村；鎮、縣轄市及區以內之編組為里。村、里〔以下稱村（里）〕以內之編組為鄰。第 13 條規定：直轄市、縣（市）、鄉（鎮、市）為地方自治團體，依本法辦理自治事項，並執行上級政府委辦事項。第 14 條規定：直轄市民、縣（市）民、鄉（鎮、市）民之權利有多項，其中對於地方教育文化、社會福利、醫療衛生事項，有依法律及自治法規享受之權。

茲將台灣近年來的政府體制之間的關係，繪製如圖 3-1 所示。

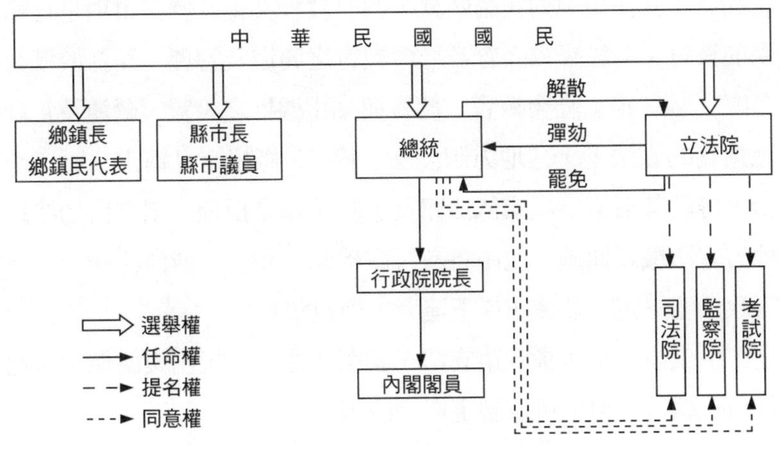

圖 3-1　台灣政府體制之間關係

資料來源：公共政策導論（頁 5）。魏鏞（2004）。台北市：五南。

二、教育政策規劃權責劃分

《憲法》第 10 章「中央與地方之權限」已有規範，在第 108 條規定，中央事務由中央立法並執行之，或交由省縣執行之教育制度。1999 年凍省之後，教育行政制度已調整為中央政府與地方縣市政府二級。就中央政府來說，1973 年的《教育部組織法》第 1 條規定，教育部主管全國學術、文化及教育行政事務；第 2 條規定，教育部對於各地方最高級行政長官執行本部主管事務，有指示、監督之責；第 3 條更規定教育部就主管事務，對各地方最高行政長官之命令或處分，認為有違背法令或逾越權限者，得提經行政院會議議決後，停止或撤銷之。這是教育部的職權，但是仍有些空泛，因此在 1999 年政府更頒行《教育基本法》，其中第 9 條規定中央政府之教育權限如下：1.教育制度之規劃設計；2.對地方教育事務之適法監督；3.執行全國性教育事務，並協調或協助各地方教育之發展；4.中央教育經費之分配與補助；5.設立並監督國立學校及其他教育機構；6.教育統計、評鑑與政策研究；7.促進教育事務之國際交流；8.依憲法規定對教育事業、教育工作者、少數民族及弱勢群體之教育事項，提供獎勵、扶助或促其發展。前項列舉以外之教育事項，除法律另有規定外，其權限歸屬地方。

2005 年《地方制度法》第 18 及 19 條規定，直轄市及縣市政府的自治事項與教育有關者在其法規中列在第四款，關於教育文化及體育事項是直轄市、縣（市）學前教育、各級學校教育及社會教育之興辦及管理。而對於鄉鎮市的自治事項有鄉（鎮、市）社會教育、體育與文化機構之設置、營運及管理。而在地方民意機關的立法上，《地方制度法》第 25 條規定直轄市、縣（市）、鄉（鎮、市）得就其自治事項或依法律及上級法規之授權，制定自治法規。自治法規經地方立法機關通過，並由各該行政機關公布者，稱自治條例；自治法規由地方行政機關訂定，並發布或下達者，稱自治規則。

總之，中央政府是負責政策立法、國家教育政策規劃與協調，而地方行政機關則是負責執行，但也可以制定自治法規。

貳、社會環境

一、社會開放與多元發展

社會環境包括人口結構、社會福利制度、社會變遷及社會價值觀。其中人口結構與社會價值觀影響著教育政策規劃。人口結構包括人口出生率、人口年齡結構、死亡率等。台灣的生育率在 2001 年已降為 2%以下，未來台灣將成為少子化的國家。這項分析可見本書第四章。而社會價值觀則與升學傾向（例如國人較喜歡進入普通高中與綜合大學，不喜歡進入高職與技術學院或科技大學）以及文憑主義有關。台灣的社會福利制度自農民、勞工及軍公教都納入健保體系，已使得人民的健康及安全受到保障。

近年來台灣社會發展呈現幾個明顯的現象，它包括：1.平均每位婦女的生育率下降，使得人口成長率減少；2.人口老化問題增加，國民平均壽命高達 74 歲，已達到先進國家的水準；3.多項社會福利執行，例如老年人金、老農津貼、殘障福利津貼等，讓老年人口受到照顧；4.中產階級人數增加（大學畢業程度者增加）；5.兩岸關係及社會開放，外籍配偶人數增加，使得台灣族群多元；6.因為開放多元，所以民眾抗議示威遊行次數及人數增加。

二、人口成長與學齡人口變化

從過去幾年及未來可能的國民教育學齡人口數探究，在 80 至 108 學年度台灣的國民中小學學生人數如表 3-1。表中可看出幾個現象：第一，80 至 93 學年度之間，小學生總人數已減少 416,847 名，國中生已減少 220,908 名，可見國民教育學齡人口減少相當快；第二，總學齡人口數減少，所以各年級學生人數也減少很多；第三，93 學年與 99 學年度小學總學齡人口數將減少 343,415 名，其中國小一年級學生人數將又減少 60,284 名，國中總學生數將減少 49,386 名，其中國一學生將減少 35,831 名。這樣大幅度的學齡人口減少，某種程度來說，是班級學生人數減少的好時機。少子化是台灣教育面臨的挑戰之一。因為學齡人口減少將帶來學校沒有學生來源的問題。

表 3-1　80 至 108 學年度各年度國中小學生人數　　單位：名

學年	小一	小二	小三	小四	小五	小六	國中總	國一	國二	國三	上學年畢業生
80	353790	363266	381140	397315	397938	399995	1176402	405905	386792	383705	370665
93	283358	315297	319456	318799	318642	321045	955494	316387	316585	322522	310582
94	274844	282740	314741	318943	318297	318309	949922	320481	315043	314398	318416
95	295244	274244	282240	314235	318442	317965	949736	317748	319120	312867	310393
96	270524	294599	273760	281787	313742	318109	950723	317407	316399	316917	308884
97	246986	269934	294079	273321	281345	313414	947823	317550	316060	314214	312886
98	229822	246447	269457	293607	272891	281051	942941	312862	316201	313877	310216
99	223074	229320	246012	269024	293146	272606	906108	280556	311534	314018	309887
100	–	222586	228915	245617	268602	292840	860873	272126	279365	309382	310024
101	–	–	222193	228547	245231	268321	840729	292323	270970	277436	305446
102	–	–	–	221837	228189	244975	828030	267849	291082	269099	273906
103	–	–	–	–	221488	227950	800326	244543	266711	289072	265674
104	–	–	–	–	–	221257	735922	227547	243505	264870	285392
105	–	–	–	–	–	–	689269	220866	226581	241823	261500
106	–	–	–	–	–	–	–	–	219928	225016	238745
107	–	–	–	–	–	–	–	–	–	218408	222150
108	–	–	–	–	–	–	–	–	–	–	215626

資料來源：80 至 108 學年度各年度國中小學生人數。教育部（2005a）。2005.7.25 檢索於 http://www.edu.tw/EDU_WEB/EDU_MGT/STATISTICS/EDU7220001/indicator/index.htm

參、教育制度

一、六三三四的學校制度與均權的教育行政制度

教育政策規劃宜先掌握教育制度，教育制度包括學校制度及教育行政制度（見上一小節）。就前者來說，我國是以六三三四的學制為主。據《幼稚教育法》規定，學前教育以 4 歲至進入國民小學年齡才可就學，此階段教育不是義務教育，而托兒所不屬於《幼稚教育法》規定範圍。《國民教育法》規定，國民教育分為國民小學及國民中學兩階段共九年，前者六年，後者三年。國民教育以培養德、智、體、群、美五育均衡學生。國民教育課程內容以民族精神教育及生活教育為主，強調以九年一貫為精神。

國中畢業生進入高級中學以一年兩次的基本學力測驗為申請依據。高級中學區分為普通高中、高職、綜合高中、實驗高中，高級中學的學習年限為三年。

在中等教育階段更有完全中學，係屬於國中與高中六年一貫的教育制度。

高等教育則區分大學部與研究所，前者有五年制專科、二年制專科、技術學院、師範學院、綜合大學、空中大學。後者有碩士班及博士班。

此外，補習進修教育提供給失學或年齡高於學齡人口者於夜間授課教育，它有國民中學、高級中學及大專校院的進修補習教育。

正規學校制度以外，仍有社會教育與終身教育。第一項以社教機構所提供的教育為主；第二項是強調個人的終身學習，並不一定受限於學校體制內的一切教育。台灣的學制圖，如圖 3-2 所示。

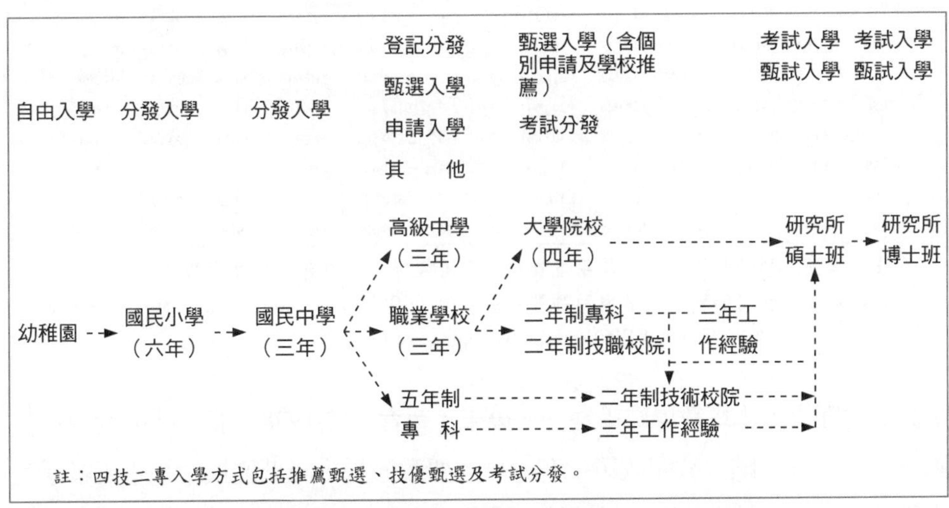

圖 3-2　台灣的學制

資料來源：中華民國教育統計。教育部（2005d）。台北市：作者。

二、師生人數逐年減少

教育政策規劃應掌握國家總體學生數。台灣地區的學生人口數、教師數及相關教育資料從 50 學年度至 92 學年度的發展情形如表 3-2 所示。表中顯示這期間學校數由 3,095 所增加至 8,252 所；教師數也由 71,098 名增加為 274,837 名。學生數由 2,540,665 名增加為 5,384,926 名，可見台灣地區每四名人口中就有一名是學生。

1994 年民間「四一〇教改團體」要求政府小班小校政策之後，1996 年行政

表 3-2　台灣的學生人數與教師數

學年	校數（所）	教師數（人）			學生數（人）			平均每千方公里學校數（所）	平均每位教師任教學生數（人）	每千人口學生數（人）	平均每生教育經費支出（新台幣元）
		計	男	女	計	男	女				
50	3 095	71 098	47 977	23 121	2 540 665	1 407 586	1 133 079	85.71	35.73	226.64	704
60	4 115	126 45	77 009	49 445	4 130 691	2 240 234	1 890 457	113.80	32.67	274.04	2 815
70	5 241	170 347	87 733	82 614	4 641 975	2 402 005	2 239 970	144.86	27.25	255.14	20 395
75	6 491	191 773	92 995	98 778	5 045 768	2 585 729	2 460 039	179.41	26.31	258.64	29 341
80	6 787	219 788	97 702	122 086	5 323 715	2 709 473	2 614 242	187.60	24.22	258.36	56 553
83	7 062	232 735	100 242	132 493	5 274 350	2 681 251	2 593 099	195.20	22.66	249.05	81 168
84	7 224	241 337	101 378	139 959	5 226 109	2 654 387	2 571 722	199.67	21.65	244.74	86 047
85	7 357	247 24	103 408	143 838	5 191 219	2 635 635	2 555 584	203.35	21.00	241.17	96 483
86	7 562	251 768	103 848	147 928	5 195 241	2 633 155	2 562 086	209.02	20.64	238.94	102 723
87	7 731	256 916	103 684	153 232	5 215 773	2 644 632	2 571 141	213.69	20.30	237.85	105 509
88	7 915	262 541	103 615	158 926	5 241 641	2 664 277	2 577 364	218.77	19.96	237.26	102 082
89	8 071	268 677	105 599	163 078	5 303 001	2 703 439	2 599 562	223.09	19.74	238.05	104 194
90	8 158	271 610	105 323	166 287	5 354 091	2 732 602	2 621 489	225.49	19.71	238.96	110 142
91	8 222	273 376	105 000	168 376	5 376 947	2 748 107	2 628 840	227.26	19.67	238.75	107 802
92	8 252	274 837	105 332	169 505	5 384 926	2 758 226	2 626 700	228.09	19.59	238.22	…

註：學校、教師和學生數為學年度資料，教育經費支出為會計年度資料。

資料來源：台灣的學生人數與教師數。教育部（2005b）。2006.3.2 取自 http://www. . edu.tw/EDU-WEB/Webs/statistics/index.htm

院教改會即提出小班教學政策理念。後來，教育部於 1998 年提出「教育改革行動方案」，其中國民教育政策中有一項重要政策是「降低國民中小學班級學生人數計畫」。該計畫政策目標期於 2004 年各縣市國民小學的每班學生人數降為 30 人，國民中學每班降為 35 人。此政策經過多年執行之後，大致已達成政策預期的目標。然而，對國民教育精緻化理念訴求及學齡人口自然減少，未來如果能夠再降低學生班級人數，將可解決幾項教育問題：第一，因為班級學生人數的減少，可讓國民中小學教育品質再度提高；第二，因為班級學生人數的減少，可以減少國民中小學老師的教學負擔；第三，可以增加更多的國民中小學老師，如此可以減少目前少子化之後，各國民中小學可能減少老師的問題，同時在縮減班級學生人數之後，可以以更多的機會提供給目前尚未在教職中的流浪教師；第四，班級學生人數如果減少，更可增加學生與老師互動的機會與時間，學生學習也可能因為與老師互動較多，因而提高學習興趣及學習能力。

三、教育經費投資日益減少

規劃教育政策應掌握究竟有多少教育資源可以運用？它需要從一個國家年度總經費支出，教育經費可運用金額與比率來探討。另外，要瞭解教育政策規劃的細部內容，就需要掌握國家的經濟發展及國家教育經費究竟分配於哪些教育事務之中，說明如下。

㈠教育經費編列與管理法的規範

就教育經費分配來說，它是教育政策規劃最需要的資源。1947 至 2000 年政府教育經費都是以《憲法》第 164 條規範為主，但是 2000 年 11 月總統公布的《教育經費編列與管理法》作為教育經費分配依據，它規範包括：1.明定政府應於國家財政能力範圍內，充實、保障並致力推動教育經費之穩定成長；2.成立教育經費基準委員會，計算教育經費基本需求及編列教育經費；3.透過教育經費分配審議委員會的機制，期能將我國各級學校、教育機構教育經費的收支運作加以規範；4.建立了一套教育財政運作系統，以因應現代社會及教育發展趨勢；5.增進教育績效達成教育經費保障合理化；6.教育經費編列制度化與教育經費分配公開化，讓教育經費運用透明化。其中較為重要的是規定教育經費保障合理化，條文中指出政府應於國家財政能力範圍內，充實保障全國教育經費之穩定成長。規定各級政府教育經費預算合計應不低於預算籌編時之前三年度決算歲入淨額平均值之 21.5%，以保障教育經費適當成長。

㈡近年政府教育經費投資逐年減少

教育政策規劃應掌握國家的教育經費年度分配，如此可瞭解政策在經費支應的情形。台灣的教育經費占國民生產毛額比率從 40 年度的 1.73%至 92 年度的 6.23%，看來似有成長如（表 3-3）。但是如果將公私立教育經費占國民生產毛額比率分開來看，在 80 至 85 年度公立教育經費占國民生產毛額比率較高，隨後卻逐年降低，這是一項警訊，因為公部門的經費逐年的減少，對於各級教育經費投資勢必減少。如以政府教育經費來計算平均對每國民支出來看，雖然

表 3-3　教育經費支出

年度	教育總經費				政府教育經費		
	金額	占國民生產毛額比率（%）	公部門	私部門	金額	平均對每國民支出（元）	占政府歲出比率（%）
40	213 082	1.73	1.73	…	213 082	28	9.93
50	1 671 962	2.52	2.22	0.30	1 470 169	136	13.32
60	11 236 766	4.57	3.69	0.88	9 065 121	614	16.51
70	74 112 578	4.54	3.69	0.85	60 262 157	3 373	14.71
80	300 965 051	6.49	5.34	1.15	247 488 080	12 131	17.77
83	428 109 963	6.80	5.56	1.24	350 053 223	16 672	18.58
84	449 691 445	6.57	5.36	1.21	366 902 255	17 325	19.36
85	500 863 136	6.72	5.47	1.25	407 595 911	19 085	19.50
86	533 672 566	6.61	5.21	1.40	420 905497	19 554	18.91
87	550 309 889	6.29	4.92	1.37	430 675 819	19 808	18.54
88	581 536 145	6.31	4.92	1.39	453 089 741	20 662	18.80
89	558 968 090	5.70	4.35	1.35	401 537 000	18 175	19.18
90	601 358 531	6.20	4.54	1.67	409 307 000	18 268	18.02
91	639 876 507	6.40	4.69	1.71	438 074 000	19 452	19.76
92	634 853 400	6.23	4.51	1.68	423266 000	18 724	20.76

註：公部門教育經費包括政府教育經費支出及國立大專院校自籌校務基金支出；私部門僅包括各級私立學校部分。

資料來源：教育經費支出。教育部（2005c）。2006.3.15 取自 http://www.edu.tw/EDU-WEB/Webs/statistics/index.htm

40 至 85 年度有增加，但 86 年度之後又略有減少，這代表政府教育經費投資確實減少。

肆、多元的政黨政治形態，造成對立與衝突

政治制度包括政黨政治、民選官員的選舉制度與民主化程度。1991 年 5 月政府宣布終止動員戡亂，恢復憲政體制，1992 年 7 月政府修正公布為《人民團體法》，奠定政黨政治發展基礎。截至 2002 年底止，已向內政部備案之政黨計有 99 個，立案之政治團體計有 36 個（內政部，2004）。也就是說，自台灣解嚴以後，政黨林立，原以國民黨一黨獨大，在民進黨、新黨及親民黨加入政黨

政治運作後，使得台灣的政黨發展呈現多元競爭形態。在民意高漲與選舉制度運作，每年台灣都可能遇到選舉，1994 年台灣省長民選、1996 年總統民選、2000 年政黨輪替、2004 年民進黨第二次執政、北高市及各縣市長選舉，以及多次中央與地方民代選舉，讓台灣政治呈現競爭與多元發展。而在民主化程度，2005 年自由之家（Freedom House, 2005）調查各國民主自由指出，台灣在民權與政權指數（都是 1 至 7 分，分數愈高，國家民主化程度愈高）上都是屬於民主國家。

伍、國民所得增加，但國民所得不均卻惡化

就經濟發展來說，行政院主計處（2005）統計顯示，1994 年台灣平均國民所得為 10,816 美元，至 2000 年增加為 13,090 美元，在 2000 年遭遇亞洲金融風暴與九二一大地震，重創台灣的經濟發展。雖然台灣安然度過，但因政黨競爭、兩岸關係不明、國際發展受限，加上政府於 2003 年停建核四，使得至 2005 年的台灣平均國民所得仍在 13,647 美元，但經濟成長卻有下滑現象，例如 2001 年經濟成長率為 -2.22%，2004 年才又回穩為 5.39%，這也就是這幾年來台灣的平均國民所得成長有限的主因之一。

值得注意的是，1994 至 2002 年台灣平均失業率都在 3.0%以下，然而自 2003 年卻增加到 4.0%，2004 年更增加到 4.2%，2005 年更突破到高達 5.0%以上。除了失業問題，國民所得貧富差距明顯增加，行政院主計處（2005）統計發現，1976 年最高國民所得組人口與最低國民所得組人口收入差距為 4.18 倍，在 1994 年則增加為 5.1 倍，2004 年已拉大為 6.1 倍，可見台灣的貧富國民所得差距已有惡化現象。

第二節　我國教育政策規劃流程

壹、教育政策制定依據

我國教育行政機關在政策制定之規範，落實在各機關的中長程計畫與年度施政計畫。當然教育政策規劃在實務應以《憲法》及民意為最終依據，而學理上的根據是教育哲學，但社會需求、經濟發展及政策問題也應考量。

據 2002 年修訂的《行政院所屬各機關年度施政計畫編審辦法》第 3 條規定：「中央各機關及直轄市政府應分別依據施政方針或施政綱要，並配合中長程計畫及年度業務發展需要，訂定施政目標及重點，據以編訂年度施政計畫及預算」。由上看出，我國行政機關政策制定之依據大致有三方面，分別為國家施政方針或綱要、中長程計畫，及機關業務發展需要。其中，國家的施政方針或綱要係屬原則性規範，而因應機關業務發展需要所制定者則多屬細部之子計畫，因此，僅有中長程計畫堪稱具「政策」特質。要對我國行政機關政策規劃依據更深入瞭解，必須自中長程計畫制定的相關法規著手。

《行政院所屬各機關中長程計畫編審辦法》第 4 條規定：「各機關應擬定中長程計畫之事項如下：1.依基本國策及國家中長程施政目標應規劃事項；2.依機關任務及中長程施政目標應規劃事項；3.依有關法令應規劃事項；4.依民意及輿情反映應規劃事項；5.依上級指示或會議決定應規劃事項；6.配合上位計畫應規劃事項；7.其他重要施政事項。」

上述規定可瞭解，行政機關政策制訂依據有基本國策、施政目標、各機關業務發展需要應行規劃事項、相關法令規定、民意輿情、上級指示、上位計畫等項。

貳、政策規劃審議與變更及終止

政策制定過程是依循政策規劃、政策合法化、政策執行、政策評估等階段進行（詹中原，1997）。我國行政機關政策制定與規劃過程如下：在行政機關確立政策制定依據後，即會遴選計畫項目並排列優先順序及擬定時程，並協調各有關機關。此外，亦會斟酌機關之資源能力、蒐集相關資訊進行內、外在環境分析與預測，進而設定具體政策目標，以掌握計畫可行性分析與預評估（此階段於行政機關稱為政策審議），若評估（或審議）結果認為可行，則經由政策合法化過程之後，再付諸執行，政策執行之後再進行政策評估，以決定政策是否延續、變更或終止（見《行政院所屬各機關中長程計畫編審辦法》）。換言之，確立教育政策依據之後，尚須經過政策規劃、審議、變更與終止等階段。

一、政策規劃內容要項

據 1989 年 9 月 29 日（2001 年 4 月 2 日修正）行政院頒行的《行政院所屬各機關中長程計畫編審辦法》第 12 條規定，中長程計畫應載明以下內容：1.計畫緣起（含依據、未來環境預測、問題評析）；2.計畫目標（含目標說明、達成目標之限制條件、預期績效指標及評估基準）；3.既有相關策略、政策方案之執行檢討（含既有相關策略、政策方案內容、執行檢討）；4.實施策略及方法〔含計畫內容分期（年）實施策略、主要工作項目、實施步驟方法與分工〕；5.資源需要（含所需資源說明、經費需求）；6.預期效果及影響（含預期效果、計畫影響）；7.附則（含有關機關應配合事項、其他有關事項）。

此外，《政府重要經建投資計畫先期作業實施要點》第 4 條、《行政院所屬各機關行政資訊計畫編審辦法》第 5 條，以及其他行政機關政策制定之相關法規依據，均有類似之規定。

二、政策審議規定

行政機關於設定具體的政策目標之後，即會進行計畫可行性之分析與評估。此種評估稱為政策審議，而審議就實質面是政策規劃機關就有關內容邀集相關機關進行政策規劃案的會議審查，此時為審查會議，簡稱為審議。就行政機關而言，由於現代國家之政府體制設計大體是以權力分立為主，因此，重要政策之審議除了會由政策提出機關自行評估之外，亦經由其他管考機關加以審議。

而就立法機關而言，我國行政院需要對立法院負責，所以行政院所提政策計畫就需要經過立法院審議。因此，就我國行政機關之政策審議而言，一般政策（經費一億元以下的政策）與重要政策（經費在一億元以上的政策）的審議流程與審議項目，說明如下。

㈠政策審議流程

1.一般政策之審議流程

教育行政機關於政策擬定完成之後，可由機關副首長召集有關單位進行自評，再報請行政機關首長或層轉上級機關核定，於必要時，則可邀請學者專家、社會人士共同參與審議。審議結束後則應報請行政院備查，並副知行政院研究發展考核委員會（請見 2001 年 4 月 2 日修正的《行政院所屬各機關中長程計畫編審辦法》第 10、11 條規定）。

2.重要政策審議

教育行政機關重要政策之審議依據不同類別而由不同的機關負責，依 2001 年 4 月 2 日修正的《行政院所屬各機關中長程計畫編審辦法》第 12 條規定：「⑴一般行政計畫：由行政院研考會會同有關機關審議後報院核定；⑵經建投資計畫：由行政院經濟建設委員會會同有關機關審議後報院核定；⑶科技發展計畫：由行政院國家科學委員會會同有關機關審議後報院核定。前項一般行政計畫、經建投資計畫，及科技發展計畫項目，由行政院研考會、經建會及國科會分別協調選定後報院核定。」

㈡審議項目

據 2001 年 4 月 2 日修正的《行政院所屬各機關中長程計畫編審辦法》第 13 條規定，我國行政機關之政策審議項目包含：1.計畫需求：政策指示、民意以及輿情反映；2.計畫可行性：計畫目標、財務、技術、人力、營運管理可行性等；3.計畫協調：權責分工、相關計畫之配合等；4.計畫效果（益）：社會效果、經濟效益、成本效益比等；5.計畫影響：國家安全影響、社經影響、自然環境影響等。

上述審議項目與政策規劃相互配合，重要的是政策可行性評估是考量重點。

三、政策規劃配合預算制度

教育政策規劃宜掌握政府的預決算制度，也就是教育政策規劃應配合政府預算籌編日程。台灣的中央政府預算之籌劃、編造、審議、成立及執行均須依據 2002 年 12 月 18 日修訂的預算法規範。在第 2 條規定，各主管機關（教育部與地方縣市政府也包括在內）依其施政計畫初步估計之收支，稱概算；預算之未經立法程序者，稱預算案；其經立法程序而公布者，稱法定預算；在法定預算範圍內，由各機關依法分配實施之計畫，稱分配預算。第 12 條也規定，政府會計年度於每年 1 月 1 日開始，至同年 12 月 31 日終了，以當年之中華民國紀元年次為其年度名稱。對於年度各項應遵行的預算進度，就以 95 年度為例，如表 3-4 所示。表中看出每年 1 月行政院核定 95 年度施政方針。4 至 5 月各機關依據年度中程歲出概算額度範圍內編妥概算。7 月舉行年度計畫及預算審核會議全體會議，核定中央各機關歲出預算額度。8 月總預算案再予整理後，由行政院函送立法院審議並同時呈報總統及分行有關機關。

四、政策變更與終止

教育政策執行一段時間後，即須經過再次的政策評估，以決定政策是否執行順利或者需要變更或終止。此時就是政策規劃者應掌握檢討教育政策執行成效的時機。就我國行政機關的政策變更或終止情形來說，據《行政院所屬各機關中長程計畫編審辦法》第 19 條規定有幾種情形，政策得修正或廢止：1.因情勢變遷，致原計畫窒礙難行者；2.因政策變更，致原計畫無法繼續執行者；3.因機關組織或任務變更，致原計畫無法繼續執行者；4.因經費短絀或變更，致無法按原計畫繼續施行者；5.因計畫執行進度嚴重落後，致無法按原計畫如期完成者；6.因其他不可抗力，致原計畫須予調整者。

至於教育行政機關政策之修正與廢止程序，與上述政策審議規定相同。

表 3-4　95 年度中央政府總預算案編製日程

預定起訖日期						辦理天數	辦理事項	負責辦理機關
年	月	日	年	月	日			
94	1	15	94	2	15	30	研提全國總資源供需初步估測資料與增進公務及財務效能之建議，以供行政院制訂施政方針之參考。	行政院主計處
	1	1		3	31	90	行政院核定 95 年度施政方針。	行政院
	3	1		4	30	61	研訂 95 年度中央暨地方政府預算籌編原則草案簽提院會通過後，分行中央各主管機關及地方政府。	行政院主計處
	3	1		4	30	61	訂定 95 年度中央政府總預算編製辦法於核定後分行各機關。	行政院主計處
	4	1		5	10	40	各機關依據 95 年度中程歲出概算額度範圍內編妥概算。	中央各機關
	5	11		5	31	21	根據國內外最新情勢就總資源供需情況再加以估測。	行政院主計處
	6	14		6	14	1	向院長簡報 95 年度中央政府總預算案籌編有關事宜。	行政院主計處
	5	11		7	10	61	核計國營事業 95 年度繳庫股息及紅利數額。	行政院主計處
	5	11		7	10	61	審核各主管機關 95 年度施政計畫。	行政院研考會
	5	11		7	10	61	檢討各項收入。	財政部
	5	11		7	10	61	完成支出審核作業。	行政院主計處
	5	11		7	10	61	整理收支審查結果。	行政院主計處
	7	20		7	20	1	舉行年度計畫及預算審核會議全體會議，核定中央各機關歲出預算額度。	行政院主計處
	7	20		7	25	6	直轄市及縣（市）政府報送 95 年度各該地方政府全盤預算收支情形。	各地方政府
	7	21		7	26	6	根據核定歲出預算額度編擬單位預算送主管機關。	中央各機關
	7	27		7	31	5	根據歲入歲出預算額度，修正原提總資源供需估測報告。	行政院主計處
	7	27		8	3	8	審核彙編主管預算送行政院主計處，並將歲入預算送財政部。	中央各主管機關
	7	27		8	3	8	編成年度施政計畫報院。	行政院所屬各主管機關
	8	1		8	31	31	彙整編送中央各機關投資其他事業及捐助財團法人營運及資金運用計畫至立法院。	中央各主管機關

表 3-4　95 年度中央政府總預算案編製日程（續）

預定起訖日期						辦理天數	辦理事項	負責辦理機關
年	月	日	年	月	日			
	8	4		8	4	1	向總統簡報總預算案核列情形。	行政院主計處
	8	4		8	10	7	綜合各機關歲入，編成歲入預算送行政院主計處。	財政部
	8	4		8	10	7	彙編完成行政院 95 年度施政計畫。	行政院研考會
	8	4		8	23	20	彙整中央政府總預算案。	行政院主計處
	8	24		8	24	1	總預算案暨附屬單位預算及其綜計表暨施政計畫提報院會。	行政院主計處及研考會
	8	25		8	31	7	總預算案再予整理後，由行政院函送立法院審議並同時呈報總統及分行有關機關。	行政院主計處

註：表中各項會議及簡報均係預定時間，屆時再由行政院主計處協調決定。
資料來源：95 年度中央政府總預算案編製日程。行政院主計處（2006）。2006.4.10
取自 http://win.dgbas.gov.tw/dgbas01/95/95hb/95 編製日程表(修).doc

參、政策制定作業流程

我國教育行政機關政策制定之依據、規劃、審議，以及政策變更與終止等程序與規定，並配合各相關單位之職掌與互動關係，如圖 3-3 表示。

由此可知，教育部的政策需要經過行政機關規劃、形成，接著函報行政院，行政院為讓政策更為成熟都委請幕僚機構進行審議，接著再進行討論或函送民意機關審查，如果民意機關沒有異議，就算是合法的政策。

肆、教育政策法案

一、教育政策立法原理

教育政策規劃內容包括教育政策法案、教育政策計畫與教育政策方案。教育法案在教育政策規劃中相當重要。教育政策要執行有賴於經費與法規支持。因此教育法案規劃就格外重要。據 2004 年修正公布的《中央法規標準法》第 5 條規定下列事項應以法律定之：1.憲法或法律有明文規定應以法律定之者；2.關

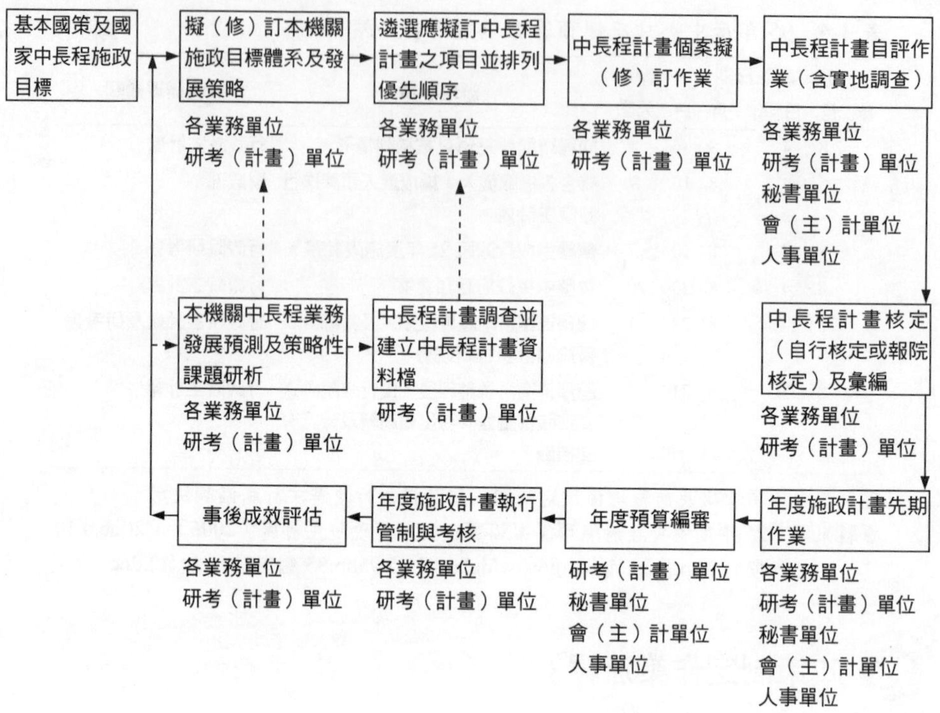

圖 3-3　我國教育政策制定過程

資料來源：行政院所屬各機關中長程計畫編審辦法。行政院經建會（1995）。台北市：作者。

於人民之權利與義務者；3.關於國家各機關之組織者；4.其他重要事項之應以法律定之者；第 4 條規定法律應經立法院通過，總統公布。易言之，教育政策立法經過立法院審查公布法規均須經由總統公布。

二、教育政策法案規劃要點

教育政策規劃的內容包括教育政策計畫、教育政策方案與教育政策法案。教育政策計畫是公共政策重要的政策方案。教育政策方案也是教育計畫的一種方式，只是它可能包括許多的教育政策計畫，而教育政策法案是政策執行的重要依據。規劃教育政策應注意教育法案。據 1977 年 2 月 8 日行政院台 (66) 規字第 1008 號函發布「行政機關法制作業應注意事項」，1984 年 4 月 2 日行政

院台 (73) 規字第 4821 號函修正規定，行政機關之法制作業應遵照中央法規標準法之規定辦理。而「行政機關法制作業應注意事項」於 2004 年 10 月 22 日行政院台規字第 0930084858 號函修正全文及名稱，名稱修正為「中央行政機關法制作業應注意事項」。相關的規定如下：

㈠準備作業

教育政策法案的立法之準備作業應有以下的考量：

1.把握政策目標：法規是否應修、應訂，須以政策需要為準據。

2.確立可行做法：法規必須採擇達成政策目標最為簡便易行的做法。

3.提列規定事項：達成政策目標之整套規劃中，唯有經常普遍適用並必須賦予一定效果的作為或不作為，方須定為法規，並應從嚴審核，審慎處理。然而下列事項就不應定為法規：⑴無需專任人員及預算之任務編組；⑵機關內部之作業程序；⑶上級機關對下級機關之指示；⑷關於機關相互間處務上之聯繫協調；⑸不具法規特性之事項。

4.檢查現行法規：在教育政策立法時應定為法規之事項，有現行法規可資適用者，不必草訂新法規；得修正現行法規予以規定者，應修正有關現行法規；無現行法規可資適用或修正適用者，方須草訂新法規。新訂、修正或廢止一法規時，必須同時檢討其有關法規，並做必要之配合修正或廢止，以消除法規間之分歧牴觸，重複矛盾。

㈡教育政策立法的草擬作業

教育政策立法的草擬應掌握以下步驟：

1.構想要完整：教育政策法規應規定之事項，須有完整而成熟之具體構想，以免應予明定之事項，由於尚無具體構想而委諸另行規定，以致法規訂立後不能立即貫徹執行；草擬法律制定案或修正案時，應預估所需執行人員之員額與經費，隨同法律草案一併報院，以便併予衡酌，用期完成立法程序順序執行。其涉及人民權利義務較廣而在草擬階段無須保密之法規草案，於完成初稿後，得以公開或其他方式徵求意見，以期完整並資溝通。

2.體系要分明：新訂教育政策法規須就其所應定內容，以認定其在整個法制中之地位以及與其他法規之關係，藉確定有無其他法規必須配合修正或擬訂，並避免分歧牴觸。

3.用語要簡淺：教育政策立法的法規用語須簡明易懂，文體應力求與一般國民常用語文相近。

4.法意要明確：教育政策立法的法規含意須明顯確切，即使屬於裁量或授權性質之規定，其裁量或授權之範圍亦應明確。

5.名稱要適當：何種法律應訂明為法、律、條例或通則？何種性質之命令得稱：規程、規則、細則、辦法、綱要、標準或準則？法未明定。唯今後訂立新法規及修正現行法時，其定名宜就其所定內容之重心。

至於對於教育政策立法時在法律名稱的規範應依《中央法規標準法》的規定，在立法時應掌握，其位階的名稱如下：

1.法：屬於全國性、一般性或長期性事項之規定者稱之。

2.律：屬於戰時軍事機關之特殊事項之規定者稱之。

3.條例：屬於地區性、專門性、特殊性或臨時性事項之規定者稱之。

4.通則：屬於同一類事項共通適用之原則或組織之規定者稱之。

在命令的名稱如下：

1.規程：屬於規定機關組織、處務準據者稱之。

2.規則：屬於規定應行遵行或應行照辦之事項者稱之。

3.細則：屬於規定法規之施行事項或就法規另做補充解釋者稱之。

4.辦法：屬於規定辦理事務之方法、時限或權責者稱之。

5.綱要：屬於規定一定原則或要項者稱之。

6.標準：屬於規定一定程度、規格或條件者稱之。

7.準則：屬於規定作為之準據、範式或程序者稱之。

三、教育政策立法審查過程

台灣的中央層級教育政策立法過程需三讀會審查。何謂三讀會審查呢？據2002年1月25日《立法院職權行使法》第7條規定，立法院依《憲法》第63

條規定所議決之議案，除法律案、預算案應經三讀會議決外，其餘均經二讀會議決之。在教育法案的立法也需要經過三讀。第一讀會，由主席將議案宣付朗讀行之。政府機關提出之議案或立法委員提出之法律案，應先送程序委員會，提報院會朗讀標題後，即應交付有關委員會審查。但有出席委員提議，40 人以上連署或附議，經表決通過，得逕付二讀。立法委員提出之其他議案，於朗讀標題後，得由提案人說明其旨趣，經大體討論，議決交付審查或逕付二讀，或不予審議。

在第 9 條規定，第二讀會之中，於討論各委員會審查之議案，或經院會議決不經審查逕付二讀之議案時行之；第二讀會，應將議案朗讀，依次或逐條提付討論；第二讀會，得就審查意見或原案要旨，先做廣泛討論。廣泛討論後，如有出席委員提議，30 人以上連署或附議，經表決通過，得重付審查或撤銷之。

第 10 條規定，第三讀會，應於第二讀會之下次會議行之。但如有出席委員提議，30 人以上連署或附議，經表決通過，得於二讀後繼續進行三讀；第三讀會，除發現議案內容有互相牴觸，或與《憲法》、其他法律相牴觸者外，只得為文字之修正；第三讀會，應將議案全案付表決。

總之，在教育政策立法規劃之中，我國也規定得相當詳細，教育政策規劃者當從這些規定進行適當的教育政策法案研議及分析。

第三節　我國教育政策規劃限制與出路

壹、前言

台灣的政治、經濟、社會環境以及教育體制已如上所述，然而台灣的社會仍有常見的教育政策問題產生，這些常見的政策問題是政策規劃的重點。

「常見」的教育政策問題，為何會「常見」？一定有其背後的原因。就如台灣每年 7、8 月，一定會上演學生、家長、民意代表等對於大學學雜費是否調漲的問題進行討論，大學學雜費調漲已成為每年教育部應討論的例行公事。其實，台灣還有很多「例行公事式的教育政策問題」，例如高等教育量是否應持續增加？教育經費應維持多少比率？國民小學每班班級學生人數應多少人？都是老生常談的問題，為何這些問題一再被討論與不斷被提起呢？

教育問題成為「例行式問題」原因可能很多，例如可能是社會變遷造成、人民價值觀改變造成、行政機關沒有妥善提出適當的政策所產生。社會變遷與人民價值觀改變較無法掌握其發展狀況，但是教育行政組織如果無法提出適當的教育政策，解決人民問題，教育行政機關就應思考，為何會如此？

政府無法提出適當的教育政策原因複雜。這些原因包括：1.因為社會變遷太快，政府的政策規劃比不上社會變化；2.人民需求過多、社會問題多，政府資源及人力有限，無法滿足所有的社會民眾；3.政黨為了選票，只顧眼前黨的利益與個人利益，並未考量國家利益，無法提出較前瞻、宏觀的教育政策；4.政府機關的專業政策分析人員不足，因而沒有專業人力進行長時間的規劃與分析，導致政府面對教育問題，臨時急就章的提出政策方案，最後仍無法解決問題，問題依然陸續發生；5.教育部沒有專業政策分析單位，沒有專責機構進行政策問題資料的蒐集、輿情反應的回應、政策規劃研究及政策模擬及審議單位，因而造成機關內部執行單位與規劃單位相混，行政人員不僅沒有專業能力及技術規劃，更要在有限時間做出專業的政策規劃實有困難；6.政府機關對專家學者研究方案常無法接受。也就是機關內部及主管有本位主義的認定專家學者的政策規劃研究是象牙塔論點，在現實生活及政策情境無法實現，所以不接受專家學者或學術機關的研究方案，因而在政策規劃，並沒有專業的參照依據及建議；7.教育經費投資逐年下降，使得教育政策規劃受到限制，從上一節的內容看出，台灣的教育經費投資已逐年減少，這對於是否能規劃出好的教育政策產生爭議。最後在規劃政策時，仍憑機關組織的行政首長的個人經驗、臆測、論斷或僅以機關內部少數人員觀點進行規劃，因而產生規劃的政策無法解決實際教育問題的情形。

貳、傳統的政策規劃問題

一、教育政策規劃與執行前沒有縝密研究

民主國家的教育政策制定通常有時間壓力及選票考量。往往政黨要討好選民，以聖誕老公公的方式在解決社會問題及教育問題，為解決「當下教育政策問題」或為配合「行政首長施政考量」，經常未能將教育政策經過審慎分析與規劃，就將教育政策付之執行。這裡所指的審慎分析包括：1.教育政策問題建構，即對教育問題釐清、教育政策問題重點及教育問題影響人員；2.教育政策問題形成與教育政策問題界定並不清楚，教育機關以臨時抱佛腳的形式在解決問題；3.教育政策問題納入政府議程，機關內部人員不會將適當及合宜的政策問題納入議程，而僅是以討好長官及對個人有利的議程納入；4.教育政策問題在行政機關規劃、教育政策立法分析並未審慎。就如《師資培育法》自 1994 年公布實施之後，至 2006 年已修改十次，如果對於師資培育有深入及長期分析，則此政策當應不會有朝令夕改的問題，但是台灣情形卻是如此；5.對於教育政策的技術面、經濟面、政治面及影響面的規劃分析並不深入。所以，如果粗略決策就讓政策進入執行階段，相信在教育政策執行之後，僅能邊做邊調整教育政策執行內容、方式或期程，往往這樣的教育政策無法達到預期的教育政策目標。

二、並沒有長時間的追蹤政策發展

教育政策問題產生有幾種方式：1.自然產生的教育問題；2.民意反映的教育問題；3.行政機關自行列出的教育問題；4.專家學者或學術機構所提出的教育問題。第一種教育政策問題是因為社會變遷，使得原有的教育制度無法讓國民滿足教育需求，所以會自然產生教育政策需求及問題；第二種是因為人民對教育制度不滿，或人民認為教育制度已影響他們的生活，國民無法接受現有教育制度，所以他們會提出教育政策問題；第三種是行政機關為了防患於未然，所以先提出未來可能的教育問題，再進行教育政策規劃；第四種是專家學者或學術

機構在研究創新過程，發現新知可解決教育問題，因而提出不同的教育政策議題。

前述四種教育問題中，保守、被動、消極的行政機關通常都無法立即反應民意的教育需求，所以對教育政策問題處理態度僅能「順其自然」面對，因為消極，所以無法對教育政策問題具有前瞻規劃。也就是說，對於教育政策問題未能長時間追蹤，並將重大教育問題持續研究。所以，對教育政策問題僅能「頭痛醫頭，腳痛醫腳」，無法對教育政策問題有深入及縝密的分析。

三、行政單位運用直觀式進行決策

官僚體制的行政單位常有的現象是「行政首長決定所有政務」，同時民主國家更是政黨輪替的政治體制，因此行政首長更替快速。傳統上，政府教育政策決策以行政首長的直觀方式進行，行政機關缺乏有客觀資料及教育政策專業分析人員提供專業與科學分析。因此，所決定的教育政策常易淪為主觀、直觀與「一人一義、十人十義」、「人在政在，人亡政息」的政策。這種教育政策受到個人的「有限思考」或「有限理性」，並無法廣納更多元及科學的驗證政策可行性，在教育政策執行之後，政策問題可能就隨之而來。

四、透過個人的經驗進行政策決定

個人行政經驗不一定是不好，但個人經驗受限於思考僵化或思維方式，因而限制政策制定過程應接納更多元意見空間。傳統上，行政首長代表行政機關，而過去更有「官大學問大」舊思維，在進行教育決策時常以「頂頭上司」、官階愈大所提供的經驗就愈多，決定教育政策權限就愈大。但眾所皆知，三個臭皮匠勝過一個諸葛亮，如果以個人經驗或思考模式決定教育政策，在面對社會多元及競爭時代，十分危險。

五、政策分析專責機構與人員不足

行政機關往往僅將交辦的例行性業務完成，很少有研究創新的機制在其中。因為沒有研究創新機制，所以沒有專業的政策分析人員。同時行政機關人員常有「多一事不如少一事」的態度，並無法將更多的教育政策問題納入思考。所以政策問題產生之後，往往無法提出合理及可行的政策來解決問題。

六、沒有建置完整的政策資料庫

目前國內教育政策資料庫建立尚待開發，因此無法有效追蹤台灣的各種教育議題或教育現象；就如社會一再的強調學生考試壓力很大，但過去數十年來並沒有長期的調查；大學學雜費是否過高，也沒有長時間的建立各國大學學雜費的狀況，以及台灣過去幾十年來的大學學雜費的調漲情形。又如台灣各層級學生的學習成就是否有改變，數十年來也沒有建立資料庫追蹤。

因為沒有長時間的建置各種資料庫，所以只要社會變遷或民意反映，行政機關為了面對及解決該項問題，就需要重新進行教育問題的調查，往往一份有信度與效度的資料建置，並非短時間就可以建立，需要長時間的投入人力及專業知識，才可以建立完整資料，也才可提供教育政策分析及作為教育決策基礎。

參、未來政策規劃方向

一、科學式的教育政策分析

科學式的教育政策分析是建立在對社會現象以有系統、有組織及有步驟的進行分析。也就是經由教育問題的確認、科學假說的建立、資料蒐集、統計方法的選擇及處理，最後得到結果的歷程，而此種歷程是不斷的從問題中來驗證所獲得的知識。科學式的教育政策分析不再是以個人的主觀、直觀意見或理念作為政策決定的基礎。它是需要透過嚴謹的分析，才獲得教育政策的推介。科學式的教育政策分析也不是以個人經驗、個人有限理性或思維所得到的政策決定，而是以社會科學嚴密的方法進行驗證所得到的較為具體與可行的教育政策方案。因此，現階段為了破除傳統上以直觀、個人經驗的教育政策決定方式，就應從科學式的教育政策分析著手。

二、建立資料庫便於政策分析

教育政策議題或教育現象中的資料庫建立是當前台灣很重要的課題。過去缺乏這樣的建置，所以行政機關遭遇到教育問題時，才著手進行問題分析。這往往無法解決現有的教育問題，反而更會造成更多的教育問題。所以建立長期資料庫作為教育政策分析的基礎是當務之急。

教育資料庫的內容宜包括各等級教育的學生學習適應情形、學生升學的成就表現、學生家庭中的相關背景資料（例如家長的教育程度、職業類型、家庭成員、經濟收入、家庭的文化資本存量）、學校設備、師資狀況、各級學校學生畢業後的資料追蹤，例如學生畢業後的就業狀況、學生學以致用情形、學生畢業失業情形、學生畢業後的國民所得調查。在教育政策上，例如大學學雜費的調降比率、各國的學雜費資料蒐集與建置、家計所得運用於子弟的學雜費的比率。再如流浪教師的人力調查、師資供需資料庫建立都是必要課題。

三、專業人員培育進行政策分析

對於教育政策專業人員的培育而言，可以從兩方面說明，一是高等教育學府在這方面的人力培育，一是公務體制對這方面人力考選與任用制度的建立。前者應該在各大學校院或研究所開設教育政策分析的相關課程，這方面包括教育政策問題分析、教育政策合法化、教育政策規劃、教育政策的影響評估、教育政策分析、教育政策評估、各國教育政策比較、主要國家教育財政制度分析、教育政策專題研究等。就後者而言，目前考選公務組織的教育行政人員，在考科與教育政策有關的科目僅有教育行政學，並沒有教育政策分析的專業科目。教育行政是行政事務管理，主要是計畫、組織、領導、溝通與協調。而教育政策是國家未來發展的教育藍圖所須進行的規劃方向，教育政策包括範圍與教育行政不同，所甄選出的教育行政人員的專業就不同，所以教育行政機關要有教育政策分析的專業人力，就須從國家考試科目轉變，如此調整教育組織中的專業能力，可能更為直接與快速有效的從事教育政策分析。

四、專責機構進行政策分析與追蹤

現行教育部組織法及各縣市政府的教育行政組織均以教育行政業務執行為主，並沒有專責的教育政策分析單位；也就是說，教育行政業務主管機關不僅負有教育政策執行，也要具有教育政策分析功能，但往往「教育政策執行」功能高過於「教育政策分析」。易言之，教育行政主管機關沒有專責教育政策分析機構，是教育政策分析無法延續進行的主因。

雖然目前國家教育研究院已規劃為教育政策研究與諮詢機制，也就是原本該組織要成為教育政策分析及研究單位，這方面功能包括對教育政策問題調查、資料庫建立，但因為該組織是以過去教育行政組織整併而來，短時間並無法調整體質，所以目前仍以教育行政管理層面居多，並無法完全發揮教育政策分析功能。未來要提升教育政策分析層級及功能，宜建立完全以教育政策分析為主軸單位，而不是以教育行政業務為主的政策分析單位，較能讓此項功能彰顯。

五、尊重學術及專家學者的研究

未能尊重專家學者及學術單位研究成果，並轉換為政策規劃方案，是目前多數行政機關的現象。行政首長以官大學問大、本位主義、個人色彩，以及擬以「個人權威」的心態進行政策規劃，因為這樣才可以顯現行政首長個人的政績、色彩與特色，因而往往在政府機關以外的研究案就不重視。

會有政府不重視學術機關研究報告之原因，除了行政首長的個人因素之外，仍有幾項主因：第一，政府機關傾向於保守主義、封閉作業，並無法以開闊的心胸及態度接受新的觀念及研究發現；第二，政府機關的行政人員態度消極，以多一事不如少一事、個人自掃門前雪的心態過一天算一天，部長則以能當幾天就幾天的心態在面對政務，這種養尊處優的心態，阻礙了政策研究融入政策的可能；第三，機關內部人員並沒有專業素養吸收學術研究報告內容。政策研究較具學術性，在報告中可能有些專業術語，例如達到顯著水準、虛無假設、對立假設、高等統計方法、多變項統計方法，尤其有些國外新知的專有名詞等，都可能讓機關內部人員望之卻步；第四，學術研究與行政實務的兩界問題。也就是，學術研究報告敘寫及分析過於深奧、太過理論、不食人間煙火等，並無法真正描繪出現實生活中的問題及現象，所以並無法作為政策規劃的參考。

對於這方面問題的解決，可以從幾個取向出發：第一，行政機關宜重視及尊重學術研究報告，並試著接受研究報告中可行的政策規劃內容；第二，行政機關的人員心態宜開闊，實事求事、不畏強權及勢力接受新的研究訊息；第三，行政首長宜拋開心瞻魏闕，並以歷史負責的態度接受研究報告的可能。最後，專家學者的研究報告如果要轉換為政策規劃運用，可以將學術性用語及較學術性部分以較生活化及應行政機關的需求進行調整與修改，讓行政機關對於學術研究報告不再視為畏途。

本章的討論問題

一、試簡要說明我國的五院行政體制與公共政策的權責。

二、試說明我國地方政府在教育政策規劃的內容。

三、試說明台灣的社會發展變遷與教育之間的關係。

四、試指出台灣的經濟發展與教育發展的關係。

五、試說明台灣的教育經費投資情形。

六、試指出台灣的教育政策規劃流程。

七、請指出台灣的教育政策立法過程。

八、請說明台灣的教育政策規劃的問題。

九、試陳述台灣的教育政策規劃的發展方向。

參考文獻

一、中文部分

內政部（2004）。**中華民國內政概要**。台北市：作者。

行政院主計處（2005）。**中華民國社會統計指標**。台北市：作者。

行政院主計處（2006）。**95 年度中央政府總預算案編製日程**。2006.4.10 取自 http://win.dgbas.gov.tw/dgbas01/95/95hb/95 編製日程表(修).doc

行政院經建會（1995）。**行政院所屬各機關中長程計畫編審辦法**。台北市：作者。

教育部（2005a）。**80 至 108 學年度各年度國中小學生人數**。2005.7.25 檢索於 http://www.edu.tw/EDU_WEB/EDU_MGT/STATISTICS/EDU7220001/indicator/index.htm

教育部（2005b）。**台灣的學生人數與教師數**。2006.3.2 取自 http://www.edu.tw/EDU-WEB/Webs/statistics/index.htm

教育部（2005c）。**教育經費支出**。2006.3.15 取自 http://www.edu.tw/EDU-WEB/Webs/statistics/index.htm

教育部（2005d）。**中華民國教育統計**。台北市：作者。

詹中原（1997）。**我國公共政策及發展之後設分析**。行政院國科會專題研究計畫成果報告。

魏鏞（2004）。**公共政策導論**。台北市：五南。

二、英文部分

Freedom House (2005). *Freedom in the world, 2001.* Lanham: University Press of America.

教育政策規劃

第四章
生育率與教育政策規劃

本章學習目標

一、指出各國的生育率的變化情形。

二、掌握各國的教育量擴充發展趨勢。

三、指出教育發展與生育率之間的關係。

四、說明生育率與教育品質之間的關係。

五、指出生育率如何在教育政策規劃的應用。

六、說明台灣的生育率在各國的相對地位。

第一節　政策規劃緣起

、政策規劃動機

台灣近年來已有少子化危機（行政院主計處，2000），行政院曾對台灣地區 15 歲以上有偶婦女之生育力調查報告顯示：15 歲以上已婚婦女心中理想子女數與一生所實際生育子女數之下降情形，證實台灣已有少子化趨勢，例如 1980 年台灣每位婦女理想子女數與實際生育子女數各為 3.3 名與 3.6 名，至 2000 年各降為 2.7 名與 2.8 名。其原因之一是國人生育率減少所致。台灣的生育率在 1951 年每位婦女生育數為 7.04 名，至 1965 年降為 4.82 名，1971 年又降為 3.7 名，1985 年更降到 1.88 名，2003 年就降至 1.43 名（行政院經建會，2002）。行政院經建會也進一步估算，2021 年之前，生育率都在 1. 585 名以下，可見未來台灣是一個低生育率與少子化的國家。

「少子化」的問題並非僅是台灣現象而已，很多先進國家也面臨相同問題（UNDP, 1998）。例如法國、芬蘭、挪威、義大利、美國與英國，在 1965 年的生育率各為 2.8、2.4、2.9、2.7、2.9、2.9 名，至 2002 年這些國家就降為 1.9、1.7、1.8、1.3、1.1、1.7 名（World Bank, 2002, 2003）。要探究原因相當複雜，但這不外是近年各國倡導優生學、女性教育程度提高而自主獨立、過多小孩家計經濟負擔重、孩童教養問題、安全問題、文化與社會風氣，乃至於未來就業問題等，使生育率不斷下降，造成「少子化」問題。1960 至 1990 年間，開發中國家的整體生育率下降 36%，即從每位婦女生 6.0 名小孩下降為 3.8 名小孩，有些區域下降更快，例如亞洲及拉丁美洲各下降 42%、43%，小孩生產約減少一半（United Nations, 1995）。

「少子化」使得就讀初等教育、中等教育及高等教育學齡人口不斷減少。同時少子化將對學校資源、家計負擔學生教育經費有著不同關係。本章擬透過近年來各國生育率高低（是少子化主因）來瞭解，究竟生育率對教育在學率與教育品質（本章以初等教育生師比、初等教育支出占每人國民所得比率、中等

教育支出占每人國民所得比率、高等教育支出占每人國民所得比率為替代變項，這些變項定義，見下頁「參」一節）之間的關係。

以跨國性的實證研究生育率對教育發展的影響並不多（Benavot, 1989），同時過去的研究都未考量時間落差（the time lag）問題。換言之，過去實證研究都以同一年度的生育率對同一年度的教育變項分析，並未考量生育率（孩童出生時）與幾年後學童就學時的年齡之差異。因此，本章要克服此問題，在探討生育率與教育發展之間的關係，特別考量時間落差因素（詳見本章的第三節），如此更可掌握生育率對教育發展的實際影響。同時過去如探討人口因素對教育發展的影響，常運用人口成長率探討它們之間的關係，並未從生育率著眼，本章將不以過去的研究方式，來探討生育率與教育發展之間的關係。

除上述研究動機，本章擬透過跨國的生育率資料，來掌握究竟各國有哪些國家屬於「少子化」（低生育率）國家，有哪些國家是「多子化」（高生育率）國家。本章將透過從 1965 至 2002 年（以 1965、1970、1975、1980、1985、1990、1992、1995、1997、2000、2002 年）等 11 年的生育率，進行國家在生育率高低的分類，以掌握生育率與少子化的國際發展趨勢，更重要的是台灣也在本章之列，易言之，究竟台灣的生育率在國際定位為何？也是本章要掌握的。

貳、政策規劃目的

基於以上的研究動機，本章目的如下：

第一，考量時間落差，來瞭解各國在不同年度的生育率對教育在學率與教育品質的影響。

第二，透過 11 年度的跨國生育率資料，掌握各國生育率多寡類型。也就是說，有哪些國家是高生育率國家（多子化國家）？有哪些是低生育率國家（少子化國家）？

第三，從長時間的生育率國際資料中，台灣的生育率在各國的相對定位為何？究竟是屬於高生育率國家（多子化國家）或低生育率國家（少子化國家）？

最後，針對研究結果，提出政策建議。

參、世界的生育率發展趨勢

各國生育率不斷改變與成長。1960 至 2002 年世界的生育率發展趨勢，是多變化的。如果以地理區域而言，可掌握幾個現象：第一，歐洲與中亞洲、拉丁美洲與加勒比海地區等所有的區域，生育率均有下降。其中以南亞洲、拉丁美洲與加勒比海國家下降 3.4 名最多；第二，1960 年歐洲與中亞洲國家的生育率在各地理區域的生育率最少，僅有 2.9 名，以中東與北非國家的 7.2 名最高；第三，在 2002 年的生育率，以歐洲國家 1.6 名最少，而以非洲國家 5.1 名最多，所以非洲國家仍有多子化問題；最後，如以世界平均的生育率而言，1960 年為 4.6 名，至 2002 年僅有 2.6 名，如表 4-1 所示。

如果以經濟發展程度而言：第一，1960 年高度所得國家的生育率僅有 3 名，

表 4-1　世界的生育率發展趨勢　　單位：%

國家／年度	1960	1965	1970	1975	1980	1985	1990	1992	1995	1997	2000	2002
歐洲與中亞	2.9	2.7	2.6	2.6	2.5	2.5	2.3	2.0	1.8	1.7	1.6	1.6
拉丁美洲與加勒比海	6.0	5.8	5.3	4.7	4.1	3.5	3.1	3.0	2.8	2.7	2.6	2.5
南亞洲	6.6	6.3	6.0	5.6	5.3	4.7	4.1	3.8	3.6	3.5	3.3	3.2
非洲	6.6	6.6	6.6	6.6	6.6	6.4	6.1	5.9	5.6	5.5	5.3	5.1
東亞洲與大洋洲	4.1	6.2	5.7	3.8	3.1	2.8	2.4	2.3	2.2	2.2	2.1	2.1
中東與北非國家	7.2	7.1	6.8	6.4	6.2	5.6	4.8	4.4	3.9	3.7	3.3	3.1
歐洲貨幣基金國家	2.6	2.7	2.4	2.0	1.8	1.5	1.5	1.4	1.4	1.4	1.5	1.5
高度負債國家	6.4	6.5	6.5	6.5	6.4	6.1	5.8	5.6	5.2	5.1	4.8	4.6
高度所得國家	3.0	2.8	2.5	2.0	1.9	1.7	1.8	1.7	1.7	1.7	1.7	1.7
高度所得的 OECD 國家	2.9	2.8	2.4	2.0	1.8	1.7	1.7	1.7	1.7	1.7	1.7	1.7
中高度所得國家	4.4	4.3	4.1	4.0	3.6	3.4	3.1	2.9	2.7	2.6	2.5	2.4
中度所得國家	4.1	5.3	5.0	3.7	3.2	2.9	2.6	2.4	2.3	2.2	2.1	2.1
低度所得國家	6.4	6.3	6.1	5.8	5.5	5.0	4.5	4.2	4.0	3.9	3.7	3.5
世界平均	4.6	5.1	4.8	4.0	3.7	3.4	3.1	3.0	2.8	2.8	2.7	2.6

註：資料整理自 World development report. World Bank（1978, 1981, 1986, 1987, 1991, 1993, 1996, 1998, 1999, 2000, 2001, 2002, 2003）. New York: The Author.

低度所得國家為 6.4 名，中度所得國家為 4.1 名，所以國民所得愈高的國家，其生育率愈低；第二，不管經濟發展程度為何，1960 至 2002 年各國家群的生育率都在下降，其中低度國民所得國家約減少 3 名最多；第三，2002 年高度所得國家與高度所得的 OECD（Organization for Economic Cooperation and Development）國家都僅有 1.7 名。從這些現象都發現，國家經濟愈發達、現代化程度愈高，國家生育率愈少，少子化現象就難免存在。

、各國的教育發展趨勢

前述各國的生育率逐年下降趨勢，但各國教育發展如何呢？1970 至 2002 年可以取得的教育統計資料顯示（如表 4-2 所示），它有幾項重要發展。就教育在學率而言，1970 年的初等教育在學率為 79.54%，至 1990 年為 93%，增加 15%；1975 年的中等教育在學率為 39.22%，至 1995 年已增加至 61.52%，約增加 22%；1983 年的高等教育在學率為 13.21%，至 2002 年已增加至 21.31%。如果以初等教育生師比而言，1970 年為 32.97 名，至 1990 年降為 29.62 名。

至於初等、中等與高等教育支出占每人國民所得比率，即每人國民所得應分攤比例來看，每人國民所得應分攤初等教育約 11%至 14%；分攤中等教育約是 21%至 37%，它隨著年代愈往後，此比率也跟著下降；1983 年高等教育支出占每人國民所得比率為 218.22%，表示要有兩位國民所得者，才可支付一位學生就讀高等教育（因為本章係跨國分析，所以很多落後國家的高等教育，對個人而言是高度投資與消費，因為個人家計國民所得低，往往無法提供孩童就讀昂貴的高等教育，因此比率就相對提高），但在 1998 年此比率則下降到 96.32%。

前述教育發展可以歸納為：自 1970 年以來，各國在三級教育在學率均持續增加，但初等教育生師比雖略有減少，但仍有 29 名之多；此外，三級教育經費支出占每人國民所得比率都維持在一定比率，其中以高等教育支出占比率最高。最後，可以看出，不管是教育在學率、初等教育生師比或三級教育支出占每人國民所得比率，其最大值與最小值的差距均頗大（例如 1970 年的初等教育在學

表 4-2　各國教育發展趨勢　　單位：%

變項	國家數	最小值	最大值	平均數	標準差
1970 年初等教育在學率	133	3.00	124.80	79.54	31.46
1975 年初等教育在學率	132	14.30	137.60	85.78	28.81
1980 年初等教育在學率	155	17.50	174.70	92.38	25.58
1985 年初等教育在學率	151	13.60	147.40	92.95	23.45
1990 年初等教育在學率	171	10.50	134.10	93.00	23.27
1975 年中等教育在學率	134	1.30	96.50	39.22	28.70
1980 年中等教育在學率	152	2.70	126.60	50.79	32.49
1985 年中等教育在學率	152	3.30	119.10	55.10	32.90
1990 年中等教育在學率	171	4.90	119.50	56.85	32.03
1995 年中等教育在學率	172	5.40	146.30	61.52	34.44
1983 年高等教育在學率	143	.00	57.10	13.21	12.41
1988 年高等教育在學率	140	.10	69.60	14.33	13.45
1993 年高等教育在學率	166	.10	89.40	18.22	17.17
1998 年高等教育在學率	119	.30	83.30	23.77	19.41
2002 年高等教育在學率	83	1.00	82.00	21.31	20.07
1970 年初等教育生師比	156	9.00	68.80	32.97	11.38
1975 年初等教育生師比	148	7.20	84.80	31.86	12.84
1980 年初等教育生師比	143	6.80	81.50	31.78	12.75
1985 年初等教育生師比	143	6.60	70.60	29.67	12.59
1990 年初等教育生師比	140	5.80	77.00	29.62	13.58
1970 年初教支出占每人國民所得比率	31	1.30	27.60	11.27	5.37
1975 年初教支出占每人國民所得比率	32	.40	43.40	13.49	8.33
1980 年初教支出占每人國民所得比率	36	2.10	41.70	13.38	7.92
1985 年初教支出占每人國民所得比率	41	2.10	42.20	13.14	7.47
1990 年初教支出占每人國民所得比率	47	.70	46.50	14.28	9.67
1975 年中教支出占每人國民所得比率	66	2.10	196.00	37.68	39.66
1980 年中教支出占每人國民所得比率	77	1.20	601.00	36.48	71.78
1985 年中教支出占每人國民所得比率	76	1.00	396.40	29.85	48.11
1990 年中教支出占每人國民所得比率	68	1.70	117.80	23.06	20.41
1995 年中教支出占每人國民所得比率	70	3.80	88.70	21.41	15.00
1983 年高教支出占每人國民所得比率	77	2.00	2938.50	218.22	439.83
1988 年高教支出占每人國民所得比率	76	1.80	1316.60	155.90	257.17
1993 年高教支出占每人國民所得比率	64	5.80	851.20	101.66	148.80
1998 年高教支出占每人國民所得比率	74	5.50	1492.00	96.32	211.15

註：資料整理自 World development report. World Bank（1978, 1981, 1986, 1987, 1991, 1993, 1996, 1998, 1999, 2000, 2001, 2002, 2003）. New York: The Author.

率，最高者為 124.8%，最低者為 3.0%），這表示各國之間的教育發展差異很大。

第二節　生育率與教育發展的關係

、人口成長與國家現代化關係

生育率的高低與國家現代化相關，如果一個國家愈現代化，則該國生育率將愈低；相對的，國家愈落後，則生育率可能也愈高，除非有強制政策，例如中國大陸一胎化政策，否則在沒有優生學、教育程度較低的國民水準，其生育率必然會提高。現代化國家特徵除了生育率低之外，也有都市化程度高、以服務業為主的經濟形態、政府重視各級教育投資、高度民主化以及高度國民所得等現象。

Becker 與 Morrison（1988）就分別以都市化人口成長率與大都會每年人口成長率為依變項，投入自變項有國民總生產毛額成長率、政府公共支出成長率、每年都市的現代部門（指服務業）成長率、每年勞動參與率、居住於城市人口比率、每年可獲得最低限量卡路里比率，以及取自然對數的都市居住地大小。以第一個依變項有 24 個國家納入迴歸分析，結果發現國民總生產毛額成長百分比、每年都市的現代部門（指服務業）成長率、每年勞動參與率、每年可獲得最小量的卡路里比率，以及取自然對數的都市居住地都達到 .01 顯著水準，解釋度為 37.3%。如以第二個依變項，發現僅有國民生產毛額比率、卡路里比率以及取自然對數的居住都市區域等達顯著，其餘則否，解釋度 35.1%。

Barro（1991）曾以 98 個國家為樣本，運用迴歸分析瞭解 1960 年的國民生產毛額、1960 年的中等教育在學率與初等教育在學率等自變項對生育率進行分析，也發現此三個自變項均與生育率有負向的顯著關係。Crenshaw、Oakey 與 Christenson（2000）以 60 餘個國家的平均生育率、1965 年總生育率、1965 年嬰兒死亡率，與出口總值占國民生產毛額比率求其相關，發現各有.11、.01、-.02

的相關，這些相關係數並未達顯著。

生育率高低可從家庭對人口數期待反應。Cochrane、Khan 與 Osheba（1990）就調查八百餘名埃及人，對家計人口數期待。他們建立五個迴歸方程式，都以家計期待人口數為依變項，投入的變項有父親、母親年齡、太太第一次結婚年齡、父親與母親受教年數、家計經濟所得、家計擁有土地多寡等 18 個自變項，其結果發現：1.對埃及都會區的先生回應（依變項）模式，達顯著者有父母親的年齡，其餘則否，尤其是家計所得未達顯著，即雙親年齡愈高，愈不願意生產小孩；2.如以對埃及鄉間地區先生回應（依變項）模式，父親年齡、土地擁有多寡達顯著，家計經濟所得未達顯著，即鄉村地區的家計，如果父親年齡愈長與土地愈多，愈有生產的意願；3.對埃及都會區太太回應（依變項）模式，與都會區的先生回應模式在變項顯著性一樣。前述瞭解土地及鄉村地區的雙親年齡影響埃及家計人口期望。

貳、生育率與教育發展之關係

由於開發中國家有很多仍是傳統的鄉村、農業社會，因而生育率也有不尋常的高。當社會愈是先進、現代化、經濟發展及社會變遷，出生率應下降，也就是家計有更多小孩將提高養育成本，以及對小孩經濟價值下降。Cochrane（1983）就指出如果生育率愈高，該國國民教育程度愈低。

因此，國家發展程度愈高，生育率愈低是不爭的事實。Bongaarts 與 Watkins（1996）以人力發展指標（Human Development Indicator, HDI）與生育率進行分析，探討 1960 至 1985 年各國生育率與人力發展指標之關係，由於人力發展指標係以聯合國人力發展方案（UNDP, 1998）為準，以預期壽命、識字率及實質國民所得等進行人力發展指標計算。1960 至 1985 年並無此指標，Bongaarts 與 Watkins（1996）則重新計算 1960、1965、1970、1975、1980 及 1985 年的人力發展指標，6 個年度的人力發展指標與生育率發現幾個現象。首先，二者呈負相關情形，同時人力發展指標解釋生育率為 60%。因為人力發展指標有教育變項，就某種程度上，生育率與教育應呈反向關係，如果國家的生育率愈低，

個體的教育程度應愈高；其次，生育率與人力發展呈非線性關係，Bongaarts 與 Watkins（1996）發現人力發展指標在 0.4 以下者，似乎無法反應減少生育率情形，即這些國家的生育率仍很高。如果人力指標在 0.6 以上，則生育率有明顯下降。它顯示，如果人力發展指標愈高，代表國家愈發展，其生育率降低；第三，有很多國家因為社會及國情不一，在生育率與人力發展指標有差異情形，即人力指標數高，但是生育率仍然高。

Unger 與 Molina（1999）以調查方式瞭解拉丁美洲國家婦女對家庭大小及生育率的關係研究。所運用的樣本共有 351 個，涵蓋 42 個項目，包括人口特性、家庭特性、所要子女數及對子女養育態度。結果顯示拉丁美洲婦女沒有接受過高中教育，較傾向於天主教（說西班牙語者，就學於高中教育程度的婦女較多），有較多的子女。同時，沒有上過高中的婦女期望有 3.1 名小孩，而上過高中程度的婦女則僅期望有 2.7 個小孩，前述二者經 *t* 考驗達到 .05 的顯著水準。研究也發現，接受過高中教育的婦女，對於養育女兒花費認知高於養育男孩子，顯示接受教育者對女性的養育有較為重視。進一步迴歸分析，發現沒有接受過高中教育的婦女，通常較為年長，也期望有較大的家庭（更多小孩）。

開發中國家的衛生醫藥不發達，因此生育率高，死亡率也高。Courbage（1999）指出，1960 年生育率在 7.0%至 7.5%的國家有茅利塔尼亞、蘇丹、卡達、摩洛哥、突尼西亞、埃及、伊拉克、阿曼、科威特、巴林、葉門；7.5%至 8.0%有阿爾及利亞、敘利亞、約旦、巴勒斯坦等。1995 年生育率在 3.5%至 4.0%的有阿爾及利亞、利比亞、埃及、科威特；在 4.0%至 5.5%者有阿曼，5.5%至 6.0%的有巴勒斯坦。雖然 1995 年每位婦女生產 5 名孩童降為 4 位，比起撒哈拉非洲的三個區域，即東非洲、中非與西非的 6.4 人還低，但是仍高於其他地區，如東南亞為 3.7 人，拉丁美洲為 2.9 人，顯示出開發中國家的生育率相當高。

Courbage（1999）更進一步指出，生育率高的原因有：一是生活水準低落，在 1993 年經濟水準低於 1,000 美元，人民的醫療與優生觀念差；二是人口集中在鄉村地區；三是大部分婦女為文盲，例如 1975 年阿拉伯國家婦女有 84%文盲，男性有 58%，因為沒有接受教育，所以沒有優生的生育觀念；四是 1975 年，8 至 13 歲學童兩名只有一名可就學，至 1996 年也僅提高為 62%；五是婦女的社會地位及角色受到忽略，並不受重視；六是嬰兒存活率低。就如1975年摩洛哥每千名出生兒童有一百名死亡。因為孩童死亡，又沒有優生計畫，婦女生育率提高。Courbage（1999）對於 1995 年阿拉伯國家生育率，與嬰兒死亡率、國民所得購買力、女性文盲率、男性文盲率、女性就學率、男性就學率、醫療提供率等求其相關，結果各有.27、-.14、-.14、-.14、-.30、-.01、-.21的關聯。

總之，生育率與教育在學率有負面關係，且受教程度愈高，國家生育率愈低。

參、現代化理論意涵

本章以現代化理論為基礎，現代化理論認為一個國家發展會隨時代改變而有結構變化，此結構包括政治、社會（人口結構）、經濟與教育制度等。經濟與社會發展程度高低，代表一個國家現代化、都市化與少子化程度。一個國家如愈發達先進，都市化程度高，生育率相對減少，人口老化問題嚴重，且國家對教育產業有更多投資。現代化、先進國家的國民所得較傳統與以農業為主或落後國家來得高。Danziger（1994: 339）也指出，現代化的先進國家，除了國民所得較高之外，社會組織較複雜、運用高科技技術、人民擁有現代化的生活態度、高科技產業與服務業就業人口較多、都市化程度較高、農業人口少、生育率下降，同時也伴隨著較專業及制度化的社會系統。更重要的現代化、都市化、小家庭化，造成家計的「少子化」現象。

現代化理論所強調的是，落後國家或低度發展國家會隨著時間推移而邁向現代化，因政府投入建設，配合時間推移，讓落後、傳統、未開發、經濟不發達環境，邁向先進、現代化、已開發及經濟發展區域或國家。這種論點是以西方或先進國家作為理想發展情境與目標。該論點認為如果開發中國家追隨著先進國家在「先進」或「邁向先進」國家過程努力，或依循先進國家的發展方式，一步步，以直線式進行，終究邁入先進國家之林。而先進國家的低生育率與高教育投資，將會反應在落後國家在邁入先進國家之後，所面臨的現象。

在邁入先進國家過程，除應讓國家經濟成長，讓人民有豐富財源之外，生育率減低以及人力資本投資更不可少。也就是說，隨著國家愈發展，生育率下

降、都市化提高，並透過經濟成長與人力資本投資，讓落後國家邁向先進國家。因為人力資本投資，提升人民知識、能力、觀念、技能或價值改變。因此，低生育率與高教育投資就成為國家現代化的重要特色。

國家現代化特性包括高度結構分化、資源自由流動不受限制、不強調血緣關係、強調專業及多元的組織、生活以自由經濟制度維持、強調民主與政黨政治、強調官僚制度建立、人口結構有高年齡人口依賴率、低生育率與低死亡率。Deutsch（1961）認為社會流動是現代化過程之一。他認為現代化過程會將老舊社會、高生育率、經濟與心理認同觀念打破與轉型，人們會接受新的社會化形態與社會行為。因此，都市化改變、國民所得成長、降低生育率、改變農業觀念、改變居民生活形態、教育普及、大眾傳播媒體發達，以及高度政治社會化機制建立等標準，都可衡量現代化生活程度。就如 Lockheed（1980）對非現代化標準定義包括：以第一級產業、傳統農耕及以農業作物為主、少有創新的觀念與方法與高生育率；而現代化環境，在農業則有新的耕作方式、可運用更多化學肥料、機器與低生育率等。

而也有學者認為現代化國家可從人民素質反映出來，Inkeles 與 Smith（1974）以阿根廷、孟加拉、智利、印度、以色列與奈及利亞等六個國家共 5,500 個國民進行瞭解現代化國民的特性。他們指出，一個現代化的國民有七項特質：1.開放心胸對人與行為，現代化國民可接受新經驗；2.從傳統權威結構轉為對個人權威信仰；3.對現代化科技信仰，例如科學與醫藥衛生，而較少對生活有瘋狂態度；4.對個人及子女有社會流動渴望，因為生育率低、子女少，關心子女程度提高；5.相信計畫與準時的價值；6.對地方政治與社區事務關心；7.對新聞，尤其是國家與國際事務有興趣。雖然他們研究國家都是開發中國家。同時，研究年代雖為 1974 年，與現在已有差距，但七項特質之中的接受新觀念、對科技信仰，以及對政治關心等，是先進國家人民不可否認的特質。

然而，國家現代化不一定就對國家各方面表現都有利。Danziger（1994: 263）就認為，因為國家發展增加或改善人民態度，造成社會變遷，發展與現代化帶來社會文化價值的負向影響。他指出某些國家太過西方導向（westernization）價值，反映出世俗主義、個人主義及物質主義，此種情形對於國家發展有不當影響。同時，現代化之後，先進國家降低生育率，也發現有少子化的問題。雖然少子化在社會價值中並不一定不好，但如果沒有提出因應，對於教育資源及社會資源的規劃與運用，將會面臨不同的問題。

第三節　政策規劃設計

本節將說明本章的研究方法，先是說明資料處理的統計方法，接著指出本章的研究對象與變項操作型定義，第三說明本章的限制，說明如下。

壹、資料處理的統計方法

本章資料處理將以迴歸分析、集群分析法及區別分析法進行，說明如下。

一、生育率對教育在學率與教育品質檢定——迴歸分析

本章要進行檢定的模式如下：EDU ＝ f（Fertility）

式中EDU分別代表：1.初等教育在學率（%）；2.中等教育在學率（%）；3.高等教育在學率（%）；4.初等教育生師比（名）；5.初等教育支出占每人國民所得比率（%）；6.中等教育支出占每人國民所得比率（%）；7.高等教育支出占每人國民所得比率（%）。其中前三個代表教育發展量的變項，而後面四個代表教育品質的變項，Fertility 代表生育率。

為了掌握迴歸分析在自變項與依變項的時間落差，並考量國際資料可取得性，時間落差是假定孩童出生之後的 5 年就讀初等教育、10 年之後就讀中等教育前段、18 年後就讀高等教育。因此在各個迴歸分析的時間落差，如表 4-3 所示：1965 年所出生的孩童（自變項）分別在 1970 年就讀初等教育、在 1975 年時就讀中等教育、在 1983 年就讀高等教育（依變項）。會以這樣的時間落差設計，除國際資料可取得性之外，各國之間大抵是以滿 5 足歲居多者就可就讀國民小學（雖然初等教育約有 5 年或 6 年就讀者，但本章以 5 年為主）；接著在

12 歲就讀國民中學（因資料限制，本章以 10 年），至 18 歲才就讀高等教育。

表 4-3　自變項與依變項的時間落差設計

依變項／自變項	初等教育在學率	中等教育在學率	高等教育在學率	初等教育生師比
	初等教育支出占每人國民所得比率	中等教育支出占每人國民所得比率	高等教育支出占每人國民所得比率	
1965 年生育率	1970	1975	1983	1970
1970 年生育率	1975	1980	1988	1975
1975 年生育率	1980	1985	1993	1980
1980 年生育率	1985	1990	1998	1985
1985 年生育率	1990	1995	2003	1990

二、以生育率進行國家分類——集群分析與區別分析

本章將以 1965 至 2002 年各國的生育率進行國家分類，並區辨其分類準確度。前者將以集群分析的華德法進行分類，本章進行集群分析，將以分類標準（Cubic Clustering Criterion, CCC），它會在資料上有「先升後降」的情形（馬信行，2000），來掌握要分群組的標準。基於前述的集群分析，本章再以區別分析，將先前集群分析分群結果，重新分類，以瞭解本章在生育率的國家分類準確性。

貳、規劃的對象與變項操作型定義

本章取得不同年度的跨國資料為分析對象。該資料是由世界銀行（World Bank, 1978, 1981, 1986, 1987, 1991, 1993, 1996, 1998, 1999, 2000, 2001, 2002, 2003）發布的生育率與教育在學率及初等教育生師比的數據。台灣的生育率資料取自行政院經建會（2002）《中華民國台灣地區民國 91 年至 140 年人口推計》，教育在學率係取自教育部（2002）《中華民國教育統計》。因為台灣並沒有三級教育支出占每人國民所得比率的資料，故在迴歸模式中，台灣就沒有納入分析。考量不同的教育變項與生育率在每個迴歸分析的方程式不同，因此每個迴歸方程式的國家數不一，本章將在研究結果表中呈現每個迴歸方程式的國家數。而在生育率的國家分類，將以 1965、1970、1975、1980、1985、

1990、1992、1995、1997、2000、2002 年等 11 個年度資料為準，這些年度都有資料的國家共 172 個。

在不同年度所使用的初等教育在學率（%）、中等教育在學率（%）、高等教育在學率（%）等均是以「粗在學率」（gross enrollment），也就是以學齡人口為分母，而以凡是就讀該層級教育的所有學生為分子，即可能超過學齡，因此教育在學率有可能超過 100%以上。在初等教育生師比（名）是以任教於初等教育的教師與學生人數相除，所得到的比值；在初等教育支出占每人國民所得比率（%）、中等教育支出占每人國民所得比率（%）、高等教育支出占每人國民所得比率（%）等，是以一個國家平均每個國民接受初等教育、中等教育以及高等教育的直接成本，不考量機會成本，來除以平均每人國民所得，所得到的百分比。生育率是代表平均每位女性生產的孩童數。

參、規劃限制

本章以教育在學率、生師比及教育經費等指標進行分析，在國際統計資料取得，會因部分國家統計關係，無法讓所有變項均有相同國家數。同時本章在迴歸分析所運用的依變項有 7 個，在生育率的集群分析與區別分析運用的年度有以 1965、1970、1975、1980、1985、1990、1992、1995、1997、2000、2002 年，進行國家分類。在研究中並無法將所有年度都納入分析，因此推論可能會受到限制。

第四節　生育率分析結果與規劃建議

壹、生育率對教育在學率的影響分析

本章運用不同年度的初等教育在學率為依變項，以生育率為自變項，經過

迴歸分析的結果發現：生育率與初等教育在學率呈現負向顯著關係（$P<.01$），在解釋力方面，1980 年的初等教育在學率模式為 14.2%最低，而以 1970 年的 28.6%最高。顯示，一個國家如果生育率愈高，其初等教育在學率愈低。即生育率對初等教育在學率有負向顯著影響，如表 4-4 所示。

表 4-4　各國不同年度生育率對教育在學率之迴歸分析摘要

依變項	自變項	B 係數	β係數	t 值	F 值	R^2	N
初等教育在學率	生育率						
1970 年	常數	134.0		16.9**	F（1,128）＝	.286	130
	1965 年	-9.75	-.52	-7.2**	51.2**		
1975 年	常數	127.5		19.2**	F（1,127）＝	.257	129
	1970 年	-7.9	-.51	-6.6**	44.0**		
1980 年	常數	115.5		23.0**	F（1,151）＝	.142	153
	1975 年	-4.8	-.38	-5.0**	24.9**		
1985 年	常數	117.4		28.6**	F（1,147）＝	.227	149
	1980 年	-5.4	-.48	-6.6**	43.3**		
1990 年	常數	116.3		31.7**	F（1,168）＝	.228	170
	1985 年	-5.5	-.448	-7.0**	49.6**		
中等教育在學率							
1970 年	常數	113.0		22.6**	F（1,128）＝	.65	131
	1965 年	-13.3	-.81	-15.5**	51.2**		
1975 年	常數	120.0		26.1**	F（1,146）＝	.64	148
	1970 年	-13.6	-.80	-16.1**	260.0**		
1980 年	常數	117.3		27.8**	F（1,147）＝	.64	149
	1975 年	-13.0	-7.98	-16.1**	257.7**		
1985 年	常數	112.7		31.6**	F（1,167）＝	.642	169
	1980 年	-12.4	-.801	-17.3**	299.7**		
1990 年	常數	120.6		34.2**	F（1,169）＝	.672	171
	1985 年	-13.9	-.82	-18.6**	346.1**		
高等教育在學率							
1983 年	常數	35.1		14.4**	F（1,136）＝	.402	138
	1965 年	-4.2	-.634	-9.6**	91.3**		
1988 年	常數	37.2		15.0**	F（1,135）＝	.422	137
	1970 年	-4.6	-.65	-9.9**	98.8**		
1993 年	常數	47.3		19.98**	F（1,161）＝	.527	163
	1975 年	-6.2	-.726	-13.4**	179.2**		
1998 年	常數	53.5		19.1**	F（1,112）＝	.553	114
	1980 年	-7.0	-.743	-11.8**	138.4**		
2003 年	常數	55.2		11.86**	F（1,78）＝	.442	80
	1985 年	-7.43	-.665	-7.9**	61.9**		

註：$**P<.01$；N 為國家數。

就生育率對中等教育在學率而言，迴歸分析發現：不同年度的生育率與中等教育在學率均呈現負向顯著關係（$P < .01$），在解釋力方面，五個模式都在64%以上，它比生育率對初等教育在學率的解釋力還高，可見生育率對中等教育在學率的影響比初等教育在學率還大。顯示，一個國家如果生育率愈高，中等教育在學率愈低，生育率對中等教育在學率確實有負向顯著影響。

再以生育率對高等教育在學率而言，迴歸分析發現：不同年度的生育率與高等教育在學率均呈現負向顯著關係（$P < .01$），在解釋力方面，五個模式都在 40.2%至 55.3%之間，它比起初等教育在學率的解釋力還高，但較中等教育在學率的解釋力低。可見生育率對高等教育在學率影響比初等教育在學率還大，但比中等教育在學率還小。這顯示，一個國家如果生育率愈高，高等教育在學率愈低，生育率對高等教育在學率確實有負向顯著影響。

貳、生育率對教育品質的影響分析

本章運用不同年度的初等教育生師比為依變項，以生育率為自變項，經過迴歸分析的結果發現：生育率與初等教育生師比呈現負向顯著關係（$P < .01$），在解釋力方面，1970 年初等教育生師比的模式為 21.6%最低，而以 1990 年的37.3%最高，在解釋力比對初等教育在學率的各模式還高。這顯示，生育率對初等教育生師比（教育品質）影響力高於初等教育在學率（教育量），同時也可看出，一個國家生育率愈高，初等教育生師比愈高。即生育率對初等教育生師比有正向顯著影響，如表 4-5 所示。

在生育率對初等教育支出占每人國民所得比率的迴歸分析中，生育率並未達到顯著水準，這可能原因是各國的初等教育為義務教育性質，所以家計對孩童的初等教育並不需要支付更多的經費，因此，生育率對初等教育支出占每人國民所得比率就沒有顯著影響。

反觀，中等與高等教育支出占每人國民所得比率，因為它們為選擇性的教育，雖然各國中等教育前段亦都為義務教育性質，但中等教育後段為選擇性的教育，家計須支付經費供孩童就學，因此生育率與中等教育支出占每人國民所

表 4-5　各國不同年度生育率對教育品質之迴歸分析摘要

依變項	自變項	B 係數	β係數	t 值	F 值	R^2	N
初等教育生師比	生育率						
1970 年	常數	16.3		5.5**	F (1,136) =	.216	138
	1965 年	3.1	.465	6.12**	37.5**		
1975 年	常數	13.8		4.58**	F (1,136) =	.231	138
	1970 年	3.4	.481	6.40**	40.9**		
1980 年	常數	16.4		5.9**	F (1,134) =	.217	136
	1975 年	3.1	.466	6.1**	37.2**		
1985 年	常數	13.6		6.0**	F (1,138) =	.307	140
	1980 年	3.5	.554	7.8**	61.2**		
1990 年	常數	10.9		4.8**	F (1,137) =	.373	139
	1985 年	4.2	.611	9.0**	81.6**		
初等教育支出占每人國民所得比率							
1970 年	常數	7.29		2.76**	F (1,29) =	.082	31
	1965 年	.75	.287	1.61	2.6		
1975 年	常數	10.56		2.74**	F (1,29) =	.026	31
	1970 年	.62	.16	.87	.76		
1980 年	常數	13.6		4.22**	F (1,34) =	.00	36
	1975 年	-.06	-.015	-.086	.007		
1985 年	常數	13.9		5.2**	F (1,39) =	.003	41
	1980 年	-.20	-.053	-.33	.11		
1990 年	常數	16.7		5.6**	F (1,45) =	.019	47
	1985 年	-.66	-.135	-.91	.834		
中等教育支出占每人國民所得比率							
1970 年	常數	-8.0		-.616	F (1,62) =	.19	64
	1965 年	9.0	.436	3.81**	14.5**		
1975 年	常數	-7.8		-.37	F (1,75) =	.063	77
	1970 年	9.0	.251	2.25*	5.1*		
1980 年	常數	2.9		.218*	F (1,73) =	.058	75
	1975 年	5.83	.241	2.12*	4.5*		
1985 年	常數	7.9		1.59	F (1,66) =	.15	68
	1980 年	3.8	.387	3.4**	11.7**		
1990 年	常數	15.8		4.4**	F (1,68) =	.047	70
	1985 年	1.55	.216	1.8	3.3		
高等教育支出占每人國民所得比率							
1983 年	常數	-177.4		-1.3	F (1,74) =	.116	76
	1965 年	78.2	.341	3.1**	14.5**		
1988 年	常數	-117.8		-1.62	F (1,72) =	.19	74
	1970 年	57.6	.436	4.1**	16.9**		
1993 年	常數	-40.9		-1.15	F (1,62) =	.234	64
	1975 年	34.5	.484	4.35**	18.9**		
1998 年	常數	-70.7		-1.56	F (1,72) =	.119	74
	1980 年	46.2	.447	4.23**	17.9**		

註：**P ＜.01；*P ＜.05；N 為國家數。

得比率影響力就反應出來。這從迴歸分析的生育率達到 .05 的顯著水準就可看出來，如表所示。換言之，一個國家的生育率愈高，中等教育支出占每人國民所得比率愈高。

在生育率對高等教育支出占每人國民所得比率而言，表中顯示生育率對此變項都達到 .01 的顯著水準，各模式解釋力在 11%以上，這研究結果比起生育率對初等與中等教育支出占每人國民所得比率還明顯。這更說明生育率對就學高等教育學生經費支付應較高，也就是說一個國家生育率愈高，高等教育支出占每人國民所得比率愈高。

總之，如果國家的生育率高，形成「多子化」，家計應負擔更多的教育經費於孩童在接受中等與高等教育上。而在少子化的國家，則可能與多子化相反。

參、各國在生育率分類結果

本章以 1965、1970、1975、1980、1985、1990、1992、1995、1997、2000、2002 年生育率進行國家分類。要分幾類？經過集群分析之後的 CCC 標準（Cubic clustering criterion），表 4-6 看出在代號第四之後突然的升起，在代號第三為最高點，在代號第二的值又下降，據此標準來看，應區分為三群國家。

在國家分類之後，結果呈現如附錄一，至於國家分類準確度如表 4-7，這些

表 4-6　以不同年度的生育率來區分國家類群的標準

代號	群組	聯結樣本	要聯結樣本	SPRSQ	RSQ	ERSQ	CCC	PSF	PST2
9	CL13	CL211	9	0.0045	.955	.383	194	342	12.4
8	CL20	OB143	16	0.0057	.949	.353	194	348	28.2
7	CL18	CL16	24	0.0075	.942	.321	195	353	24.1
6	CL8	CL9	35	0.0098	.932	.285	196	362	16.8
5	CL11	CL14	49	0.0145	.918	.245	198	370	58.8
4	CL10	CL7	40	0.0212	.896	.199	204	386	37.8
3	CL12	CL6	49	0.0371	.859	.145	213	412	49.7
2	CL4	CL5	89	0.2037	.656	.082	161	259	259
1	CL3	CL2	138	0.6556	.000	.000	0.00		259

結果看出，如以 11 個年度的生育率分類為三群國家，各有 61 個、50 個及 61 個。本章配合表 4-8 資料，將三群國家命名為「高度生育率國家」（多子化國家）、「中度生育率國家」及「低度生育率國家」（少子化國家）。其中原本應列為高生育率國家卻被分為中度生育率國家有兩國；而原本應被分為中度生育率國家卻被分為高度國家有一國。整體分類準確度達 98.3%。可見本章對生育率的國家分類頗為準確，換言之，以生育率對國家分類準確度並不差。

表 4-7　將有些國家重新分類的結果　　單位：國、%

變項	高生育率國家	中生育率國家	低生育率國家	總數=172（98.3%）
高生育率國家	59（96.7%）	2（3.3%）	0（0%）	61
中生育率國家	1（2.0%）	49（98.0%）	0（0%）	50
低生育率國家	0（0%）	0（0%）	61（100%）	61

註：表格中未括弧的數字表示分類的國家數，而括弧中的數字則是該群分類結果國家數所占的百分比。總數一欄中的括弧數字則是整體的準確度。

表 4-8　各群組的平均值、差異及 Scheffé 法之事後比較結果（樣本數＝172）

變項／類型	高生育率國家（1）	中生育率國家（2）	低生育率國家（3）	各國平均生育率	F 考驗	Scheffé 法之事後比較
1965 年	6.73	6.19	3.07	5.27	F	1 > 3** ; 2 > 3**
生育率	(.59)	(.71)	(.88)	(1.81)	(2,169)	1 > 2**
1970 年	6.75	5.71	2.72	5.02	F	1 > 3** ; 2 > 3**
生育率	(.63)	(.78)	(.65)	(1.89)	(2,169)	1 > 2**
1975 年	6.76	5.09	2.39	4.73	F	1 > 3** ; 2 > 3**
生育率	(.75)	(.89)	(.53)	(2.00)	(2,169)	1 > 2**
1980 年	6.71	4.44	2.17	4.44	F	1 > 3** ; 2 > 3**
生育率	(.76)	(.91)	(.49)	(2.05)	(2,169)	1 > 2**
1985 年	6.5	3.95	2.03	4.18	F	1 > 3** ; 2 > 3**
生育率	(.73)	(.84)	(.44)	(2.01)	(2,169)	1 > 2**
1990 年	6.1	3.46	1.95	3.86	F	1 > 3** ; 2 > 3**
生育率	(..78)	(.68)	(.38)	(1.87)	(2,169)	1 > 2**
1992 年	5.9	3.28	1.86	3.71	F	1 > 3** ; 2 > 3**
生育率	(.85)	(.60)	(.36)	(1.84)	(2,169)	1 > 2**
1995 年	5.6	3.06	1.71	3.48	F	1 > 3** ; 2 > 3**
生育率	(.91)	(.54)	(.39)	(1.78)	(2,169)	1 > 2**
1997 年	5.41	2.89	1.64	3.34	F	1 > 3** ; 2 > 3**
生育率	(.95)	(.51)	(.39)	(1.75)	(2,169)	1 > 2**
2000 年	5.15	2.65	1.61	3.17	F	1 > 3** ; 2 > 3**
生育率	(.99)	(.49)	(.38)	(1.68)	(2,169)	1 > 2**
2002 年	4.98	2.52	1.60	3.07	F	1 > 3** ; 2 > 3**
生育率	(1.0)	(.44)	(.37)	(1.62)	(2,169)	1 > 2**

註：1.**p <.01。

2.高度、中度及低度生育率國家欄中括弧內之數字為該組的標準差。

肆、各國家群在生育率的表現

本章為瞭解高度（多子化）、中度及低度生育率國家（少子化國家）在生育率表現情形，經過單因子變異數分析如表 4-8 所示，表中可看出各年度在生育率的整體表現（F 檢定）都達到顯著水準（$p < .05$），即表示高度、中度及低度生育率國家之間都有顯著差異。本章再以 Scheffé 法進行事後比較，結果如表 4-8 最後一欄所示。表中看出三群國家之間的差異都達到 .01 的顯著水準，表示高度與中度、高度與低度，以及中度與低度生育率國家在生育率都有顯著差異。例如 1965 年、1970 年、2002 年的高度（多子化）與低度生育率國家（少子化）各有 3.4 名、4.0 名、3.38 名的差異。此外，1990 年低生育率國家，整體就降到 2.0 名以下，2002 年降到 1.6 名，確實有少子化的現象。

伍、台灣在生育率的國際定位

本章亦將台灣的 11 個年度生育率資料，納入區別分析之後，發現台灣自 1965 至 2002 年都是少子化的國家。雖然，台灣在 1965 年的每位婦女平均生產了 4.8 名的孩童，但是就世界 172 個國家的相對地位而言，仍算是一個低生育率的「少子化」國家。換言之，在過去，吾人認為台灣是一個「多子化社會」與顧及傳統社會的價值觀的國家，但就 11 個年度的生育率資料分析，台灣在國際的相對地位，卻是一個「少子化」的國家。這個從本章的集群分析與區別分析中，台灣被分類的組別就可支持這項論點。

陸、討論

本章以現代化理論為基礎，運用世界銀行統計資料，探討生育率與教育發展之間的關係，並考量時間落差因素，進行迴歸分析，並以 11 個年度的生育率資料進行國家分類。本章認為現代化國家或經濟愈發達國家，在教育投資與政

府提供人民教育機會應愈多，相對的，國家的生育率愈高，會造成「多子化」問題，可能使政府無法讓所有孩童就學。本章針對結果分別討論如下：

第一，就生育率與教育量之間的關係而言，生育率與初等教育在學率、中等教育在學率以及高等教育在學率之間的關係，是具有負向顯著（$p < .01$）的影響。其中生育率對於中等教育在學率的影響力最大，接著是高等教育在學率，最後是初等教育在學率。易言之，生育率愈高，愈無法就學，這與 Barro（1991）研究結果一致。這顯示國民所得愈高，生育率減少、人口成長愈慢、教育機會愈多，相對的生育率高，教育機會愈少。它符合現代化社會，出生率少與教育機會較多的特性。

第二，就生育率與教育品質之間的關係而言，生育率與初等教育生師比、初等、中等與高等教育支出占每人國民所得比率之間的關係，除了生育率對初等教育支出占每人國民所得比率沒有顯著關係之外，其他的教育品質變項都具有正向且顯著（$p < .05$）的影響。其中生育率對高等教育支出占每人國民所得比率的影響力最大，接著是初等教育生師比，最後是中等教育支出占每人國民所得比率。易言之，生育率愈高，生師比就愈高，且平均每人所應負擔於教育支出就愈多，這和 Anderson 與 Bowman（1963），以及 Fedderke 與 Klitgaard（1998）研究教育量與國民所得（國民所得愈高，國家愈現代化，生育率降低）之關係的結果一致，表示國家愈現代化，人民接受教育機會、政府投入教育資源相對的較多。

第三，就 11 個年度的生育率之國家分類，本章以 172 個國家，透過集群及區別分析，再以集群分類標準，將國家分為三群，分別命名為高度（多子化國家）、中度及低度生育率國家（少子化國家），其國家數各有 61 個、50 個及 61 個。整體分類的準確度達 98.3%，顯示本章的分類準確度頗高。這樣的分法是一種嘗試，因為過去研究並無以縱貫式資料，且以國際資料的分類方式。本章發現高度生育率國家，即多子化國家都在非洲、拉丁美洲等落後國家為多，先進國家大部分都是少子化的國家。

第四，本章再檢視高、中、低生育率的國家之間的差異，發現各群組之間的生育率都有顯著差異，尤其高生育率與低生育率的國家群，在 11 個年度中平均差異有3.4至4.0名左右。這也可見高度生育率國家群，在未來呈現多子化問題，而低度生育率國家也將有少子化的現象。

最後，如以相同的11個年度的生育率資料，來檢定台灣的生育率在國際的定位，發現台灣從1965至2002年的生育率，在172個國家是位於低度生育率的國家，也就是屬於「少子化」的國家群。這與過去傳統上，將台灣認為是多子化，以及現在才認為台灣是「少子化」國家的認知略有差異。本章須指出：這是國際的相對現象。

柒、結論與建議

一、結論

本章嘗試運用世界銀行於各年度《世界發展報告》（*World Development Report*）統計資料，統計分析時考量時間落差，來瞭解生育率與教育發展之間的關係，以及運用11年度的生育率資料進行國家分類，並以現代化理論作為探索根據。經過分析之後，本章獲得以下結論：

第一，整體而言，生育率對初等、中等與高等教育在學率具負向顯著影響，即一個國家的生育率愈高，初等、中等及高等教育在學率會愈低。

第二，生育率對初等教育生師比、中等與高等教育支出占每人國民所得比率之間有負向顯著關係，多子化對每人教育經費支出將增加，初等教育生師比也會提高；而生育率對於初等教育支出占每人國民所得比率之間，則無顯著關係。

第三，本章以172個國家，透過集群及區別分析，再以集群分類標準，將國家分為三群，分別命名為高度（多子化國家）、中度及低度生育率國家（少子化國家）各有61個、50個及61個。整體分類的準確度達98.3%。

最後，台灣在11個年度172個國家的生育率的相對地位，被分類為低度生育率國家，即少子化的國家。

二、建議

㈠政策建議

本章嘗試以世界銀行各年度發布《世界發展報告》之統計資料，探討各國生育率與教育發展之間的關係，並對生育率進行國家分類。它是一種跨國性的研究，來掌握變項之間的關係，同時過去研究未能考量時間落差來探討生育率與教育發展之間的關係。研究發現國家發展愈現代化，教育投資愈多、生育率愈低。同時目前仍有 61 個生育率平均少於 1.6 名的國家，台灣也在此類之中。基於研究結果，提出以下建議：

1.「少子化」是未來各國面臨的問題。本章發現在 172 個國家中，有 61 個國家因為生育率低，未來有少子化的現象，台灣也是如此。面臨少子化問題，為了免於「無子化」且「人口老化」現象，政府應提升生育相關措施。德國就有補助家計生產孩童的生產津貼以及生產福利（UNDP, 1998）。行政院經建會（2002：22）也指出政府在《兩性工作平等法》在產假之外，增列陪產假、育嬰留職停薪以及育嬰津貼等。當然，這是一種增加人口新陳代謝的方式，但是吾人更應思考，少子化對社會與教育究竟有何優劣的影響？是否在少子化之後，現有的教育資源、學校設備、學校數、班級規模、各級教育的師資、教育經費如何分配與調整來提高教育品質精緻化，值得思考。

正如行政院經建會（2002：22）指出，未來台灣的各級學校都會面臨入學人數減少問題，未來進入國小、國中及大學人數分別將減少一至二成，50 年以後，國小及國中將減少四成；大學將減少二分之一個學齡人口。若以目前大學持續的擴張以及面臨中小學縮減，此時政府在教育量的擴充，須轉移為教育品質的提升。

2.「多子化」問題在落後國家仍然是嚴重的問題，值得吾人予以重視。本章發現在 172 個國家中，也有 61 個國家是屬於「多子化」的國家，這些國家都在非洲、拉丁美洲與南亞洲，因為衛生、醫療、優生計畫並無配合，生育率高，帶來人口成長快速，無法產生更多資源給過多人口分享。就如本章發現，如果

生育率高，中等與高等教育支出占每人國民所得比率就會相對提高，而教育在學率也無法滿足所有國民，尤其是高等教育；加上因為生育率高，雖然初等教育在各國已是強迫教育，但卻也造成初等教育生師比過高，其教育品質可能會低落。因此，對於生育率高，可能造成多子化國家的政府，也應該注意到這樣的問題。

㈡未來研究建議

針對未來政策規劃的研究有以下建議：

第一，本章以生育率為自變項，以各國家教育在學率與教育經費比率為依變項，運用簡單迴歸分析進行探究它們之間的關係，一方面未能考量更多類人口因素，例如人口成長率、15 歲以下的人口依賴率、文盲率來對依變項進行分析是一項限制。因為 15 歲人口依賴率更能掌握對於教育發展的影響，它可免除生育率不一定代表可以存活到就學年數的限制。影響教育發展因素包括不同面向，所以單以生育率作為政策規劃也是一種限制。另一方面生育率與教育發展之間關係，在迴歸分析都假定為直線關係，此種生育率與教育發展假定為直線關係是理想情境。就如 Crenshaw、Oakey 與 Christenson（2000）以 60 餘個國家的平均生育率、1965 年總生育率、1965 年嬰兒死亡率，與出口總值占國民生產毛額比值、1965 年服務業主導性（即該產值占國民生產毛額比率）、產業主導性對 1965 至 1985 年生育率成長的迴歸分析，就發現 1965 年總生育率、1965 年嬰兒死亡率、產業主導性等與依變項之間並非線性關係，在迴歸分析將自變項平方，作為調整資料結構方式。這種因為變項之間並非以直線關係進行推估是一種方式，因此如以直線式迴歸方程式，在變項之間的關係將無法完整掌握。也就是說，國民所得與本章所列的各國家發展指標之間可能有非線性（non-linear）關係，並非將本章所有迴歸模式固定為直線式。因受限於篇幅，未能將生育率與教育發展變項，以非線性模式（non-linear model）進行驗證，實是未來可重新檢定的主題。

第二，本章僅以 11 個年度的生育率作為國家分類的資料，所分類結果是否就代表未來各國的類型，仍有待進一步觀察驗證。此外，在 11 個年度中，並非以連續年度資料，有些年代的生育率欠缺無法納入分析。因此，這樣的國家分類方式僅是一種試探，並無法完全代表各國未來整體表現。本章僅能說是對1998年的一種國際現象掌握，因為進行國際資料分析，常受到國際因素及各國本身因素影響，很容易以偏概全。因此，今後如有完整且較長時間的國際資料，可進一步依每年進行驗證分析，並比較前後年的生育率情形，如此更可瞭解生育率與教育發展之間的關係與生育率的類型。

總之，各國的生育率對於教育質量的發展影響，是值得分析與各國重視的。

（本文曾發表於2004年9月17至18日，國立花蓮師範學院主辦之「人口結構變化對教育發展之影響學術研討會」，〈生育率對教育量的影響——跨國分析〉。）

本章的討論問題

一、試指出世界各國的生育率的變化情形為何？

二、試說明各國的教育量擴充發展趨勢為何？

三、試說明教育發展與生育率之間的關係為何？

四、試說明生育率與教育品質之間的關係為何？

五、試指出生育率如何應用在教育政策的規劃上。

六、試說明台灣的生育率在各國的相對地位為何？

參考文獻

一、中文部分

行政院主計處（2000）。**中華民國89年台灣地區婦女婚育與就業調查**。台北市：作者。

行政院經建會（2002）。**中華民國台灣地區民國91年至140年人口推計**。台北市：作者。

馬信行（2000）。**教育科學研究法**。台北市：五南。

教育部（2002）。**中華民國教育統計**。台北市：作者。

二、英文部分

Anderson, C. A., & Bowman, M. J.(1963). Concerning the role of education in development. In C. Geertz (Ed.), *Old peoples, new nations.* New York: Oxford University Press.

Barro, R. (1991). Economic growth in across section of countries. *Quarterly Journal of Economics, 40*, 407-443.

Becker, C. M., & Morrison, A. R. (1988). The determinants of urban population growth in Sub-Saharan Africa. *Economic Development and Cultural Change, 36*(2), 259-278.

Benavot, A. (1989). Education, gender, and economic development: A cross-national study. *Sociology of Education, 62,* 14-32.

Bongaarts, J., & Watkins, S. C. (1996). Social interactions and contemporary fertility transitions, *Population and Development Review, 22*(4), 639-682.

Cochrane, S. H. (1983). Effects of education and urbanization on fertility. In R. Bulatao & R. Lee (Eds.), *Determinants of fertility in developing countries,* vol. 2. (pp. 587-626). New York: Academic Press.

Cochrane, S. H., Khan, M. Ali., & Osheba, I. K. T. (1990). Education, income, and desired fertility in Egypt: A revised perspective. *Economic Development and Cultural Change, 38*(2), 313-339.

Courbage, Y. (1999). Economic and political issues of fertility transition in the Arab world: Answers and open questions. *Population and Environment: Journal of Interdisciplinary Studies, 20*(4), 353-380.

Crenshaw, E. M., Oakey, D. R., & Christenson, M. (2000). Demographic transition ecological focus. *American Sociological Review, 65*, 371-391.

Danziger, J. N. (1994). *Understanding the political world: A comparative introduction to political science* (2nd ed.). New York: Longman.

Deutsch, K. (1961). Social mobilization and political development. *American Political Science Review, 11,* 490-496.

Fedderke, J., & Klitgaard, R. (1998). Economic growth and social indicators: An exploratory analysis. *Economic Development and Cultural Change, 46,* 455-489.

Inkeles, A., & Smith, D.(1974). *Becoming modern: Individual change in six developing countries.* Cambridge, MA: Harvard University Press.

Lockheed, M. (1980). Farmer education and farm efficiency: A survey. *Economic Development and Cultural Change, 29,* 37-75.

Unger, J. B., & Molina, G. B. (1999). Educational differences in desired family size and attitudes toward childbearing in Latina women. *Population and Environment: A Journal of Interdisciplinary Studies, 20*(4), 343-351.

United Nations (UN) (1995).*World table*. Washington, D.C.: World Bank.

UNDP (1998). *Human development report.* Oxford: Oxford University Press.

World Bank (1978). *World development report.* New York: The Author.

World Bank (1981). *World development report.* New York: The Author.

World Bank (1986). *World development report.* New York: The Author.

World Bank (1987). *World development report.* New York: The Author.

World Bank (1991). *World development report.* New York: The Author.

World Bank (1993). *World development report.* New York: The Author.

World Bank (1996). *World development report.* New York: The Author.

World Bank (1998). *World development report.* New York: The Author.

World Bank (1999). *World development report.* New York: The Author.

World Bank (2000). *World development report.* New York: The Author.

World Bank (2001). *World development report.* New York: The Author.

World Bank (2002). *World development report.* New York: The Author.

World Bank (2003). *World development report.* New York: The Author.

第五章
新移民之子的政策規劃

本章學習目標

一、能夠分析新移民家庭的特性。

二、能分析新移民女性子女的教育問題。

三、能掌握新移民女性子女的教育成就因素。

四、能夠提出新移民女性子女的政策規劃方向。

第一節　新移民家庭的特性

隨著社會開放，台灣的新移民女性子女有逐年增加的趨勢。這些新移民女性子女必須要接受教育，因此面對這些新台灣之子應如何進行教育政策規劃，是教育當局、學校與老師共同關心的課題。茲將新移民女性子女的教育政策規劃與相關的重點說明如下。

壹、新台灣之子的人數逐年增加

近年來新移民女性（生母國籍為大陸、港澳地區、東南亞或其他外國籍）人數逐年增加，行政院主計處（2003）統計指出，2002 年結婚者有四分之一娶新移民女性，人數高達 44,843 人；相對的，其子弟（一般稱為新台灣之子）就學國民中小學人數逐年上升。內政部統計 1998 年出生嬰兒數，生母為外籍者為 13,904 名，占當年 271,450 名出生嬰兒數的 5.12%，至 2003 年出生數為 227,070 名，外籍有 30,348 名，占 13.37%，如表 5-1。如果這樣推計，未來國內每 9 位入小學學生就有 1 位新移民女性子弟，這隱含學齡人口結構的問題，值得政府因應，否則問題將是下一波教育改革的肇因。

表 5-1　近年外籍子弟出生人數

年度	嬰兒出生數		本國籍		大陸、港澳地區或外國籍	
	人數	百分比	人數	百分比	人數	百分比
1998	271,450	100	257,546	94.88	13,904	5.12
1999	283,661	100	266,505	93.95	17,156	6.05
2000	305,312	100	282,073	92.39	23,239	7.61
2001	260,354	100	232,608	89.34	27,746	10.66
2002	247,530	100	216,697	87.54	30,833	12.46
2003	227,070	100	196,722	86.63	30,348	13.37
合計	1,595,377	100	1,452,151	91.02	143,226	8.98

註：1.生母原屬大陸、港澳地區或外國籍已定居設戶籍者，列入本國籍統計。
2.1997 年以前未有是項統計。

資料來源：近年來外籍子女出生人數。內政部戶政司（2006）。2006.4.10 取自 http://sowf.moi.gov.tw/stat/gender/list.htm

貳、跨國婚姻的形成

台灣新移民女性的跨國婚姻的形成，有一部分是來自於婚姻仲介。「外籍新娘」現象是來自，較低度發展國家婦女嫁往較高度發展國家的全球性現象的一環，此種「商品化跨國婚姻」實為資本主義發展下的副產品。資本主義發展導致了核心、半邊陲與邊陲的不平等國際分工，並分別在核心、半邊陲及邊陲國家內部產生扭曲發展，而「商品化跨國婚姻」即為雙邊因扭曲發展而被邊緣化的男女，在資本國際化及勞力自由化的過程中，藉由國際婚姻謀求出路而產生的結果（夏曉鵑，2002）。劉秀燕（2002）研究指出，外籍新娘來台的主要動機是經濟誘因因素；其次是可以減少家庭負擔，改善家庭生活；再者則可能因朋友或親戚介紹。

一般說來，台灣男人娶外籍子女為配偶存有市場「供需」之買方與賣方的不平等關係，因為雙方在不平等條件之下，日後的教育、生活與社會問題將更多。就供給的賣方而言，女方千里迢迢越洋來台抱著一份喜悅的期待與希望，通常這樣的期望都是一廂情願，相信來台之後，可以改善她們在僑居地生活與經濟的迫切問題；例如可解決家中經濟、找到合適的好先生、找到好婆家或居住地或轉換到更好的生活方式、增加社會階層流動等。因此她們在對台灣的語言、食、衣、住、行等生活習慣都未知的情形下，抱著希望來台，這也形成外籍新娘供給源源不斷。

就買方的需求面來說，男方大都來自社會階層低、經濟生活水平較差、居住較偏遠、教育程度低、年紀較高、離婚者、家庭較不完整、有重大疾病傷殘、為傳宗接代、有些為了享盡齊人之福或性需求，也有些是假結婚真賣淫，或其他目的等，但是外籍配偶並不一定瞭解這些因素，因此許多新移民女性在踏入台灣之後，她們的坎坷路與不幸事件即在台灣一再上演。

就經濟學供需理論而言，自由競爭市場是供需平衡、各取所需、各盡其能，但是台灣在此種市場算是競爭市場的買賣，雙方表面上供需沒問題，反倒是在供需背後，潛藏著男女雙方在價值觀（文化觀及社會價值不同）、生活方式（生活習慣與飲食習慣）、角色地位不平等（男尊女卑）、語言溝通、教育程度、年齡差距過大、身心健康差異過大，以及對生活價值與未來經濟上的認知不一等「不平等關係」，使得這些新移民女性與台灣男性共組家庭的社會問題重重。

從以上可以瞭解，台灣的新移民女性的跨國婚姻，有很多是建立在新移民女性與台灣男性之間的買賣關係。

參、新移民女性的特性

新移民女性，本文指的是嫁來台灣，並定居於台灣的女性。經過作者的整理，歸納出以下幾項特性。

一、教育程度偏低

新移民女性的教育程度大都偏低。監察院（2004）就調查來自東南亞的外籍新娘，有 95%是在國民中學程度以下。因為本身的教育程度低，因此，來台灣生活之後，如果沒有給予必要的國語或其他的教育訓練，她們將無法教育子弟，因而形成更多教育問題。吳淑裕（2004）研究雲林地區的新移民女性的受暴力情形，指出她們的教育程度以國中畢（肄）業者最多，學歷偏低；加害人的年齡以 31 至 40 歲者最多，多數為勞工階級，所以很難有社會階層流動機會。

二、身心狀況欠佳

新移民女性來台，一方面要拋開僑居地的生活環境及家人，一方面又要面對新的生活環境，因而其身心狀況可能無法及時適應。王秀紅與楊詠梅（2002）研究指出，東年亞的跨國婚姻之中，女性健康問題很多，她們的問題在於生活適應困難，主要是與她們預期的生活不一樣，所以產生適應問題，因為適應不良而產生了焦慮、擔心、孤單，甚至於憂鬱，因為適應不良而自殺者也不在少數。

三、經濟情況較差

外籍新娘會來台的主要原因之一，是為了改善原住地區的經濟環境，因此從他國遠渡來台灣，也就是她們在當地的經濟生活較差，因而期待來台灣可有良好的生活及經濟收入。因為經濟收入低，所以她們成為被先生暴力相向的一群。吳淑裕（2004）就指出，非本國婦女婚姻暴力特質，被害人年齡以21至30歲者最多，以越南籍最多，此乃與雲林縣越南籍婦女人數較多有關；大多數無職業，可見經濟上無獨立能力者，較易成為受暴對象，且受暴之後，較不可能逃離家庭。葉孟宗（2004）也指出，有些新移民女性因先生很不負責，使全家生活重擔均落在新移民女性身上。很顯然的，她們的經濟條件差，生活較為辛苦。

四、來台後的人際關係不睦

新移民女性來台之後，因為人生地不熟，加上語言不通、教育程度低、認識的人少，所以在來台初期可能因為人際網絡不佳，因而影響生活。吳美菁（2003）研究發現，新移民女性來台初期對語言、飲食及氣候、穿著的不習慣，可隨時間的經過，循序漸進的調適到適應程度，尤其在人際關際可能從一開始的水火不容，慢慢的可以變得「您容我容」，但畢竟新移民女性來自不同國度，縱使來自中國大陸也有氣候差異，但她們在生活上的很大限制，是在於沒有社會網絡、沒有良好人際關係，以及沒有適當的精神安慰的對象，以便讓她們的心靈可獲得支持。

五、文化適應不良

文化適應不佳也是新移民女性的另一特性。葉孟宗（2004）指出，影響新移民女性國家認同的因素中，以老公的疼愛、家人的照顧、台灣人會瞧不起及媒體的負面報導影響最明顯；研究也發現，新移民女性在嫁來台灣的前一至二年是適應期，只要老公和家人待其不錯，她們都很認同自己是台灣人，而且喜愛台灣。易言之，新移民女性來台後的前幾年可能在國家認同、文化適應、媒體的認知以及對於民間的生活習俗等，都在適應之中，如果沒有良好的調適，例如家人支持或經濟支持，新移民女性將會面臨文化適應困難。

六、對台灣的語言不一定瞭解

語言不通以致無法在日常生活適應是眾所皆知，新移民女性也不例外。蔡奇璋（2004）研究指出來台近十年，中文識字能力仍是新移民女性最大的參與障礙，因為中文能力差，所以生活適應及工作機會也較少。蔡秀珠（2004）對台中縣 580 位新移民女性識字障礙的研究發現，新移民女性識字學習障礙，以個人因素最高，其中聽不懂中文和懷孕或生產過後，必須留在家中照顧幼兒為最大之學習障礙。

肆、新台灣之子的教育問題——第三波雙峰現象

一、新移民女性的子弟來自的家庭屬性

如前所述，新移民女性因為語言不通、經濟條件差、社會階層低、適應不良、人際關係不佳等，這些子弟也大都來自社會階層低（雙親收入低、職業水平不高）、經濟收入較差、雙親教育程度低的家庭。吳淑裕（2004）調查雲林縣新移民女性，教育程度以國中畢（肄）業者最多，學歷偏低。父親年紀較新移民女性為高，很多是因為本地人士身體殘障、外省老翁、太太過世，因而再婚，所以新移民女性與先生的年齡相差頗大。由於新移民女性大都來自大陸、東南亞或其他國家，如果來自東南亞，顯然的是會造成新移民女性在語言與教導孩童的觀念隔閡大，所以對於教養子女態度不一。

換言之，新移民女性的子弟來自的家庭，就父親而言，可能是離異、有重大疾病傷殘、為傳宗接代或其他目的必須經由外籍新娘組合家庭。鍾重發（2004）認為台灣姻緣路崎嶇，才會飄洋尋妻了心願。而就母親而言，千里迢迢來台生活卻須忍受婚姻暴力。吳淑裕（2004）就指出受害配偶年齡以 21 至 30 歲最多、大多數無職業，經濟無獨立能力較易成為受暴對象，且受暴後較不能逃離家庭。加上她們在語言、食、衣、住、行、文化、國度與社會等生活習慣都無法掌握之下，即來台灣生活組合家庭。

二、本籍與新移民子女的家庭狀況差異

為了實際瞭解新移民女性及其家庭狀況，張芳全（2005）曾於 2004 年 6 月 30 日透過基隆市政府教育局協助，調查 612 位基隆市國小一年級升二年級學生，其中有 56 位為外籍子弟，他們與本籍學生（556 名）在各方面表現的差異，如表 5-2 所示。表中清楚看出兩個不同家庭的雙親教育程度、經濟收入、家長指導學生時間、家中電腦及圖書數（文化資本），本籍家庭在這些方面均高於新移民女性子弟。所以可理解，教育當局應提高新移民女性子女的教育環境與改善其家庭生活環境，才可以讓子女的教育機會增加。

表 5-2　基隆市國小一年級本籍生與新移民女性子弟差異

變項／向度	國籍	平均數	標準差	t 考驗	顯著水準
父親教育程度	1	3.036	.83	3.548**	.000
	2	2.63	.78		
母親教育程度	1	2.962	.73	7.98**	.000
	2	2.125	.92		
家庭收入	1	4.148	1.53	2.87**	.004
	2	3.500	2.24		
家長指導時間	1	2.315	.75	2.12*	.035
	2	2.089	.88		
與孩童閱讀時間	1	2.189	.87	2.25*	.025
	2	1.911	1.01		
家中電腦數	1	1.948	.64	4.60**	.000
	2	1.536	.66		
家中圖書數	1	2.838	1.22	4.03**	.000
	2	2.161	.99		

註：a：國藉：1.代表本國籍女性子女；2 代表新移民女性子弟；自由度為 610。
　　b：**p <.05；**p <.01。

三、本籍與新移民女性的家庭環境與學業成就差異

究竟本籍與外籍子女的學習成就與家庭環境有無差異呢？是值得探討的問題。柯淑慧（2004）曾以本籍母親之子女與新移民女性之子女就讀班級之國小一年級所有學生為樣本共 2,368 份，其研究中的學業成就係以 92 學年度第二學

期基隆市國民小學一年級期末考測驗，包含語文與數學領域。而家庭社經地位、家庭教育環境、家庭文化資本資料之取得，則以自編「新移民女性與本籍母親之子女學業成就之比較研究——以基隆市國小一年級學生為例」問卷進行資料蒐集。結果顯示：1.本籍母親之子女學業成就高於新移民女性之子女，尤其數學領域成就達顯著差異；2.本籍母親家庭在父母教育程度、家庭整體收入、父母年歲差異、課業指導時數、課業指導者、共同閱讀次數、家中電腦數量、兒童圖書量有顯著差異；3.本籍樣本除家庭教育環境與學業成就潛在變項無顯著相關外，其餘潛在變項均有顯著正相關；而外籍樣本在學業成就與家庭社經地位、家庭教育環境、家庭文化資本之潛在變項均無顯著正相關；4.本籍母親之子女語文成就與數學成就呈顯著正相關。同時，新移民女性家庭中父母親教育程度愈高，愈重視子女間互動。很顯然的，新移民女性的子女受到母親及家庭照顧的機會相對較少，同時文化資本也少很多。

陳清花（2004）則研究指出，本籍與外籍子女的學業成就沒有差異。她以澎湖縣新移民女性子女在校學業成就、學習態度及生活適應均不低於澎湖縣在地婚配所生子女，此與一般認知新移民女性子女學校適應不如一般兒童的情形不同。

蔡奇璋（2004）也發現，新移民女性自身及其家人在參與子女學習，皆有心理障礙，所以在新移民女性家庭經濟弱勢，無法為子女安排額外的學習活動。鄭予靜（2004）質性訪談也發現這群台灣男性娶新移民女性者，普遍以消極的態度回應子女成長過程的各種需求，因為台灣父親無法提供更多的關心與時間給孩童，在新移民女性有限的能力與時間下，最令人擔心。

伍、新移民女性子女的教育問題

事實上，外籍子女就學之後，產生的教育問題不外以下幾項。

一、適應學校生活較差

在雙親家庭管教、生活方式、價值觀、學習期望、語言、溝通、教育程度，

以及對台灣教育認知不一，使得新台灣之子無法適應學校生活及家庭生活。2003年台北市教育局調查小一至六年級的外籍學生2,199名（占所有學生的1.14%），其中學業欠佳者有33.29%、生活適應欠佳者有20.83%。因為學業成績差、學校適應不良、沒有同儕朋友、在老師心中可能不是成績好的學生，新台灣之子在學校可能是同學們異樣眼光的對象。不過也有研究指出，新移民女性子女的學習適應不低，就如陳碧容（2003）研究發現，東南亞籍新娘子女的學校生活適應都在中等以上，其中以自我適應、師生適應、學校環境適應等三項適應的得分高於整體適應（M ＝ 3.86）；而學習適應與同儕適應則低於整體適應，在學校生活適應的五項適應，以自我適應得分最高，學習適應得分最低。

二、學習無法獲得雙親支持

因為孩童在學校的成績差，加上家中父親養家出外賺錢的壓力，並無閒暇時間照顧子弟，所以對新台灣之子的教養就落在新移民女性身上，但是蔡奇璋（2004）指出，工作與家事占據新移民女性大部分時間，且新移民女性自身及其家人在參與子女學習上皆有心理障礙，因此，新移民女性家庭經濟上居弱勢，無法為子女安排額外學習活動。這些媽媽對台灣教育瞭解不多、對學校功課掌握不足、加上語言隔閡、文字不甚瞭解，亦可能無法瞭解該子弟內心的感受，所以子弟有問題無法從雙親獲得解決，而壓抑在心中。王光宗（2004）研究台南縣的新移民女性對子女的教育發現，新移民女性的家庭，母親責任很重，她全心照料子女成長，卻有心無力，打罵是最經常用的管教技巧，無法充分教導孩子學習，內心時時掛慮孩子，擔心孩子的健康、安全與學校表現。

三、成為學校與社會邊緣人

因為外籍子女在家中無法解決課業、生活、交朋友或生活問題，所以回到學校更無法適應學校刻板、無趣、課業繁多，以及同儕間的差距生活，於是他們就形成學校文化的另一種同儕團幫，甚至成為「學校邊緣人」。就如Anderson（1999）指出，一個人身上可能殘存或固有文化，例如與目前文化產生差異時，將自成一個特殊團體。久之，他們可能成為閉鎖的一群，對學校課業、老師、

教學、課程、環境、同學、成績或學校生活都不喜歡且很反感。而在學校可能大班教學情境下，教師無法關照到每位學生，因而這些新台灣之子的教育問題，就會造成學校、家庭與社會的惡性循環。

四、第三波雙峰現象族群

本章預言，新台灣之子在未來將成為台灣教育的另一波「雙峰現象」重要族群，且是無法參與社會階層流動或社會階層流動較慢的一群。他們將可能成為在國中進高中職、高中職進入大學之入學考試無法獲得理想發展的一群，這是未來台灣社會與教育問題的隱憂。

過去的台灣因為政治因素，使得本省人與外省人在政治、生活產生對立，雖然近年逐漸消弭，但已花了好長時間才有目前狀態。而台灣在 1960 年代至 1990 年代教育發展不均，形成「城鄉教育資源分配不均的雙峰現象」，這種現象是地域差異。近年因應國際化趨勢，配合九年一貫課程實施，英語教學讓學業成就形成鄉差距過大，造成「英語學習及英語學習成就雙峰現象」，但這雙峰問題未完全獲得解決。

未來台灣的新一代人口結構，又將產生更嚴重的「外籍與本籍學生在學業成就與學校生活適應及社會階層流動的雙峰教育現象」，也就是說，新台灣之子因家庭、同儕、生活適應、討厭學校課業、無法在教育中獲得應有的社會階層流動，形成另一個「新台灣之子的族群」。這將是未來教育當局與學校需要積極因應的課題。

五、其他問題

新移民女性子女還有很多的議題值得探討。吳錦惠（2004）研究指出，新台灣之子面臨的各項教育問題，包括母親缺乏指導能力或參與子女的學習程度不足、家庭成員防範心理作祟或過於溺愛、課業學習問題、文化適應問題、人際及行為問題等。盧秀芳（2004）指出，外籍新娘子女口語表達能力不足導致學校生活困難重重；其子女在國語科目上的弱勢導致學習成就偏低；其子女因家庭社經地位低落是影響新移民子女學校生活的重要因素。不過，許殷誠

（2005）研究則發現，多數教師指出，外籍配偶家庭社經地位的弱勢並非是影響孩子學習表現的主要因素，父母的教養態度才是關鍵。可見，新移民女性子女的教育問題是何等的分歧。

第二節　影響新移民子女的教育因素

、影響新移民子女的學習適應因素

一、模式設定

究竟影響新移民子女的適應因素為何？是值得分析的教育政策問題，本節將探討這議題。一般而言，如果家庭教育資源愈多（包括家中的圖書數、電腦數、報章雜誌數、工具書）、雙親教育程度愈高（父親與母親的教育程度）、兄弟姊妹數愈少、雙親職業水準愈高、家長與子女互動時間或雙親帶子女到社教機構的時間愈多，其子女的生活適應力愈高。依此，新移民女性子女在前述因素如果愈好（也就是將它們設定為自變數），他們的適應情形（包括學習方法適應、學習態度適應、學習習慣適應以及總適應情形，總適應是以前述三種適應情況加總）愈好。因此多元迴歸分析的模式設定如下，其中模式一之中的 a 為常數、β為要估計的係數、e 為常數項。

模式一：新移民女性子女適應程度＝ a ＋β_1（兄妹數）＋β_2（父親教育程度）＋β_3（母親教育程度）＋β_4（父親教育期望）＋β_5（母親教育期望）＋β_6（父親職業）＋β_7（母親職業）＋β_8（課外讀物書本數）＋β_9（電腦數）＋β_{10}（每週到社教機構次數）＋ e

二、資料來源

模式一的資料取得是以作者自編的新移民女性子女的學習適應問卷，其信度考驗之後，庫李信度為 .80。而在學習適應各題項以 1 至 4 分作為計分方式，

每題都由受試者填答。受試者是從台北縣國民小學中抽出 334 名新移民女性子女來填答，問卷於 2005 年 12 月 20 日回收。在進行多元迴歸分析模式時，將考量自變項之間是否有多元共線性的問題，本節以 VIF 進行檢定，該值如果超過 10 以上代表有多元共線性的問題。

三、影響新移民女性子女學習方法的因素

經過多元迴歸分析發現，影響新移民子女的學習適應因素，包括學生自我期望與家長帶子女參加社會教育機構活動次數，它們都達到 .05 的顯著水準。表 5-3 可看出模式中多元共線性沒有超過 10 以上，所以本模式適合，整體解釋度為 6%。

表 5-3　影響新移民女性子女學習方法的迴歸分析摘要

變項	B	β	t	p	VIF
常數	13.21		10.08	0.00	
兄妹	-0.28	-0.07	-1.25	0.21	1.07
父教	-0.41	-0.09	-1.21	0.23	1.93
母教	0.22	0.05	0.67	0.50	1.83
父期	0.03	0.01	0.06	0.95	2.60
母期	-0.09	-0.02	-0.19	0.85	2.54
自期	0.71	0.14	2.12**	0.04	1.65
父職	-0.10	-0.03	-0.40	0.69	1.48
母職	0.21	0.05	0.83	0.41	1.30
課外	0.43	0.10	1.76	0.08	1.21
電腦	0.28	0.05	0.91	0.36	1.27
社教	0.71	0.16	2.95**	0.00	1.10
Adj-R^2	.060				
F	$F_{(11,322)}$	=2.94**			

註：**$p < .01$。

四、影響新移民女性子女學習習慣的因素

經過多元迴歸分析發現，影響新移民子女學習習慣因素，包括學生自我期望與課外讀物數，它們也都達到 .05 的顯著水準。可見新移民女性子女的學習習慣受到家中的圖書數多寡與學生自我期望影響。表 5-4 顯示模式中的多元共

線性並沒有超過 10 以上，所以本模式適合，整體解釋度為 9.2%。

表 5-4　影響新移民女性子女學習習慣的迴歸分析摘要

變項	B	β	*t*	*p*	VIF
常數	11.12		11.96**	0.00	
兄妹	-0.20	-0.07	-1.22	0.22	1.07
父教	-0.27	-0.08	-1.10	0.27	1.93
母教	0.26	0.08	1.14	0.25	1.83
父期	-0.46	-0.11	-1.27	0.20	2.60
母期	0.51	0.12	1.50	0.13	2.54
自期	0.52	0.15	2.18**	0.03	1.65
父職	0.06	0.02	0.38	0.71	1.48
母職	0.00	0.00	-0.01	0.99	1.30
課外	0.52	0.17	3.00**	0.00	1.21
電腦	0.22	0.06	0.99	0.32	1.27
社教	0.29	0.09	1.69	0.09	1.10
Adj-R^2	.092				
F	$F_{(11,322)}$	= 4.07**			

註：**$p < .01$。

五、影響新移民女性子女學習態度的因素

經過多元迴歸分析發現，影響新移民子女的學習態度因素，為家長帶子女參加社會教育機構活動次數。在模式中的多元共線性並沒有超過 10 以上，所以本模式適合。整體解釋度為 3.2%，如表 5-5 所示。

六、影響新移民女性子女總學習適應的因素

經過多元迴歸分析發現，影響新移民子女的總學習適應因素，包括了學生自我期望、家長帶子女參加社會教育機構活動次數與家中課外讀物多寡，這些變項都達到 .05 的顯著水準。此模式中的多元共線性並沒有超過 10 以上，所以本模式適合。整體解釋度為 8.1%，如表 5-6 所示。

表 5-5　影響新移民女性子女學習態度的迴歸分析摘要

變項	B	β	t	p	VIF
常數	16.41		14.83**	0.00	
兄妹	-0.20	-0.06	-1.04	0.30	1.07
父教	-0.19	-0.05	-0.65	0.52	1.93
母教	-0.14	-0.04	-0.53	0.59	1.83
父期	0.27	0.05	0.62	0.53	2.60
母期	0.03	0.01	0.08	0.93	2.54
自期	0.48	0.12	1.69	0.09	1.65
父職	-0.10	-0.03	-0.50	0.62	1.48
母職	0.11	0.03	0.50	0.62	1.30
課外	0.36	0.10	1.77	0.08	1.21
電腦	0.21	0.05	0.81	0.42	1.27
社教	0.40	0.11	1.97**	0.05	1.10
Adj-R^2	.7032				
F	$F_{(11,322)}$	= 2.21*			

註：$^{**}p <.01$。

表 5-6　影響新移民女性子女的總學習適應迴歸分析摘要

變項	B	β	t	p	VIF
常數	40.74		13.97**	0.00	
兄妹	-0.68	-0.07	-1.34	0.18	1.07
父教	-0.87	-0.08	-1.14	0.26	1.93
母教	0.33	0.03	0.46	0.64	1.83
父期	-0.16	-0.01	-0.14	0.89	2.60
母期	0.45	0.04	0.43	0.67	2.54
自期	1.72	0.15	2.29**	0.02	1.65
父職	-0.13	-0.02	-0.25	0.80	1.48
母職	0.32	0.03	0.56	0.58	1.30
課外	1.31	0.14	2.42**	0.02	1.21
電腦	0.70	0.06	1.03	0.30	1.27
社教	1.40	0.14	2.61**	0.01	1.10
Adj-R^2	.081				
F	$F_{(11,322)}$	=3.65**			

註：$^{**}p < .01$。

、雲林縣新移民女性子女學業成就調查

本章不僅要掌握新移民女性子女在學習適應方面的因素，亦將掌握新移民女性子女的學業成就差異情形，以及影響新移民女性子女學業成就的因素。因此本節透過雲林縣政府教育局的調查資料，將所分析情形說明如下。

一、模式設定

究竟影響新移民子女的學業成就因素為何？一般而言，如果家庭教育資源愈多、家庭愈完整（父親與母親並沒有離婚），或母雙國籍別（本國籍、新移民女性），其子女學業成就應較高。依此，新移民女性子女在前述因素愈好（也就是將它們設定為自變數），他們的學業成就（數學成就）愈好。因此多元迴歸分析的模式二設定如下，其中模式二的 a 為常數、β為要估計的係數、e 為常數項。

模式二：新移民女性子女學業成就＝a＋β_1（家庭狀況—是否為單親家庭）＋β_2（經濟發展情形—是否為低收入戶）＋β_3（是否為新移民女性）＋β_4（是否來自中國大陸的女性）＋ e

二、資料來源

本節從雲林縣對新移民女性子女與本國籍子女就讀國小及國中數學成就、文化不利情形進行瞭解。雲林縣政府教育局於 2004 年 3 月，調查所屬國中二年級學生及國民小學六年級學生數學科學業成就評量及相關資料。本調查資料包括單親、寄親、隔代教養、低收入戶、新移民女性子女、大陸配偶子女作為研究對象，本文將文化不利界定為是否單親家庭、是否隔代教養、是否為寄親家庭子女，每項如果有則給 1 分，沒有則以 0 分計算，全部都沒有則給 3 分，分數愈高，代表文化愈不利。數學學業成就是以 2004 年針對全縣國民中小學統一數學成就測驗的分數，所以在比較分析上較具一致性。

三、新移民女性子女的學業成就差異

本節也在瞭解新移民女性子女與本籍女性子女學業成就與文化不利情形，它運用獨立樣本平均數 *t* 檢定之後，如表 5-7。表中看出，本國籍的子女數學成就愈高，其文化不利情形較低，也就是新移民的子女文化不利情形較高，而數學成就較低。

表 5-7　雲林縣新移民女性與本籍子女就讀國小及國中的數學成就差異

變項／向度	國籍	樣本數	平均數	標準差	*t* 檢定	顯著水準
國小數學成績	本籍	8521	67.56	17.97	4.90**	.000
	外籍	99	58.67	16.69		
國小生文化不利	本籍	8622	3.17	.42	-26.99**	.000
	外籍	100	4.32	.57		
國中數學成績	本籍	6574	54.23	22.27	6.32**	.000
	外籍	97	39.87	13.40		
國中生文化不利	本籍	6734	4.19	.45	-27.65**	.000
	外籍	104	5.44	.68		

註：$^{**}p < .01$。

四、影響新移民女性子女的學業成就的因素

為瞭解影響雲林縣國民中小學數學成就的因素，以單親隔代教養（1 代表不是，2 代表是）、低收入戶（1 代表不是，2 代表是）、是否為新移民女性子女（1 代表不是，2 代表是）與是否為大陸配偶所生子女（1 代表不是，2 代表是）為自變項，以數學成就為依變項進行迴歸分析，結果發現如表 5-8：在國中生的數學成就模式，四個自變項均對於數學成就有負向顯著影響，它的意義是有隔代教養、低收入戶、新移民女性子女與大陸配偶所生的子女在數學成就分數愈低，反之則較高。在多元共線性的檢定上也並沒有超過 10 以上的門檻值。

而在國民小學數學成就模式，隔代教養、低收入戶、新移民女性子女對國小學生的數學成就有負向顯著影響，代表如果有隔代教養、低收入戶、新移民女性子女在數學成就分數愈低，反之則較高。在多元共線性的檢定並沒有超過 10 以上門檻值。

表 5-8　影響國小與國中生的數學成就迴歸分析摘要

變項	B	β	*t*	*p*	VIF
國中生					
常數	98.30		14.61**	0.00	
單寄親隔代教養	-8.73	-0.14	-11.12**	0.00	1.05
低收入戶	-4.75	-0.04	-3.53**	0.00	1.05
新移民女性子女	-12.65	-0.07	-5.62**	0.00	1.01
大陸配偶子女	-16.47	-0.03	-2.59**	0.01	1.01
Adj-R^2	.030				
F	$F_{(4,6666)}$	=52.84**			
國小生					
常數	94.76		20.94**	0.00	
單寄親隔代教養	-5.53	-0.10	-9.54**	0.00	1.04
低收入戶	-6.17	-0.07	-6.14**	0.00	1.04
新移民女性子女	-7.92	-0.05	-4.39**	0.00	1.00
大陸配偶子女	-6.62	-0.02	-1.62	0.11	1.00
Adj-R^2	.020				
F	$F_{(4,8615)}$	=45.95**			

註：$^{**}p < .01$。

從上可以看出，新移民女性子女的數學成就確實較本籍為低，且國中生的數學成就更是如此。另外，低收入戶的子女可能因為文化較為不利，並沒有更多的文化資本，因此在數學成就方面並沒有顯著高於本籍，這更可以看出新移民子女應擁有較多的文化資本。

第三節　新移民子女的教育政策規劃

面對新台灣之子的逐年增加，且問題陸續浮現，針對前述分析及統計方法檢定結果，本章提出以下的政策規劃建議，供政府進行政策規劃參考。

、政府對母親方面策略

因為新移民女性來自不同的國度及文化，所以在語言、生活、道德及風俗不見得可以接受台灣的狀況。政府在這方面，一方面應持續的追蹤這些新移民女性的生活狀況，另一方面應提供國語、文化及識字的活動，讓她們識字，因而更瞭解台灣的文化。因為教育程度提高，增加識字率之外，也可以增加新移民女性謀生的技能。

、政府對父親方面的策略

因為新移民女性家庭的先生，不外是婚姻出狀況、身心障礙、年紀過大或是另有其目的而找新移民女性，這是人民的自由，但為避免家庭暴力產生，政府應落實《家庭教育法》對於先生有暴力、以假結婚販賣人口者應給予嚴重的處罰。同時政府當局應不固定時間對這些家庭進行訪查，以避免家暴問題產生。

、政府教育優先區計畫

因為新移民女性子弟有愈來愈多現象，當局應將這些族群列為教育優先區計畫之中，透過政府適當的補助經費，讓這些子弟以及家庭可以在更豐沛的教育資源之下，有更好的學習機會。也就是政府應以積極性的差別待遇方式提供更多的教育資源給這些學生及家庭。例如給予新移民女性的子女有學費補助、課後輔導、提供免費的教科書等。

、對新移民女性的學童教養方面

為避免外籍子女教育機會受到影響，建議當局應有以下的政策規劃：

第一，宜長期追蹤研究新台灣之子的學業及生活表現。尤其應注意新台灣

之子，未來在教育對社會界階層流動影響。政府在這方面宜補助各研究機構及大學校院積極追蹤這些族群在教育、社會、文化及生活表現，以作為政策規劃參考，否則日後這些學生將可能潛在於社會，影響社會發展。

第二，多元文化課程重視且宜注意他們的課業表現：在學校課程及教學內容設計宜符合新移民子女的學習需求。他們的家庭文化資本較低，學習動機較弱，所以應提供多元文化課程讓這些學生學習。Banks（1993）就認為，多元文化教育應針對少數族群或經濟地位不利學童，讓他們瞭解各族群的文化及價值差異，以去除歧見與對抗，並做好文化溝通。

第三，學校及教師應更多關心新台灣之子：因為新移民女性子弟來自社經地位較低、文化資本較差的階層，因而學習態度與動機可能較差，所以在家庭無法獲得支持的前提下，學校應該提供更多的關心給這些學童。蔡奇璋（2004）就建議班級教師主動關懷、協助新移民女性子女學習情形，以及學校應辦理課後輔導、加強學校的認輔制度。因為班級學生人數減少，使得老師可更關心他們的學習，學校與這些家庭進行良好溝通，讓家長瞭解學校對子弟的關心。因為這些新台灣之子的家庭文化資本較本籍學生少，所以刺激他們的文化資本與豐富他們的心靈也是學校及當局須提出因應的策略。

綜上，新移民女性子女就學人數急速增加，各界宜更多關心與研究，使此一族群學生可以適應台灣的學校及社會，讓社會發展穩定與祥和。

伍、對教育主管機關建議

一、將新移民女性子女納入教育優先計畫

本章結果顯示，新移民女性子女學業成就低於本籍母親子女，家庭社經地位與家庭教育環境也不如本籍子女家庭。因此教育主管機關應將新移民女性子女納入教育優先計畫內，提撥專款補助經費，推動親職教育計畫，辦理課後輔導，讓有需要的新移民女性子女接受更完善的教育照顧。經費申請方式可以學校為單位統一辦理課後輔導，或以家庭為單位提供參與校外課後安親補助。

二、及早介入輔導以達成效

本章分析顯示，新移民女性家庭的父母教育程度的確明顯低於本籍母親家庭，因此新移民女性家庭給予子女的家庭教育協助無法比本籍母親家庭強。而家庭背景的差異是無法改變的，只有透過學校教育，彌補家庭教育之不足。當新移民女性子女入學後，應及早觀察並進行學業及生活適應輔導，使其因家庭因素造成的落差能逐漸縮小。

三、推動各校建立輔導網絡與制度

本章分析顯示新移民女性子女學業成就低於本籍母親子女，但各校情況不一，且程度也不盡相同。教育主管機關應積極推動各校建立新移民女性子女學業輔導計畫與機制，提供各校輔導新移民女性子女學業補救參考與依據。並提供相關輔導單位的機構，建立官方與民間的共同輔導網絡，讓新移民女性子女學業輔導能長期且完善的實施。

陸、學校辦理新移民女性子女課業輔導建議

一、提供課後輔導機制

本章分析顯示，新移民女性子女語文與數學領域成就的確低於本籍母親子女，因此學校應該提供協助新移民女性子女學業輔導的必要性，對於學習低落或不良的新移民女性子女，學校應可提供更多學習的機會與次數，針對領域或科目的需求，進行個別或團體學業輔導。

二、積極爭取新移民女性子女學業補救經費

現階段各界正熱絡討論新移民女性子女學習成就低落與學校適應問題，教育部也應積極規劃擬訂各項補救辦法與經費，學校應擬訂長期補救計畫，向教育主管機關積極爭取經費，例如教育優先區補助經費、新移民女性子女學業補救專款經費，以補強新移民女性子女的學業問題。

三、鼓勵教師多進行家庭訪問

本章分析顯示新移民女性之子女在學習上產生困難，來自於家庭無法給予較多的學習協助，新移民女性無法參與課業指導過程。學校應鼓勵班級導師深入家庭，瞭解問題與困難，針對問題題供適合的協助方式，使學習得以改善。

四、提供兒童圖書閱讀

本章分析顯示新移民女性家庭中缺乏兒童書籍，也就是文化資本較少，但是大量閱讀兒童讀物可增加學習的刺激，並可加深學習的敏銳度與反應，利用圖書閱讀的過程更可加強語文的學習與模仿。學校圖書館應可提供圖書借閱服務，家長應提高與子女共同閱讀的次數，除可提升學習能力與親子關係，亦可減少新移民女性子女在語言文字學習的弱勢狀態。

五、提供電腦網路學習

電腦學習可以加深學習的深度或增加學習興趣與能力。本章分析顯示，新移民女性家庭的電腦少於本籍女性家庭，學校可以適時開放電腦教室，安排親子電腦課程，提供新移民女性子女與家長一同學習電腦與科技資訊。運用資訊快速的學習可以刺激新移民女性子女文化不利的現狀，讓學習的方式多元且加深加廣。

柒、對新移民女性家庭建議

一、增加親子互動機會

本章分析顯示，新移民女性家庭在共同閱讀次數、參與社教活動及戶外活動次數均不及本籍母親家庭。親子互動機會增加可以瞭解子女在學校學習的問題，可以藉由聊天、看書、遊戲時，多與子女談話及溝通；不但可增進親子關係，還可增加語彙能力，一舉數得；也可藉由戶外活動、遊玩、踏青之際，順便觀察學習大自然的事物，除學習變得有趣外，也可增加親子間良好的互動。

二、多參與社教機構活動

本章分析顯示家庭參與社教機構活動次數影響學生的學習適應。建議新移民女性家庭應可透過各種管道得知社教機構辦理的活動，例如美術參觀、音樂欣賞、話劇表演……等免費或低價位票價活動，主動並積極參與，可以提升學習機會，也藉此增廣知識，更可提升人文素養。

三、增加指導課業時間

本章分析顯示新移民女性子女學業成就低於本籍母親子女，除在學校藉由學業輔導方式加強子女學習外，家庭教育也應重視子女學業指導，建議家長多關心子女學業，與子女談學校的學習話題，經常陪伴子女完成作業，常與學校老師聯繫，以瞭解子女在校學習狀態。因為父母對課業表現期待，會影響學習態度與表現。

四、適度的讓學生自我期望提高

本章發現新移民女性子女的自我期望對於學習適應、學習習慣、學習方法有正向顯著影響，這表示新移民子女的自我期望很重要，家長及教師讓新移民子女有良好的自我期望，並不給予過多的壓力，有助於他們的學習適應。

總之，新移民女性子女的人數不斷增加，究竟應該如何規劃新移民子女的教育政策，是教育當局應積極進行的方向，本章已提出了若干的政策規劃方向以供參考。

（本文第一節曾發表於《國民教育》，45（4），32-37。該篇篇名為：〈外籍配偶子女的教育問題及其政策規劃〉。）

本章的討論問題

一、試說明新移民家庭的特性為何？

二、試說明新移民女性子女的教育問題與教育成就因素為何？

三、試提出新移民女性子女的政策規劃方向，供教育主管機關的參考。

參考文獻

一、中文部分

內政部戶政司（2006）。**近年來外籍子女出生人數**。2006.4.10 取自 http://sowf.moi.gov.tw/stat/gender/list.htm

王光宗（2004）。**台南縣東南亞新移民女性在子女入學後母職經驗研究**。國立嘉義大學家庭教育研究所碩士論文。（未出版）。

王秀紅、楊詠梅（2002）。東南亞跨國婚姻婦女的健康。**護理雜誌，49**（2），35-41。

行政院主計處（2003）。**外籍配偶人數**。2006.4.10 取自 http://www.dgbas.gov.tw/mp.asp? mp=1

吳美菁（2003）。**東南亞新移民女性在台的生活適應與人際關係之研究——以南投縣為例**。私立南華大學公共行政與政策研究所碩士論文。（未出版）。

吳淑裕（2004）。**非本國婦女婚姻暴力特質與警察處理經驗之研究——以雲林縣為例**。國立中正大學犯罪防治所碩士論文。（未出版）。

吳錦惠（2004）。**新台灣之子的教育問題與課程調適之研究**。國立台南大學教育學系課程與教學碩士班。（未出版）。

柯淑慧（2004）。**新移民女性與本籍母親之子女學業成就之比較研究——以基隆市國小一年級學生為例**。國立台北師範學院幼兒教育學系碩士論文。（未出版）。

夏曉鵑（2002）。**資本主義國際化下婦女人權的新戰場——以「外籍新娘」為例**。3 月 8 日發表於國立暨南國際大學主辦之「台灣婦女人權發展與弱勢婦女關懷國際會議」。

張芳全（2005）。外籍配偶子女的教育問題及其政策規劃。**國民教育，45**（4），32-37。

許殷誠（2005）。**從國小教師觀點探討影響外籍配偶子女學校適應之因素**。

國立屏東科技大學技術及職業教育研究所碩士論文。（未出版）。

陳清花（2004）。**澎湖縣新移民女性子女學校學習之探討**。國立中山大學公共事務管理所碩士論文。（未出版）。

陳碧容（2003）。**外籍新娘子女家庭環境與學校生活適應之相關研究**。國立台北護理學院嬰幼兒保育研究所碩士論文。（未出版）。

葉孟宗（2004）。**跨國婚姻家庭之新移民女性其政治社會化與國家認同研究**。國立中興大學國際政治研究所碩士論文。（未出版）。

監察院（2004）。隨著全球化浪潮，我國所形成之新興移民。**監察院公報，2457**，30-43。

劉秀燕（2002）。**跨文化衝擊下外籍新娘家庭環境及其子女行為表現之研究**。國立中正大學犯罪防治研究所碩士論文。（未出版）。

蔡秀珠（2004）。**台中縣新移民女性識字學習障礙及其相關因素之研究**。國立中正大學成人及繼續教育研究所碩士論文。（未出版）。

蔡奇璋（2004）。**新移民女性參與國小子女學習的障礙及其解決途徑之研究**。國立中正大學成人及繼續教育研究所碩士論文。（未出版）。

鄭予靜（2004）。**台灣爸爸的父職經驗——分析台越跨文化家庭之親職互動**。國立暨南國際大學社會政策與社會工作學系碩士論文。（未出版）。

盧秀芳（2004）。**在台外籍新娘子女家庭環境與學校生活適應之研究**。國立政治大學教育系碩士論文。（未出版）。

鍾重發（2004）。**台灣男性擇娶新移民女性之生活經驗研究**。國立嘉義大學家庭教育研究所碩士論文。（未出版）。

二、英文部分

Anderson, M. (1999). Child in-between: Constructing identities in the bicultural family. *Journal of the Royal Anthropological Institute, 5*(1), 13-26.

Banks, J. A.(1993). Multicultural education: Characteristics and goals. In J. A. Banks & C. A. M. Banks (Eds.), *Multicultural education: Issues and perspectives* (2nd ed.) (pp.1-27). Boston: Allyn & Bacon.

教育政策規劃

第六章
九年一貫課程政策再規劃

本章學習目標

一、能說明九年一貫課程政策特色。

二、能指出九年一貫課程政策執行後的特色。

三、能分析九年一貫課程政策的支持與反對及中立的態度。

四、能分析九年一貫課程政策執行之後對老師是成長還是壓力。

五、能經由九年一貫課程政策分析提出合理的教育政策規劃供教育機關參考。

第一節　政策規劃緣起

、規劃的動機與目的

本章主要在掌握九年一貫課程政策在政策形成之前與執行之後的問題探討，它以過去九年一貫課程政策的相關研究進行整合分析。為什麼要以這取向來進行研究呢？

首先，自九年一貫課程政策公布與試辦及執行至今已有多年，過去以來對九年一貫課程政策研究均以單一的某項議題進行分析（方世欽，2004；王振鴻，2000；張輝山，2003；彭富源，2002；楊益風，2001；賴珍美，2002；謝祥永，2001；羅建忠，2004），或者以個案探討（吳建華，2003；周柏雯，2004；曾寶儀，2003），並沒有整合式的對九年一貫課程政策做研究分析。本章透過蒐集到的九年一貫課程政策研究進行整合性分析。

其次，針對教育部自九年一貫課程政策實施之後，國內博碩士論文對此議題的整合分析，試圖從過去的研究來掌握九年一貫課程在這幾年來的成效，並歸納相關問題。

第三，在檢索過去對九年一貫課程政策的研究，沒有以整合觀點進行分析，所以就以這取向進行探究。本章透過全國博碩士論文檢索有關九年一貫課程研究共 356 篇（檢索日期為 2006 年 3 月 1 日）。本章篩選內容（關鍵字）包括九年一貫課程政策、九年一貫課程政策實施、九年一貫課程滿意度、九年一貫課程改革、九年一貫課程執行問題與相關壓力等研究；在研究對象包括老師、學生、家長、行政人員、學校行政人員等；在年級包括國民教育各年級。然而，並沒有針對九年一貫課程的各學習領域進行整理。

最後，透過對九年一貫課程政策整合分析，接著提出相關的建議供教育當局、學校及老師在未來執行九年一貫課程政策參考。

貳、分析問題

基於上述，本章有以下幾個重要問題要進行分析：

第一，究竟在過去的研究結果中，對九年一貫課程政策支持、反對或傾向中立的研究成果為何？

第二，九年一貫課程究竟是帶給教師壓力或成長？

第三，九年一貫課程究竟哪些層面出現問題？是教育部決策模式產生問題？政策執行過程產生問題？學校執行產生問題？政策評估產生問題？

第四，九年一貫課程政策標的團體（包括家長、學生、老師、行政人員）的反應情形為何？

最後，針對前述的分析，提出相關的建議供教育行政機關、學校、老師在執行九年一貫課程時參考。

參、分析方法

至 2006 年 3 月 1 日在全國博碩士論文檢索之後，有關九年一貫課程的研究（研究者輸入「九年一貫課程」關鍵字）共有 356 篇。經過整理分析之後，量化與質性的研究均有，但是以量化研究有 200 篇居多，在量化研究部分又以問卷調查法探討九年一貫課程問題最多。本章以量化研究作為整理分析基礎，輔以質化研究成果進行解析。本章是以文件分析法對前述的研究報告進行分析。

肆、分析樣本

在 356 篇研究之中，調查、訪談或分析的樣本以國民小學老師居多，學校行政人員、家長及教育行政人員較少，而以學生為樣本最少。老師是課程忠實消費者，所以本章是以教師為分析主體，但仍搭配有關的行政人員、家長或學生等作為輔助瞭解九年一貫課程政策問題。

伍、規劃的限制

本章最大限制是以過去已完成的研究報告為基礎，這些研究論文都具有碩士學位以上程度，但是因為各研究調查樣本數、區域及對樣本抽樣可能不一定嚴謹，所以本章在推論時應小心。

第二節　課程政策緣由與特色

壹、九年一貫課程實施主因與特色

台灣解嚴之前，國民中小學的課程政策決策是以「舟山模式」；解嚴後，課程設計則以「板橋模式」，也就是將專權、中央掌握逐次改變為較多元、授權及多方專家參與決定的方式。接續 1996 年行政院教改會成立，課程政策更朝向尊重專業、尊重地方、尊重學生及尊重老師的多元發展。因此九年一貫課程政策強調以學生為中心的雛形於焉逐漸形成。

台灣的國民中小學課程約每隔十年才修訂一次，課本內容無法反映學生學習需求、學生學習負擔過多以及民間教育改革意識高漲，促使教育部對於課程政策改變是九年一貫課程實施的外在原因。例如 1973 年修訂一次國民小學課程標準，接續在 1993 年才又公布課程標準，相距二十年，在二十年間的社會、經濟、文化及國際變化已很多，但台灣仍以舊內容讓小學生學習實有待商榷。政府於 1998 年公布九年一貫課程草案，強調科目之間聯結、以學生基本能力為主軸、以學習領域取代分科教學等特色。

賴珍美（2002）就指出九年一貫課程內涵與特色，其內涵包括以學生為本位理念、以學校本位及資訊時代需求及學生能力培養的基本內涵、十大基本能力、七大學習領域、六大議題及學校本位課程等六項。其特色包括以學校本位課程發展為主要模式、統整學科知識為學習領域、落實教師專業自主、以培養現代國民所需基本能力為課程設計核心、加強學校及教師績效責任，以及在七大學習領域中融入六大議題。

其實，歸納政府實施九年一貫課程的主因有幾項：第一，它在打破過去台灣國民中小學學科以「科目」為學習方式，改以「學習領域」來取代；第二，減少國民中小學授課時數，以減少學生負擔；第三，九年一貫課程在落實校本課程觀念，讓學校、老師可以依學校需求與地區需要設計課程，不再以官方統一制定課程的單一方式；第四，九年一貫課程在增加學生新的學習領域，配合資訊時代需求，尤其強調課程設計內容宜納入資訊教育及電腦網際網路相關知識，提升學生能力；第五，九年一貫課程融入鄉土教育，強調讓學生以生活周遭的環境學習為主，進而擴大學習領域及空間；第六，保留更多教學時間給學校及教師，有彈性教學空間。最後，因應與國際接軌，小學自五年級起實施英語教學。

從上可知，九年一貫課程主要是在打破學科領域，並以減少學生學習壓力、落實校本課程及鄉土課程，與提高學生能力作為發展的基礎。

貳、實施前的政策決定

九年一貫課程政策形成仍然是以「由上而下」的決定與實施模式，也就是由教育部進行研議，接著將此課程政策於教育部部務會報討論決議後通過。教育部將部務會議通過的課程政策，轉陳行政院審議，行政院交下經建會及研考會等相關部會進行審議；最後行政院於院會決議通過執行該政策方案，教育部才轉交由各縣市及各國民中小學實施九年一貫課程。基本上，這樣的政策決定模式是由上而下。彭富源（2002）指出，九年一貫課程政策構想先是從「課程總綱」的研訂開始著手，繼之發展領域綱要內容，同時亦修訂法源依據，逐步研訂出配套措施。九年一貫課程改革係朝向「鬆綁、彈性、整合、配合時代脈動」的方向。

這樣的決策及執行方式產生不少問題。黃妙菁（2005）研究發現，九年一貫教育政策規劃有幾項問題：1.行政機制不夠尊重專業機制：教改面臨立法院刪減預算威脅，倉卒完成政策規劃及課程綱要擬定。這種教育專業無法獲得尊重，教育不能自主，教育只是政治的工具罷了；2.規劃程序不夠嚴謹：九年一貫教育政策規劃過程有其合法性，但迫於時間壓力，很多程序及會議成形式步驟；3.規劃過程太求速成：原本需要長時間仔細琢磨的課程綱要及內容，竟因外界壓力而快速完成，如此課程品質待議；4.九年一貫教育政策規劃缺乏經驗融合理論機制：教育政策規劃缺乏實務教學經驗，只憑書本理論來規劃政策，相信是無法規劃出貼近教育問題核心的政策；而經驗豐富，若缺乏理論支撐，也無法規劃出令人信服的政策；5.由上而下的規劃機制缺乏民意，執行困難重重：九年一貫教育政策幾乎完全是精英團體的想法直接轉化為公共政策，此種由上而下的政策制定模式不具民意，無法獲得人民認同，執行容易出現反彈聲浪；6.改革幅度太大，規劃過程粗糙：九年一貫教育政策之形成如同教育大革命，改革幅度大，讓政策規劃小組為趕進度而無法兼顧政策品質，造成執行困難，成效受限。

簡言之，九年一貫課程政策決定仍以教育部提出的政策草案，再經由行政院審議，而後要求教育部進行修正與試辦，接著擴及全國實施。這種政策制定模式是以由上而下的模式，並非以由下而上的模式。

參、實施前的相關配套

九年一貫課程以七大學習領域及十大目標作為課程政策改革的主軸。強調以校本課程、學生為中心、鄉土教學與英語教學為特色，這政策需要有很多配套措施。例如教育部在九年一貫課程政策草案提出之後，草案中就明白宣示應著手幾項配套措施：第一，加強教師對新課程的研習；第二，規劃新課程師資培育工作；第三，研訂中小學教科書審定要點等（教育部，1998）。再如九年一貫課程的教科書、英語師資素質及教師數需求推估及培養、學校老師是否有設計課程能力、學校要組織一個課程發展委員會等，都有待配套措施。更重要的是，學生能力是否真的因此而提高，或是應如何評估該政策執行成效等，從

執行之前，九年一貫課程政策並未將前述的課程政策配套措施設計完備。

教育部對於上述措施，並沒有在政策形成之後就已有配套措施；相對的，對此課程政策執行有著「走一步算一步」、邊做邊改、邊做邊融入新的學習議題，及邊做邊調整課程等，是九年一貫課程政策無法有效執行的主因之一。

肆、實施後的問題

九年一貫課程政策執行之後，也面臨幾項問題，這些問題說明如下：

彭富源（2002）指出，九年一貫課程政策在中央、地方、學校與教室四層級權責不明，且執行過程經常發生自主調整之情形，所以九年一貫課程政策執行成敗之責將難以釐清；執行過程顯出理解不足且缺乏評鑑；在執行策略上中央採取主動性支持與介入策略，其他層級多為保守漸變。

陳琮仁（2004）研究發現，九年一貫課程政策中的七大領域建構過程，似乎無法突破舊有課程結構與運作機制限制，因此有「一貫的由上而下建構過程」、「學科專家的決策權擴大」以及「精英教育取向」等三種特徵。他的說法對於九年一貫課程政策，除了有由上而下的決策模式之外，更有以專家學者為導向的課程設計，並沒有將更多基層教師納入共同設計課程。

陳明鎮（2002）調查發現，九年一貫課程整體而言遭遇相當困難，其中包括「課程實施與工作負擔的困難」、「校外支援與社區資源的困難」、「師資設備與能力指標的困難」、「教師配合與研習辦理的困難」等。這也就暴露出九年一貫課程政策在配套措施尚未完備，在執行後，產生學校實施的困境及能力指標無法達到預期目標的問題。

綜合上述，九年一貫課程政策的問題仍在於政策決定過於草率、教師心理準備仍未完備、教育部相關配套措施尚未完整地研議及提出因應，以及學校執行條件仍未成熟等，就執行九年一貫課程所造成的困境。

第三節　整合分析發現

壹、九年一貫課程實施支持程度

一、傾向支持者

其實，國內的研究中，有不少研究對九年一貫課程政策分析發現受訪者是傾向支持，例如：

王振鴻（2000）研究試辦學校與非試辦學校，贊同九年一貫課程變革的教師各均占六成左右，各有三成左右的教師傾向不贊同，其中試辦學校未參與實驗的教師持不贊同看法者約占五成。

李宛芳（2001）的研究指出，九年一貫課程改革態度量表各試題總得分為 5 分，而各試題平均得分為 3.36 分，顯示在東區教師對這次課程改革態度傾向正面積極。

張雅雯（2001）研究發現，試辦學校對其試辦正面成效的自評傾向肯定態度，包括多元化教學與評量、課程實施結果、課程設計與發展、課程實施過程，以及課程內容符合學生本位等五層面之成效。

陳宣伯（2001）研究發現，大部分的國小教師瞭解九年一貫課程的理念精神、綱要內容和課程變革，且具有高度的一致性。

邱才銘（2002）研究指出，九年一貫課程正面成效評估，全面均獲得高度肯定。

陳振綱（2001）調查高雄市教師指出，大多數的國小教師對九年一貫課程實施現況持認同的看法。

邱馨儀（2002）研究國民中學語文學習領域教師對九年一貫課程認知情形達中上程度，但對所任教之語文學習領域認知情形卻不若整體課程清晰；對九年一貫課程及所列語文學習領域態度傾向正向支持，且願意配合新課程進行所需變動，並認為學校的資源整合運用足以配合新課程推動。

謝淑鈴（2003）對 1,132 名台灣地區國中小教師調查，發現國中小教師對九年一貫課程「整體態度」屬於中等以上程度，趨於正向積極，且在「整體態度」上，任教北部教師顯著高於任教南部之教師。

蔡琇韶（2003）調查國民小學教師在九年一貫課程接受度在中等以上程度。

李明正（2003）調查指出，絕大多數屏東縣小型國小教師均能認同學校在課程規劃與課程領導的做法。

蔡東利（2004）調查國民小學教師對九年一貫課程瞭解程度為中上程度，在六點量表得分的平均分數為 4.52，表示教師傾向支持九年一貫課程政策。

王嘉蜜（2004）指出，國小教師對實施九年一貫課程態度與學校行政運作知覺為正向。

謝淑鈴（2003）研究指出，國中小教師對九年一貫課程的「整體態度」屬於中等以上程度趨於正向積極。

方世欽（2004）研究指出，國小教師皆能瞭解九年一貫課程，對其配套措施與改革均能支持與認同。整體專業成長之成效受到多數教師肯定，多有積極正向態度。同時女性教師、30 歲以下、服務年資 5 年以下、具有研究所學歷、曾在試辦學校服務的教師，對九年一貫課程的整體感受較佳。

從上面的研究可以看出，對於九年一貫課程政策傾向支持不在少數，尤其在研究的年度愈後面，對於九年一貫課程政策的支持程度愈明顯，這可能在於已執行了四年，對課程已逐漸熟悉，對課程雖不能滿意，但亦需要接受此政策。

二、傾向中立程度

在國內也有不少研究對九年一貫課程政策分析發現受訪者是傾向中立者，即並不表示支持或反對，例如：

曾家樓（2001）調查發現，教師對九年一貫課程政策執行看法及試辦成果評估，持同意態度者多於持不同意態度者，持無意見者的比率占四成多，比率高於同意者。

鄒裕泰（2002）研究桃園縣國民小學教師對九年一貫課程的看法，在認知性、支持性、有效性皆在中等的程度。

王惠瑤（2003）認為教師對九年一貫政策之瞭解情形，係屬於「中上程度」；而學生家長對於新課程之瞭解程度，則屬於「普通」等級。至於政策宣導情形，教師普遍認為已經足夠，家長則認為宣導不足。

羅建忠（2004）研究指出，國民小學教師對實施九年一貫課程滿意度屬於中等程度。

這些研究發現，受試者對九年一貫課程持保留態度，不支持也不反對。

三、傾向反對者

九年一貫課程政策的研究發現受訪者傾向反對，這些研究有下幾項：

王正雄（2001）研究花蓮縣試辦九年一貫課程，教師對九年一貫政策的認知仍存有疑慮，無法全然投入。

陳宣伯（2001）研究指出，大多數國小教師希望九年一貫課程能延後實施。

王進量（2003）研究發現，桃園縣國民小學教師對於實施九年一貫課程教學的態度，大都採情感性的認同教改，但尚未全力投入。

黃秀穎（2001）研究兩位教師的試辦經驗，凸顯九年一貫課程欠缺明確性的內涵、完整的配套措施與有效的宣導。

王國原（2002）研究指出，教師無法接受課程改革如同課程改革推動者所期待那般堅定，場域特點有如學校權威結構，會限制教師對九年一貫課程改革的接受程度。

童師薇（2004）調查指出，九年一貫課程讓教師的教學負擔加重與課程未能兼顧教師的專業發展，是國民中學教師進行九年一貫自然與生活科技領域課程時最大的困擾。

而也有研究指出九年一貫課程理念是對的，但實施成效不佳。就如陳巧玲（2003）以 209 位國中教師為對象研究指出，他們對九年一貫課程改革持中立看法，雖教師們對於這次課程改革認同較欠缺，對九年一貫課程理念呈較肯定看法，但在教學成效卻是較負面的回應，至於教師對措施滿意度也稍嫌不足。

九年一貫課程帶來壓力或是成長？

九年一貫課程與過去的課程改變很多，但是對教師是專業成長還是更多負擔，值得分析；陳廷楷（2003）研究指出，不同教育程度的國小教務主任在「面對問題」與「尋求支持」的因應策略有顯著差異。將過去的研究發現整理如下。

一、傾向是壓力者

有許多研究認為九年一貫課程會造成教師的壓力，例如：

蔡孟珍（2001）研究高高屏的國小教師參與試辦九年一貫課程，感受到的壓力在中上程度，其中以時間支配的壓力感受最大。

鄧珮秀（2003）調查台北縣658位的國民小學教師參與九年一貫課程實施，發現教師感受到中上程度的工作壓力，其中以「工作負荷」層面感受最大壓力。

黃景文（2003）研究彰化縣的教師對九年一貫課程壓力感受，發現服務年資深淺與工作壓力感受是負相關，服務年資愈淺者其工作壓力感受愈大。

林家任（2003）研究指出，九年一貫課程實施後，國小教師感受到中下程度的工作壓力，其中以「時間運用」的壓力層面感受最大。

顏進博（2003）以563份老師問卷調查，顯示國中自然與生活科技教師對九年一貫課程實施之工作壓力趨於中等程度，其中以「工作負荷」層面感受到較大的壓力，「課程設計」壓力則是最低。

張茂源（2003）研究發現，教師在九年一貫課程壓力如下：第一，教師對九年一貫課程推行，課程編選、統整與教材設計能力不足，是主要的工作壓力來源；第二，協同教學在九年一貫課程的推展中實施不易，造成教師心中的負荷；第三，九年一貫課程的推行，多元評量的實施存在認知與實踐的差異，致使教師形成焦慮與無力感；第四，九年一貫課程之研習太多，教師擔心影響教學品質；第五，學校行政單位及專家學者的協助有限，教師對參與新課程的教學，仍感茫然；第六，教師參與九年一貫課程教學工作負荷大，影響家庭生活；第七，九年一貫課程的推行，教師工作壓力以「時間壓力」最大，其次是教材、課程方面的壓力。

洪文章（2005）研究指出，九年一貫課程實施中，國小兼任行政職務教師感受到中上程度的工作壓力，其中以「工作負荷」的壓力層面感受最大。

二、傾向是成長者

也有些研究發現九年一貫課程政策對教師具有成長的性質，例如：

陳宣伯（2001）發現大多數的國小教師對九年一貫課程的配套措施和改革態度持贊成與認同的意見。

蔡英姝（2001）調查發現，現階段國中小教師之整體專業能力、課程能力、教學能力、評量能力屬於中等程度；但在「專業成長能力」大幅偏高。

葉瑞珠（2003）研究新竹縣的老師對九年一貫課程的成長情形，她發現新竹縣國民小學教師對九年一貫課程政策實施成效評估方面，於課程規劃與領導成效較為顯著，其次是教師專業與進修，再則是學生學習與成效，最末為家長成長。

方世欽（2004）以 596 位教師為對象調查研究發現：1.女性教師、30 歲以下、服務年資 5 年以下、科任教師、曾在試辦學校服務的教師整體的專業成長較好；2.國小教師對九年一貫課程的感受較佳，瞭解愈深入，其專業成長的情況就愈好；3.國小教師對實施九年一貫課程的感受，對其專業成長有顯著的預測力。

參、九年一貫課程哪裡出問題

九年一貫課程政策在尚未實施之前，反對執行者已有不少，多數擔心執行會有很多問題。在九年一貫課程政策的研究中，就發現有以下幾項重要問題。

一、上游的決策問題

所謂的上游問題是指九年一貫課程在實施前，教育主管機關決策就已產生問題，例如：

洪詠善（2000）研究認為，「九年一貫」與「課程綱要」係實現教改會建議，落實課程發展原則，符應課程改革趨勢係為教育部內部決議未經討論。

潘道仁（2003）研究發現，在政策制定方面，政策搖擺不定、未預先建立完善配套措施。

張清良（2004）則研究發現，九年一貫課程政策執行條件分析：1.政策推動時程規劃不夠充裕；2.課程內涵結構意見分歧；3.增加學校彈性自主空間卻受肯定；4.政策推動人力資源不足；5.教育部經費資源投入有待提升；6.行政配套措施有待改善。

二、中游的執行問題

所謂中游問題是指，九年一貫課程政策在中央決定之後，在地方教育主管機關實施或提出相關配套時產生問題，例如：

在中央及地方教育行政機關對九年一貫課程政策執行亦有問題產生。王正雄（2001）研究花蓮縣試辦九年一貫課程第一年實際情形如下：1.教育政策推行依然由上而下，垂直溝通與水平溝通不足；2.九年一貫課程試辦政策倉卒，配套措施來不及協助問題的解決。他的研究顯示，九年一貫課程是由上而下的，地方教育行政機關能參與討論及政策辯論的機會較少，同時因為配套措施的不足，亦使得九年一貫課程無法執行順利。張清良（2004）調查研究發現，地方政府執行組織主管瞭解九年一貫課程政策，但是地方政府執行人力及經費不足影響推動成效。

三、下游的學校執行問題

所謂下游是學校或教師在執行九年一貫課程政策產生的問題。九年一貫課程實施之前可能沒有評估各個學校在執行此政策是否會有困難，尤其以一條鞭的政策，要套用在大大小小、規模不一的國民中小學是否適當，有值得討論的空間。因為未能對九年一貫課程仔細考量此問題，所以執行學校當然會有問題產生。例如各國民小學的英語師資不足、學校老師無法設計學校彈性課程、學校在執行鄉土教學可能會有意識形態的產生，同時九年一貫課程亦沒有考量學校體系的問題。例如陳琮仁（2004）指出，九年一貫課程受到學校組織偏向科層體制，限制學校本位課程政策理念的落實；同時學校本位課程政策缺乏正當性基礎與運作的文化土壤等環境條件，致使影響學校本位課程政策的有效執行。潘道仁（2003）研究發現，九年一貫課程政策無法執行的原因是：學校自主權限不明確、教師授課節數差異、教師專長配課不易、人力不足行政負荷過重、成績處理系統尚未建置。

又如羅新炎（2003）以桃園縣國民中學教師為主抽取 768 位為樣本，調查國民中學九年一貫課程實施現況發現，國中教師在知覺九年一貫課程實施，以「學校本位課程」最高，而最低的為「協同教學」。張清良（2004）發現教師多具協同教學能力但未廣泛運用，這也顯示九年一貫課程在學校的協同教學有執行困難。此外，張清良（2004）也發現學校課程發展委員會運作正常，但是實質功能不大。

四、課程評鑑及成效難評估問題

政策是否已達成預期教育目標，可以從執行之後的教育成效進行評估。九年一貫課程在實施前，並沒有強調應該如何評估政策成效，所以雖然執行已有幾年，但並無法瞭解其真正成效。第一是在政策執行前就制定要完成的各年度政策目標；第二，並沒有列出要如何評鑑該政策是否已達成目標的標準；第三，並沒有列出要執行多少年，所以並沒有辦法列出每年應達到多少成效；第四，教育當局並沒有列出每年各縣市政府及中央政府編列多少預算，支應九年一貫課程政策，所以無法進行其成本效益分析。這也就是王正雄（2001）研究認為試辦成效無法具體評估造成疑慮，同時他也指出試辦學校所需要的支持系統，來反映九年一貫課程執行成效的問題。

肆、標的團體反應

政策執行之後，最重要的政策標的團體的反應及感受是否有影響，可以從標的團體反應掌握政策執行情形。張清良（2004）研究指出，標的團體執行情

形是影響九年一貫課程政策執行成效之主要因素，標的團體包括教師、行政人員、家長及學生等，說明如下。

一、家長反應不抱樂觀

九年一貫課程實施能否成功有賴家長配合，但九年一貫課程政策是否獲得家長的支持或瞭解呢？王惠瑤（2003）對於九年一貫課程實施，多數教師與家長均抱持不樂觀態度。潘道仁（2003）研究發現，教師、家長擔心學生能力、學校升學率下降、家長參與不踴躍。黃秀穎（2001）研究指出，九年一貫課程缺乏家長支持與配合，限制了教師落實課程改革與教學自主空間。楊敏芝（2001）研究指出，九年一貫課程強調培養「能帶著走的基本能力」，但家長對學生表現仍陷入分數迷思中。張茂源（2003）發現家長對於九年一貫課程的認知不足，對教師教學干預，造成工作負擔。張閔智（2004）研究指出，親師關係也並未隨著九年一貫課程改革的實施而有明顯提升；家長進入學校場域參與教學活動的機會增加了，但是在教學現場裡的實際參與還是有限的。

二、學生壓力增加

學生是九年一貫課程的白老鼠，究竟對他們的學習效果是否有正向的影響，是值得探討的問題。在九年一貫課程研究之中，卻很少有這方面的研究。潘道仁（2003）研究指出，九年一貫課程一綱多本課程銜接不上、教材內容問題不少且英文偏難未考慮城鄉差異、課程設計並未統整且結構鬆散，學生課業負擔加重。王惠瑤（2003）研究發現九年一貫課程實施後，學生的課業壓力並沒有減輕，反而更加沉重；其次，學生參與課後補習之比率高達七成。可以看出，九年一貫課程原本是要減少學生的升學壓力，但是卻有了反效果。

三、老師接受度呈現兩極

九年一貫課程的消費者是老師，老師對於九年一貫課程的接受度也不一，這可以見上述支持與反對的分析。而在接受態度如果再仔細的分析，可以發現是呈現兩極的態度，何以見得？黃秀蓮（2004）研究指出，教師在九年一貫課

程實施意見，總量表反應趨於中上程度。李宛芳（2001）指出，教師對研習活動雖能自願參與，但深感九年一貫課程研習活動重複性太高，理論與實務無法搭配，以至於不能真正協助教師在教學現場中所遭遇的問題。潘道仁（2003）也研究指出，教師專業能力不足、教師參與研習意願偏低、增加教師工作負擔。李明正（2003）研究發現，小型國小教師對於學校在研擬課程配套措施方面的意見有兩極的看法，在課程規劃和教科書的選用上，有九成以上的滿意度；在課程銜接方面，只有五、六成的滿意度。

四、老師起始的執行感受採取質疑

九年一貫課程對於老師算是一種挑戰，老師要面對新的課程內容、準備新的教案、教具、運用新的教學評量方法都是挑戰。王嘉陵（2003）研究指出，教師、家長對新課程採取質疑態度，課程結構呈現許多問題，包含縱向課程銜接不良與橫向課程領域劃分不清，實務上有協同、排課問題，形成合科不統整缺失。此外，因舊有習慣難以改變，教師對學科邊界的跨越感到遲疑；邊緣領域亦有遭排擠的現象。因國數時數不足、課程內容淺化，造成多數學生學習平庸化的結果，難以實現「把每個孩子帶上來」的理想。

五、行政人員壓力大

九年一貫課程政策對於學校行政人員壓力頗大。畢竟這是新的課程政策，學校仍未有完整配套就要執行者，而學校的行政人員又是老師兼任，所以老師教學之外，又要負擔新的業務，勢必造成壓力。黃景文（2003）調查彰化縣國小兼任行政工作教師，感受到中、高壓力者達 535 人，占 88.28%，同時中、高壓力組在整體壓力因應之平均數達 2.46，且達顯著差異水準。洪文章（2005）以彰化縣兼任行政職務教師為研究對象，取樣 560 位教師，有效問卷 420 份，調查發現在九年一貫課程實施中，國小兼任行政職務教師感受到中上程度的工作壓力，其中以「工作負荷」的壓力層面感受最大。

第四節　九年一貫課程政策再規劃

結論

本章旨在以國內博碩士論文撰寫有關九年一貫課程進行分析。在研究論文篩選是以課程政策、九年一貫課程、教師、學生、家長與行政人員對課程政策相關滿意度、感受壓力及執行困擾等進行分析。本研究將分析結果歸納如下：

第一，多數研究對九年一貫課程政策仍傾向支持，但也有不少研究的結果傾向反對及中立者。這方面支持程度都在調查問卷獲得統計數值的平均值以上，這表示約有過半數的受訪者是支持或認同九年一貫課程。

第二，多數研究對九年一貫課程政策實施之後的壓力感受頗大。這與新課程與過去課程內容，例如課程編選、課程統整、課程設計及老師對九年一貫課程的教材設計能力不足因而造成壓力提高有關，因為老師在校本課程增加，加上新的課程內容是老師需要調整新的教學方式，同時學校需要成立課發會，與兼任行政職務，因而感受到壓力較大。

第三，多數研究調查傾向支持九年一貫課程，但是九年一貫課程在執行或實施仍多問題。這方面原因在於課程決策仍採由上而下模式，且執行前配套措施未能完備，加上課程執行之後，學校相關條件未能配合，許多老師仍採觀望態度，以至於九年一貫課程無法達到預期的目標。

第四，九年一貫課程政策問題的產生是來自於多方面：在上游方面，教育部在課程決策方式以由上而下，基層老師參與不足；在中游方面，教育部與地方教育行政機關溝通不足，加上地方政府認為政策執行倉卒使得問題產生；在下游方面，學校在協同教學產生困難、學校本位課程政策缺乏正當性基礎與運作的文化土壤等環境條件、學校自主權限不明確、教師專長配課不易、人力不足行政負荷過重、成績處理系統尚未建置等。另外在課程評鑑與政策成效難以評估等，無法提出適當的政策調整等，都是無法讓九年一貫課程順利執行的原因。

第五，在九年一貫課程的標的團體感受反應不一。家長對九年一貫課程一開始規劃與執行之後都並不表樂觀，而老師在九年一貫課程政策實施的起始時，質疑性高，後來老師接受度呈現兩極，但以支持者較多；而九年一貫課程實施之後，對學生升學壓力並沒有減少。

第六，執行九年一貫課程之後，學生學習壓力不減反而增加。九年一貫課程改變了學生的學習方式，但也增加學生的學習壓力。王惠瑤（2003）研究發現九年一貫課程實施後，學生的課業壓力並沒有減輕，學生壓力增加顯示沒有達到九年一貫課程的政策目標。

貳、建議

本章經由相關研究文獻分析之後，對九年一貫課程的未來建議如下：

一、政策方面——重新檢視九年一貫課程的政策目標與方案

本章認為，政府在九年一貫課程政策宜重新檢視其政策目標。就如邱馨儀（2002）具體建議教育行政機關，改變九年一貫課程宣導方案、重新檢測九年一貫課程是否能達成減輕學生課業壓力之實施重點、重新調整學校規模至 27 至 44 班，以利新課程推行，以及國民中學行政單位加強語文學習領域教師對本領域實施內容認識度、校長課程領導能力的再增強。

另外，對九年一貫課程政策內容宜再檢視。黃妙菁（2005）就認為規劃小組應確實分工，例如「課程發展專案小組」任務分工應該秉持「目標」與「內容」一貫、「研擬」與「審議」分開、「總綱」與「領域綱要」延續、「綱要」與「配套措施」並行之原則。另外，在政策規劃過程宜公正公開，審慎並公開決策過程，加強課程宣導，並讓更多的人參與討論。這些問題是教育行政當局應面對的。

二、教育部宜逐年檢討九年一貫課程實施成果，並提出調整方式

本章在整理分析之後，發現各個研究都沒有指出教育部對於九年一貫課程

政策執行效果的追蹤及評估。這對於九年一貫課程政策來說，並無法針對已產生的問題及學生、家長與老師反應的九年一貫課程政策的問題進行調整，針對此政策並無法及時反應問題所在。這可能造成政策如果有問題，並沒有進行調整，因而讓更多的學生作為實驗的犧牲品；因此，教育部宜逐年評估此政策，評估的向度可以朝目標達成度、學生壓力是否減輕、老師在執行九年一貫課程的難易程度等。

三、地方教育當局擔任協調橋梁

地方教育行政機關是配合中央教育機關執行政策的單位，對於九年一貫課程的投入勢必應加強。這方面應對於學校更加宣導、舉辦教師研習會議讓老師能設計校本課程、落實鄉土教學成效，同時並適時提出九年一貫課程的執行報告，反應學校在執行九年一貫課程的問題，並協助學校解決執行問題。

四、提高學校對九年一貫課程的認知及強化其執行成效

學校是落實九年一貫課程重要場所。學校執行九年一貫課程，過去幾年已有相當經驗，因此學校不宜盲目配合政策執行，而是應從政策經驗學習如何調整執行九年一貫課程政策。這方面的建議包括：

第一，加強各校的聯盟分享執行經驗。邱才銘（2002）認為宜肯定九年一貫課程的實施成效，而持續努力改進，尤其學校應在幾方面配合：1.九年一貫課程成效評估結果獲得正面肯定，宜加強與其他學校結盟（策略聯盟）或心得經驗分享；2.試辦國小有明確的困難，宜設法解決難題；3.全面均衡發展，強化策略聯盟組織，定能擴大成效；4.國民小學宜強化「九年一貫課程改進的模式」之實作功能。

第二，確立九年一貫課程的執行模式。陳明鎮（2002）認為推動九年一貫課程可行模式方面，理論上可採目標導向的課程發展理論模式。實務上則有：學校本位課程發展取向、主題式統整課程取向、領域（學科）統整取向。

第三，落實學校課程領導。簡宏江（2006）認為，九年一貫課程中的校長課程領導和教師是影響學校本位課程政策執行的關鍵因素。同時他也認為組織

資源不足，是影響學校本位課程政策持續及充分執行的重要因素。

第四，擴充學校執行課程政策的經費及人力。張清良（2004）發現幾個與學校有關的問題：1.學校執行課程政策之人力及經費不充裕；2.社區資源投入不充足；3.學校執行課程政策之組織具有代表性；4.學校課程發展委員會運作正常但實質功能不大。

相信學校方面配合不僅四端，只是這四端是過去研究所提出較為具體的建議，本章在此再次加以呼籲。

五、提高教師在九年一貫課程的專業能力及員額編制

在老師方面有以下幾項的建議：

第一，專業能力培養與參與、認知與接受度提高，是教師在執行九年一貫課程政策的重要前提，因此教育行政機關及學校應增加老師的研習。同時最重要的是，在政策決定時應尊重老師的意見及聲音，讓老師也參與政策制定，瞭解政策的前後關係。

第二，教師員額編制提高是教師認為實施九年一貫課程最重要的配套措施。提高老師編制，如此能讓教師在九年一貫課程的壓力減少。

六、提高行政人員參與及熱誠，讓九年一貫課程執行力提高

在行政人員方面應有以下幾項的配合：

第一，縮減行政人員在九年一貫課程的執行壓力。洪文章（2005）研究發現九年一貫課程實施中，國小兼任行政職務教師感受到中上程度的工作壓力，其中以「工作負荷」的壓力層面感受最大。

第二，增加老師與行政人員的溝通。楊敏芝（2002）發現行政人員、學年主任與教師群溝通不足，推動課程計畫過程中，產生複雜矛盾情緒。

七、減少學生壓力，達到九年一貫課程的政策目標

九年一貫課程政策旨在紓解學生升學及學習壓力，但是上述分析發現並不是如此，因此建議宜找出九年一貫課程政策無法解除學生壓力的原因，對症下

藥，紓解學生壓力。就如鄭燕琪（2004）調查，2,000名國民中學學生發現，學生在綜合活動課程教材學習現況屬於中等程度表現，其中以「課程目標」符合學生需求，同時國民中學學生在綜合活動學習態度易受自我學習、同儕影響與學習過程影響，此外國民中學學生在綜合活動學習現況屬於偏低程度，其中以評量成績與評量過程表現不佳。這些除了呼應前述九年一貫課程無法減輕學生壓力之外，更看出學生需求並無法滿足。

八、提高家長參與，讓九年一貫課程政策順利執行

增加家長參與九年一貫課程的機會也是實施九年一貫課程的重要關鍵。所以如何提高家長的參與意願，是九年一貫課程政策的重點。因為黃秀穎（2001）深入訪談之後發現，九年一貫課程缺乏家長支持與配合，限制了教師落實課程改革與教學自主空間。鄒裕泰（2002）認為政府對家長全面性的宣導，才能化解實施九年一貫課程家長方面的阻力。陳丁魁（2003）指出，家長與教師知覺家長參與九年一貫課程實施最適合扮演角色一致，依序為：「家裡教育者」、「資源提供者」、「兒童維護者」、「教學夥伴」，是家長在九年一貫課程政策能否有效執行的關鍵。

九、其他配套措施應完備才易落實九年一貫課程

在九年一貫課程執行配套問題很多，本章的建議如下：1.教師專業能力的培養與政策宣導。陳宣伯（2001）研究指出，國小教師認為九年一貫課程在課程發展和改革、課程改革宣導、師資培育和專業成長及課程實施等方面，應有完善的配套措施；2.英語師資供需失調等。陳芳玲（2003）發現，大多數受試者認為九年一貫課程相關配套措施準備不足，尤其在英語師資及教科書設計方面。針對這些配套措施不足，教育當局應重新評估如何讓老師能投入更多心力，提高對九年一貫課程實施的熱誠。黃妙菁（2005）研究發現，九年一貫教育政策規劃中，配套措施未能真正配合政策需要，她認為若要說九年一貫教育政策失敗，原因並非只是太倉卒，恐怕是配合措施趕不上推動的進度，及配套措施未能真正配合政策需要才是主因。

十、九年一貫課程政策還有明天嗎？

九年一貫課程政策自 2001 年執行至 2006 年已有六年之久，在這幾年，學位論文研究不斷出現，從這些研究成果相對應提出政策的建議者不少，但是教育部採行調整政策者不多，更重要的是，教育部對該政策沒有逐年檢討與進行政策評估。本章呼籲教育機關除應進行評估，並適時調整該政策之外，更重要的是，教育主管機關應持續的研究以為下一波新課程政策做準備。也就是，教育部透過此政策執行的經驗或面臨的問題，進行整理、分析及整合，以作為下一波課程政策規劃之參考；而新一波課程政策規劃應該持續，從現在就應開始規劃下一波課程政策，如此才不會重蹈九年一貫課程政策執行之後所遇到的類似問題。同時這樣的政策規劃與執行觀念，九年一貫課程政策才有明天。

總之，本章透過九年一貫課程有關研究來歸納相關成果及問題。其分析的方式是以整合式分析，從各項的研究結果，歸納九年一貫課程政策的形成、執行成效、相關問題及未來應調整方向。

（本文曾發表於 2006 年 5 月 6 日，國立台北教育大學國民教育系主辦之「九年一貫課程實施成效與問題：省思與前瞻多邊論壇」，〈九年一貫課程政策的整合見解〉。）

本章的討論問題

一、試說明九年一貫課程政策特色為何？

二、試指出九年一貫課程政策執行後的特色為何？

三、試分析九年一貫課程政策的支持與反對及中立的態度為何？

四、試分析九年一貫課程政策執行之後對老師是成長還是壓力？

五、試從九年一貫課程政策分析之後，提出合理的教育政策規劃供教育機關參考。

參考文獻

方世欽（2004）。**國民小學教師對實施九年一貫課程的感受與專業成長之研究——以高屏地區為例**。國立屏東師範學院國民教育研究所碩士論文。（未出版）。

王正雄（2001）。**花蓮縣試辦九年一貫課程之支持系統研究**。國立花蓮師範學院國民教育研究所碩士論文。（未出版）。

王振鴻（2000）。**國小教師對九年一貫課程之變革關注及其影響因素研究**。國立政治大學教育學系博士論文。（未出版）。

王國原（2002）。**國小教師對九年一貫課程改革依違態度形成之研究**。私立南華大學教育社會學研究所碩士論文。（未出版）。

王惠瑤（2003）。**國民教育九年一貫課程推動情況與實施成效之研究**。國立台灣科技大學工業管理系碩士論文。（未出版）。

王進量（2003）。**桃園縣國民小學教師實施九年一貫課程行政配合之探討**。私立元智大學管理研究所碩士論文。（未出版）。

王嘉陵（2003）。**國小場域九年一貫課程實施之探究——批判教育學觀點**。國立高雄師範大學教育學系博士論文。（未出版）。

王嘉蜜（2003）。**國小教師對實施九年一貫課程態度與學校行政運作知覺之研究**。國立嘉義大學國民教育研究所碩士論文。（未出版）。

吳建華（2003）。**國民小學推動組織學習之個案研究——以九年一貫課程實施為例**。國立台灣師範大學教育研究所碩士論文。（未出版）。

李宛芳（2001）。**國小教師對實施九年一貫課程態度之研究——以台灣東區試辦學校為例**。國立花蓮師範學院國民教育研究所碩士論文。（未出版）。

李明正（2003）。**屏東縣小型國小實施九年一貫課程之現況調查**。國立屏東師範學院國民教育研究所碩士論文。（未出版）。

周柏雯（2004）。**國中英語教師對九年一貫課程之態度與實踐**。國立政治大學英語教學碩士在職專班碩士論文。（未出版）。

林家任（2003）。**九年一貫課程實施後國民小學教師的工作壓力與因應策略之相關研究**。國立高雄師範大學工業科技教育學系碩士論文。（未出版）。

邱才銘（2002）。**國民小學九年一貫課程的辦理模式與成效評估之研究**。國立高雄師範大學教育學系博士論文。（未出版）。

邱馨儀（2002）。**國民中學語文學習領域教師對實施九年一貫課程認知與態度之研究**。國立台灣師範大學教育研究所碩士論文。（未出版）。

洪文章（2005）。**國民小學實施九年一貫課程中兼任行政職務教師工作壓力與調適策略之研究**。國立嘉義大學國民教育研究所碩士論文。（未出版）。

洪詠善（2000）。**國民教育階段九年一貫課程總綱綱要決策過程之研究**。國立台北師範學院課程與教學研究所碩士論文。（未出版）。

教育部（1998）。**九年一貫課程草案**。台北市：作者。

張茂源（2003）。**九年一貫課程試辦國小教師工作壓力訪談研究**。國立嘉義大學國民教育研究所碩士論文。（未出版）。

張清良（2004）。**地方政府執行九年一貫課程政策之研究**。國立政治大學教育研究所博士論文。（未出版）。

張閔智（2004）。**資本、習性、場域與後九年一貫課程改革之回應－以台北縣國民小學基層教師為例**。私立東吳大學社會學系碩士論文。（未出版）。

張雅雯（2001）。**國民中學階段九年一貫課程試辦情況與成效評估之研究**。國立高雄師範大學教育學系碩士論文。（未出版）。

張輝山（2003）。**九年一貫課程政策網絡分析**。國立中山大學公共事務管理研究所碩士論文。（未出版）。

陳丁魁（2003）。**家長參與課程實施之調查研究——以九年一貫課程為例**。國立嘉義大學國民教育研究所碩士論文。（未出版）。

陳巧玲（2003）。**國中教師對九年一貫課程改革態度**。國立台灣師範大學物理研究所碩士論文。（未出版）。

陳廷楷（2003）。**國小教務主任在實施九年一貫課程下之工作壓力與因應對策研究**。國立嘉義大學國民教育研究所碩士論文。（未出版）。

陳明鎮（2002）。**國民中學推動九年一貫課程的可行模式與相關問題之研究**。國立高雄師範大學教育學系博士論文。（未出版）。

陳芳玲（2003）。**教育政策行銷之研究——以台北縣國民小學九年一貫課程之推動為例**。國立暨南國際大學教育政策與行政研究所碩士論文。（未出版）。

陳宣伯（2001）。**國民小學教師對九年一貫課程的意見調查研究**。國立屏東師範學院國民教育研究所碩士論文。（未出版）。

陳振綱（2001）。**國民小學九年一貫課程實施現況與問題之研究**。國立高雄師範大學工業科技教育學系碩士論文。（未出版）。

陳琮仁（2004）。**九年一貫課程之教育論述分析**。私立南華大學教育社會學研究所碩士論文。（未出版）。

彭富源（2002）。**我國國民中小學課程政策執行模式之建構——以九年一貫課程政策**。國立政治大學教育學系博士論文。（未出版）。

曾家樓（2001）。**國民小學九年一貫課程政策執行研究——以桃園縣試辦學校為例**。私立元智大學管理研究所碩士論文。（未出版）。

曾寶儀（2003）。**國民中學教師因應九年一貫課程改革之研究**。國立台灣師範大學教育研究所碩士論文。（未出版）。

童師薇（2004）。**國中教師對九年一貫課程教學信念之研究**。國立彰化師範大學生物學系碩士論文。（未出版）。

黃妙菁（2005）。**九年一貫教育政策規劃過程之研究**。台北市立師範學院社會科教育學系碩士論文。（未出版）。

黃秀蓮（2004）。**九年一貫課程實施意見之研究——以屏東縣國民小學為例**。國立屏東師範學院教育行政研究所碩士論文。（未出版）。

黃秀穎（2001）。**兩位教師參與九年一貫課程試辦經驗之研究**。國立台北師範學院國民教育研究所碩士論文。（未出版）。

黃景文（2003）。**九年一貫課程實施對彰化縣國民小學兼任行政工作教師**

的工作壓力及其因應方式之研究。國立嘉義大學國民教育研究所碩士論文。（未出版）。

楊益風（2001）。**國民中小學教師在九年一貫課程改革中之角色衝突及其因應**。國立台北師範學院課程與教學研究所碩士論文。（未出版）。

楊敏芝（2002）。**九年一貫課程實施第一年學校氛圍與教師自編教材之行動研究**。國立屏東師範學院音樂教育學系碩士班碩士論文。（未出版）。

葉瑞珠（2003）。**新竹縣國民小學九年一貫課程政策執行現況與實施成效之研究**。國立新竹師範學院學校行政碩士班碩士論文。（未出版）。

鄒裕泰（2002）。**國民小學教師對九年一貫課程的看法及因應行為之研究——以桃園縣為例**。國立新竹師範學院課程與教學碩士班碩士論文。（未出版）。

潘道仁（2003）。**國民中學九年一貫課程實施現況調查研究**。國立高雄師範大學教育學系碩士論文。（未出版）。

蔡孟珍（2001）。**國民小學教師參與試辦九年一貫課程之工作壓力與因應策略研究**。國立高雄師範大學工業科技教育學系碩士論文。（未出版）。

蔡東利（2004）。**國民小學學校行政支援及教師對九年一貫課程瞭解程度與工作壓力之研究**。國立嘉義大學國民教育研究所碩士論文。（未出版）。

蔡英姝（2001）。**九年一貫課程教師專業能力之相關研究**。國立成功大學教育研究所碩士論文。（未出版）。

蔡琇韶（2003）。**國民小學教師對學習型組織之認知、九年一貫課程之接受度與工作壓力之相關研究**。國立嘉義大學國民教育研究所碩士論文。（未出版）。

鄭燕琪（2004）。**屏東地區國民中學學生九年一貫課程綜合活動學習領域學習現況調查**。國立屏東科技大學技術及職業教育研究所碩士論文。（未出版）。

鄧珮秀（2003）。**台北縣國民小學教師工作壓力與教學效能關係之研究——以九年一貫課程實施為例**。國立台北師範學院國民教育研究所碩士論文。（未出版）。

賴珍美（2002）。**90學年度國民中學試辦九年一貫課程配套措施之研究**。國立高雄師範大學教育學系碩士論文。（未出版）。

謝淑鈴（2003）。**國中小教師對九年一貫課程態度之研究**。國立成功大學教育研究所碩士論文。（未出版）。

謝祥永（2001）。**參與九年一貫課程教師之工作特性與專業倦怠**。國立成功大學教育研究所碩士論文。（未出版）。

簡宏江（2006）。**國民小學學校本位課程政策執行評估之研究**。國立台北教育大學教育政策與管理研究所博士論文。（未出版）。

顏進博（2003）。**國中自然與生活科技教師對九年一貫課程實施之工作壓力與因應策略研究**。國立彰化師範大學工業教育學系碩士論文。（未出版）。

羅建忠（2004）。**國民小學教師對實施九年一貫課程的滿意度與教學效能之研究**。國立新竹教育大學進修部數理教育碩士班碩士論文。（未出版）。

羅新炎（2003）。**校長教學領導行為與九年一貫課程實施之研究——以桃園縣國民中學為例**。國立政治大學學校行政碩士班碩士論文。（未出版）。

教育政策規劃

第七章
延長國教的政策規劃

本章學習目標

一、說明延長國教的政策需求。

二、指出台灣的歷任教育部長對延長國教的宣示。

三、分析延長國民教育的環境。

四、掌握台灣的人口成長與延長國教的關係。

五、分析經濟成長與延長國教的關係。

六、能夠以延長國教為題進行政策辯論。

第一節　延長國教的政策需求

壹、政策規劃緣起

台灣未來是否延長國民教育為十二年已有很多討論，多年來的討論就可看出它是值得規劃的政策議題（吳清山，2000；楊思偉，2003），尤其，該項政策規劃延續過去歷任教育部長政策理念，更值得分析；台灣的國民中學學生進入高級中等教育就學率已超過 108%（教育部，2003），其中包含非正規教育人數。台灣接受高中職以上教育比率如此高，隱含著已有實施十二年國民教育的基礎，如果再考量未來國民中學及高級中學就學人口逐年下降，國民教育延長十二年是可預期且勢在必行。

如果國民教育延長為十二年，教育政策規劃應思考十二年國民教育延長之後，延長年限是向下延長至幼兒教育，或向上延伸至高中職階段，此仍有討論空間，以及應有哪些發展方向，與應如何規劃此政策是本章分析重點。

首先，台灣的經濟發展與延長十二年國民教育的經濟能力應評估，國民教育延長為十二年需要的教師、課程、土地、校舍、設備是否充足，都與政府財政能力負擔有關。台灣在 2003 年國民所得 13,000 美元，美國、日本及法國國民所得在 30,000 美元左右，他們的義務教育也未超出十一年以上，所以未明確財務分析與政策規劃，貿然延長國教將會有更多問題（張慶勳、許文寬，2000）。

其次，延長國民教育應考量升學制度問題。現行國民中學升往高級中學有基本學力測驗及推甄等多元入學制度；如果將國民教育延長為十二年，學生學習壓力及升學制度問題延伸至高級中學階段。在目前升學制度沒有改善，或提出更好替代方案，學生學習壓力只是往後延伸並未解除。

第三，為何要延長國民教育呢？如果現階段升學制度及教育制度的教育問題沒有解決，延長國教所衍生的教育問題會更多，例如課程、學生補習、大班大校、學生犯罪率偏高的問題、學生不喜歡學習及校園暴力將會更多。政府若沒有從根本面解決問題，一味延長國民教育，教育問題未必會減少。

第四，台灣的學齡人口已逐年下降，現階段政府的重要思考方向是未來如何提高教育品質。就如行政院經建會（2003）推估指出，我國高級中學就學人口約有 107 萬，2006 年就學高級中學人數降為 97 萬，約有 10 萬人在五年間減少。從人口學及教育資源考量，政府應將現行教育由擴充學生數量轉換為提高品質規劃，更能迎合社會需求。

此外，1988 年教育部為延長國民教育，曾以延長職業教育為主方式（教育部，2000），該政策規劃所關心的是，教育部若延長十二年國民教育，是以職業教育作為實驗，實有不當示範，如果真要實驗或試辦十二年國民教育，教育部不應只以職業教育作為實驗對象，而應以普通中學（高中）為實驗對象。同時實驗十二年國民教育更應瞭解明星學校的定位，例如建國中學、台中一中、台南一中、北一女中、台中女中等有其優良校風，如果教育部將國民中學升學制度取消，以十二年義務教育或國民教育，這些學校是否會反彈呢？

最後，教育部應釐清延長教育是國民教育、義務教育、基本教育或強迫教育。從歷任教育部長提出的方案及名稱都不同，如果要延長教育年限應說明究竟是義務教育、國民教育或基本教育，畢竟前述教育類型的概念及類型有別。義務教育是政府應承擔所有教育經費，但基本教育就不一定由政府完全負擔教育經費。

貳、歷任部長的延長國教的政策論點

掌握延長國民教育需求重要的關鍵，在於教育部長對該政策訴求的方向。因為民眾、產業、學界或教育部長對延長國教年數體認對國家有助益，接著才會要求相關部門進行研議，教育部長也才會有更積極的主張。以下就掌握歷任部長對延長國民教育年限的政策宣示。

在延長國民教育年限 1983 年就已有討論。朱匯森部長（1978 至 1984 年）提倡「國中第十年技藝教育」與「延長以職業教育為主之十二年國民教育的研擬工作」。當時認為九年義務教育已執行十五年，未來應有延長國民教育的必

要性。接著李煥部長（1984 至 1987 年）提出實施十二年國民教育方案的構想與目標，他主張不強迫、不免費的性質提供義務教育給學生，但後來沒有實施。毛高文部長（1987 至 1993 年）為了讓國民教育年限延長，規劃「發展與改進國中技藝教育方案——邁向十年國教目標」，鼓勵國三畢業沒有升學的學生學得一技之長，所以提出技藝教育方案。在郭為藩部長（1993 至 1996 年）則嘗試將延長國教列入《國民教育法》修法重點，後來《國民教育法》修法都未完成，所以沒有作為延長國教法源依據。吳京部長（1996 至 1998 年）推動學校制度改革，要求規劃高中職多元免試入學方案，提出強化技職教育延長國民教育年限為十年，但是高中職多元入學方案未讓社會接受，所以延長國教年數也沒有定案，當時他曾提出要請總統頒定大赦令來延長國民教育年限。

林清江部長（1998 至 1999 年）擔任部長短暫，但為師範教育出身，頗瞭解教育體制，他曾要求將國民教育延長年限列入《教育基本法》，使延長國民教育取得適切的法源依據，後來在 1999 年 6 月 4 日政府頒行《教育基本法》規定，政府應依據社會環境需要延長「國民基本教育」年數。楊朝祥部長（1999 至 2000 年）則進行延長國民基本教育年限實施計畫及相關配套措施之研擬，並曾委託延長國民教育年數研究，後來在 2000 年的政黨輪替，並沒有將楊部長的政策方案延續執行。曾志朗部長（2000 至 2002 年）是民進黨執政的第一位部長，上任之後，訂定高中職社區化推動方案（主要目標在均質化社區內的高中，減少學生越區就讀的機會以及減少學生升學壓力），以充實公私立高中職教學設備，鼓勵優秀國中生就近升學及課程區域合作。他認為延長國民義務教育是教育的最好投資。黃榮村部長（2002 至 2004 年）積極進行十二年國民教育行政整備工作，任內除了委託三位國教延長的專家學者研究評估，更提出規劃延長國民教育年數雛形之外，並組成「規劃十二年國民教育工作圈」開始逐步運作，可以說是奠定十二年國民教育的推動基礎。

總之，政府應該對於延長國民教育思考方向有不同的觀點，同時也應該整體及全方位考量。

表 7-1　歷任部長對延長十二年國民教育政策理念沿革

部長	政策理念與訴求	主張內容
朱匯森	1982 年、以延長職業教育為主的國民教育方案	實施目標 1. 增加高中、高職、五專容量，讓要升學者都有機會。 2. 不想升學者參加一年至三年不等的研教班。
李煥	十二年國民教育	實施方式有選擇性的、不強制、不免費。 延續研教班，在高中職及五專聯考方式並未改變。
毛高文	自願就學方案	為實現十二年國教準備，將全省劃分成多個聯招區，國中生入學部分採計國中生在校成績。但學生的採計在校成績受多人爭議。
郭為藩	以技職教育為主的十二年國民教育、將十二年的國教縮短為十年國民技藝教育	強迫不升學的國中生接受第十年的技藝教育，但當時正修正《國民教育法》及強迫入學條例。
吳京	十二年國民教育	以高職免試、學區制、並以自願就學方案為精神、廢除聯考。
林清江	第十年國民技藝教育	不廢除高中聯考，以多元入學方式作為學生申請學校的依據。
楊朝祥	延長國民基本教育年限實施計畫及相關配套措施研擬	向上延伸三年，但究竟是免費、免試或強迫，並未提出具體說明。
曾志朗	高中職社區化推動方案來配合執行十二年國民教育	向上延伸三年，但究竟是免費、免試或強迫，並未提出具體說明。
黃榮村	召開「全國教育發展會議」，將十二年國民教育列為重要討論議題，會中達成八項結論與建議事項 進行十二年國民教育行政整備工作，提出規劃延長國民教育年數雛形，組成「規劃十二年國民教育工作圈」運作	向上延伸三年，但究竟是免費、免試或強迫，並未提出具體說明。
杜正勝	並未有明確表示要再規劃或分析	

資料來源：整理自教育部《教育公報》。

第二節　延長國教的政策環境分析

壹、政策環境分析

延長國教需要整體環境配合，尤其教育法規、經費與社會價值觀應有合理的調整。行政院教育改革審議委員會（1995，1996）認為鼓勵民間參與興辦國民教育，以協助提升國民教育水準，因為學校有公私立之分，但教育並無公私立之別。私人或企業捐資興學，不僅可減輕政府財政負擔，更可協助提升國民教育品質，落實教育多元化目標，提出建議：1.鼓勵國民教育系統之民間興學；2.修改《國民教育法》與《私立學校法》相關條文，以鼓勵民間興學，並增大其獎勵與補助幅度，協助提升國民教育水準；3.開放國民教育民間興學後，應建立客觀獨立之專業財務會計制度與辦學評鑑制度；4.擬定具體辦法，放寬設校限制，例如校地面積規定宜以樓地板面積而非公頃數為主；5.開放初期可鼓勵民間興辦小規模、且具實驗性質之國民中小學。以後則依其成效及民間投入資源多寡，繼續增加民間參與興辦國民教育比例；6.民間興辦國民教育後，政府可透過補助、設立獎助學金，或發教育代金方式，並保留適當比例之學生配額予當地學區，以免造成社會不公現象。

「全國 2003 年教育發展會議」對於延長十二年國民教育政策訴求形成八點共識，如下：1.充分瞭解學生及家長需求，與尋求社會共識與支持，採階段性漸進推動；2.先促進高中職教育均質化及優質化，作為後期中等教育免試、免費、非強迫的政策準備；3.釐清十二年國民教育內涵；4.以培養現代公民並解決當前教育問題為目標；5.十二年國民教育之規劃應就師資之供需及專長結構做整體規劃培育；6.十二年國民教育之規劃與推動應求穩健，故須在「試辦」之檢討與評估後審慎推動；7.後期中等教育應求多元；8.應重視未升學學生的輔導與協助。

教育部（2004）委託「實施十二年國民教育理論基礎及比較研究」調查發現，71.9 %受試者同意現階段應該規劃十二年國民教育。但社會需求、法規依據、財務分析、課程設計、入學方案等都未見完備。

由前面陳述可看出，延長國民教育十二年不但有政府支持，同時社會大眾也持正向觀點。

貳、從國民教育質量來看問題

延長國民教育為重要政策問題，為瞭解延長十二年國教，以下就針對國民教育質量發展情形進行分析，說明如下。

一、國民中小學學齡人口減少

77 至 88 學年度，國民中小學各增加 27 及 105 所（見表 7-2）。但由於學齡人口減少，國民中小學學生人數呈現減少；國民小學學生人數由 77 學年度之 2,407,166 人減為 88 學年度之 1,927,179 人，92 學年度又降為 1,912,791 人。同期間，國民中學學生人數由 1,088,890 人降為 957,209 人，92 學年度則為 957,285 人，但是私立國民中學學生人數則略見增加。學齡人口減少有益於延長國民義務教育規劃。

表 7-2　國民中小學校數與學生數　　單位：所、%

		國民小學			國民中學		
	學年	公立	私立	合計	公立	私立	合計
學校數	77	2,456	22	2,478	674	9	683
	80	2,473	22	2,495	693	9	702
	88	2,560	23	2,583	701	9	710
	94	2609	29	2,638	709	11	720
學生數	77	2,381,229	25,937	2,407,166	1,038,714	50,176	1,088,890
	80	2,267,458	25,986	2,293,444	1,109,538	66,864	1,176,402
	88	1,904,944	22,235	1,927,179	867,315	89,894	957,209
	92	1,888,522	24,269	1,912,791	868,015	89,270	957,285

註：私立國民中學教師不含補校教師。

資料來源：中華民國教育統計。教育部（2005）。台北市：作者。

二、教師數增加，生師比下降

延長國教重要的是師資問題，雖然學齡人口數減少，但國民中小學專任教師數仍呈增加，師生比例顯著改善。尤其 1994 年《師資培育法》公布之後，師資培育多元化，師資已有過剩現象。這種問題可以讓國民中小學的班級數及班級人數減少，也有益於延長義務教育年數進行，唯師資經費宜提高。

過去幾年來學齡人口減少，影響所及造成班級學生人數及生師比也減少，如表 7-3。表中可看出國民中學從 84 至 93 學年度生師比降了 0.5 人，每班學生人數已降 5 名，目前每班仍有 41.5 名。而國民小學生師比已降 4 名，93 學年度生師比為 18.3 名，每班學生人數十年來降了 5.8 名，93 學年度已降為 29.7 名，可見這十年來，國民教育的生師比及每班的學生人數都有降低。

表 7-3　84 至 93 學年國民中小學學生數、教師數與生師比　　單位：名

	學校數	學生數	教師數	生師比	每班學生人數
國中					
93 學年	723	956,927	48,285	19.8	36.1
84 學年	714	1,156,814	55,201	19.3	41.5
十年增減	9	-199,887	-6,916	-.50	-5.4
國小					
93 學年	2,646	1,883,533	102,882	18.3	29.7
84 學年	2,523	1,946,445	87,934	22.4	35.5
十年增減	123	-62,912	14,948	-4.1	-5.8

資料來源：84 至 93 學年國民中小學學生數、教師數及生師比。教育部（2006）。2006.4.10 取自 http://www.edu.tw/EDU_WEB/EDU_MGT/STATISTICS/EDU7220001/overview/brief-htm/index.htm? TYPE=1&UNITID=197&CATEGORYID=0&FILEID=140368&open

三、國民教育每生平均分擔經費增加

延長國民教育重要的是需要教育經費支持。台灣的國民教育是由地方政府的經費支應，但地方政府的教育經費又有 80%以上是支付於人事費，因此提供學校經營者實為有限。所以在延長國民教育年數，地方政府是否能支應龐大的教育經費是重要課題。

近年政府對於公立國民中小學教育補助金額龐大，例如 1993 至 1997 年 600 億元的整建國民中小學教育設施計畫、1996 至 1998 年 70 億元的教育優先區計畫。惟多運用於硬體建設，在改進課程、教材、教學及提高教師素質，以及加強資訊教育方面投資，宜全面提高國民教育素質。

例如 77 至 87 會計年度，國民小學平均每位學生分擔經費由 20,489 元增為 75,615 元；國民中學平均每位學生分擔經費由 27,900 元增為 102,540 元，二者年平均增加率均為 13.9%（見表 7-4）。顯示，政府對國民中小學每生成本投入已有增加，但是如果要延長國民教育需要更多的經費，政府應有更多的經費投入才是重要關鍵。

表 7-4 國民教育平均每生分擔經費 單位：元

會計年度	國民小學	國民中學
77	20,489	27,900
80	34,745	49,562
87	75,615	102,540
77 至 87 年平均成長率	13.9%	13.9%

四、各縣市國民教育量問題不一

延長國民教育應考量各縣市的需求及發展狀況的不同而定。也就是說，每個縣市的學齡人口數與環境不一、教育經費需求不一、家長的觀念及要求不一，所以對各縣市是否能執行十二年國教應有所保留。

延長國民教育年數也要看各縣市學生人數而定，其中較為重要的是，每位學生受教品質之高低。此教育品質指標包括：平均每班學生人數及平均每位學生的教導人數，如表 7-5。以平均每班學生人數來說，2004 年各縣市國民中學每班超過 35 人以上縣市包括台北縣、桃園縣、台中縣、彰化縣、高雄縣、屏東縣、台中市、嘉義市、台南市、高雄市等，這些縣市每班學生人數過多，可能對延長國民教育年數是一大負擔，畢竟要讓這些縣市教育品質提升，如何提高更多的教育經費來降低班級學生人數，乃是一大考驗（雖然學齡人口降低是自然趨勢）。而對每位教師教導學生人數來說，教師教授學生人數較少，對教育品質較能提升，在表 7-5 也顯示出各縣市在教師教導學生數不一，但都是國小

表 7-5　2004 年各縣市國民中小學每位教師教導學生數及班級人數　單位：名

縣市	平均每班學生人數		平均每位教師教導學生數	
	國小	國中	國小	國中
台北縣	32.54	37.71	20.61	17.18
宜蘭縣	27.11	34.37	16.95	16.20
桃園縣	32.05	37.57	20.20	17.10
新竹縣	28.49	34.72	17.42	15.28
苗栗縣	25.73	34.69	16.24	15.61
台中縣	30.76	36.88	19.44	16.66
彰化縣	30.04	36.27	19.35	17.20
南投縣	24.29	33.74	14.60	15.49
雲林縣	25.78	35.25	16.26	16.30
嘉義縣	23.57	34.25	14.59	15.44
台南縣	27.98	38.40	17.49	17.00
高雄縣	29.71	35.63	18.48	16.18
屏東縣	26.99	35.64	17.11	17.45
台東縣	21.19	31.26	12.46	13.87
花蓮縣	24.16	33.07	13.98	14.66
澎湖縣	17.81	25.41	10.61	11.42
基隆市	30.52	35.98	17.98	15.79
新竹市	31.91	35.19	19.15	16.14
台中市	32.56	38.13	20.75	17.02
嘉義市	32.82	37.33	20.61	16.91
台南市	33.08	36.97	21.70	18.47
台北市	29.07	33.36	15.92	13.84
高雄市	32.38	36.73	19.81	16.51

資料來源：2004 年各縣市國民中小學每位教師教導學生數及班級人數。行政院主計處（2006）。2006.6.5 取自 http://win.dgbas.gov.tw/dgbas03/bs8/city/default.htm

高於國中，同時不論是國中或國小，教師平均都要教導 15 至 20 位學生。

台灣地區各縣市國民中小學平均每班學生人數與師生比例差異仍大，教育主管機關宜配合過去實施降低國民中小學每班學生人數計畫，對每班學生人數過多、師生比例偏高縣市，優先改善及補助。從數據也顯示，延長國民教育可以依據不同的縣市需求及狀況來進行評估及試辦。

上述體檢國民教育環境可知，國民中小學學齡人口逐年減少，有助於減少每班學生人數，達到小班教學及延長國教參考，教育部宜讓中小學教育資源適當分配與有效運用。

參、從高中職環境分析延長國教

一、學生與校數

從學校數分析，我國高中學校數從 85 學年 217 校到 92 學年為 308 校，增加 91 校；全國高職學校數則從 85 學年 204 校到 92 學年減為 164 校，減少 40 校。高中校數及學生數因包含綜合高中及縣市增設完全中學而有逐年遞增，而職業學校及五專則有逐年遞減。有關高級中等學校之校數統計如表 7-6。近年來學齡人口降低，就學人口逐年下降，82 學年度國中應屆畢業學生總數為 388,064 人，到 90 學年降至 300,235 人。

表 7-6　85 及 92 學年度後期中等學校統計

學校別		高級中學		職業學校		專科	
	類別	公立	私立	公立	私立	公立	私立
85 學年	校數	108	109	98	106	14	56
	學生數	189,214	78,852	187,115	333,038	15,961	101,033
92 學年	校數	171	137	93	71	3	12
	學生數	258,432	135,257	136,018	189,978	6,929	61,174

註：高級中學部分含綜合高中。
資料來源：中華民國教育統計。教育部（2005）。台北市：作者。

二、公私立學校教育資源情況

台灣的後期中等教育面臨的問題之一是公私立學校資源差距，例如私立學校受到國內生育率下降，有些學校沒有學生來源，所以要能維持學校營運規模有困難；第二，私立學校資源來自學雜費、社會捐助與政府補助，資源運用受限大，無法如公立學校，所以如果就讀私立學校對家計是一大負擔，這可以從學生學雜費掌握，公私立學校比約 1：3 左右；第三，私立學校多為家族經營，有些並未建立學校會計與營運制度，資金運用與調度常有問題，倒閉者所在多有；第四，公私立學校學費差距大，以 91 學年高中職學生學雜費為例，就讀私立學校學生所負擔之比例為公立學校學生之二至四倍之多，見表 7-7。因此，如果要延長國民教育，對於私立學校的重新定位、對於私立學校發展應提出配套。尤其在整體教育資源分配較不利於私立學校發展；又因學校大都集中都會區，城鄉分布因素造成就學機會的城鄉差距。

表 7-7　92 學年度高中職學雜費　　單位：元

高中		綜合高中		高職	
公立	私立	公立	私立	公立	私立
7,850 ≀ 8,090	16,020 ≀ 26,520	7,850 ≀ 8,090	16,130 ≀ 26,520	7,110 ≀ 8,580	16,650 ≀ 38,170

延長國民教育之後，對於規模不大的私立高中職要令其退場，或輔導其轉型有待規劃。對於適度規模的私立學校，延長國民教育之後，應如何補助私校，以利其發展？對於學生學雜費如何調整與公立學校相當？都是規劃重點。

第三節　人口成長與延長國教

、政策評估發現

一、生師比與學業成就關係

各國初等教育生師比對第三次數學成就評量（Third International Mathematics and Science Study, TIMSS）影響為何？本節從 TIMSS 資料獲得各國數學及科學成就，並從世界銀行《世界發展報告》（*World Development Report*）中取得各國初等教育生師比，經過迴歸分析結果如表 7-8。表中可看出初等教育生師比與數學及科學成就呈現反向及顯著影響。代表如果國家初等教育生師比愈高，

表 7-8　初等教育生師比對數學與科學成就迴歸分析摘要

變項	B	β	*t*	*p*	*F*	*N*
數學					*F*（1,35）	37
常數項	565.474		19.228	.000	= 7.09*	
生師比	-3.886	-.410	-2.662	.012		
Adj-R^2						
科學					*F*（1,35）	37
常數項	560.011		18.761	.000	= 7.0*	
生師比	-3.927	-.409	-2.650	.012		
Adj-R^2	.147					

註：$*p < .05$。

數學及科學成就愈低，反之，如果生師比愈低，數學及科學成就愈高。

從圖 7-1 及圖 7-2 可掌握各國初等教育生師比與學業成就表現。圖 7-1 中的最適迴歸線就可看出初等教育生師比與學業成就呈現負向關係。如果以這兩個變項，台灣的師生高於這些參與第三次數學成就測驗的國家平均值，但科學成就卻高於世界平均值；韓國及泰國也是如此。菲律賓、印尼與土耳其則是生師比較各國平均為低，但科學成就並無法達到應有水準。

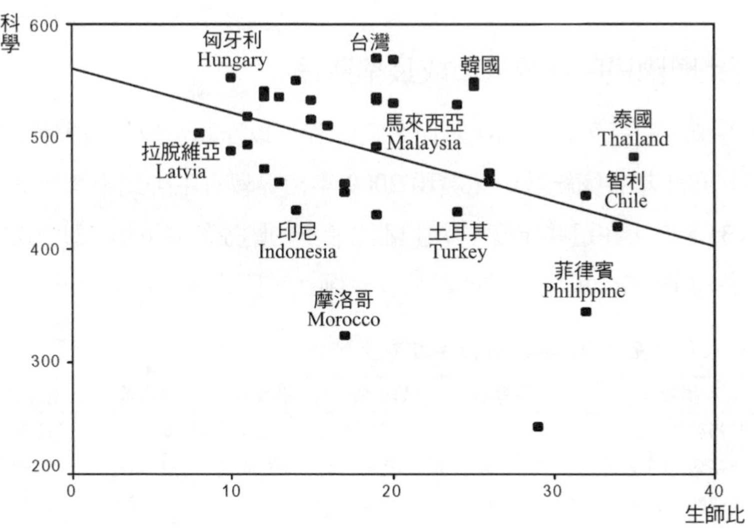

圖 7-1　1999 年各國初等教育生師比與科學成就散布圖

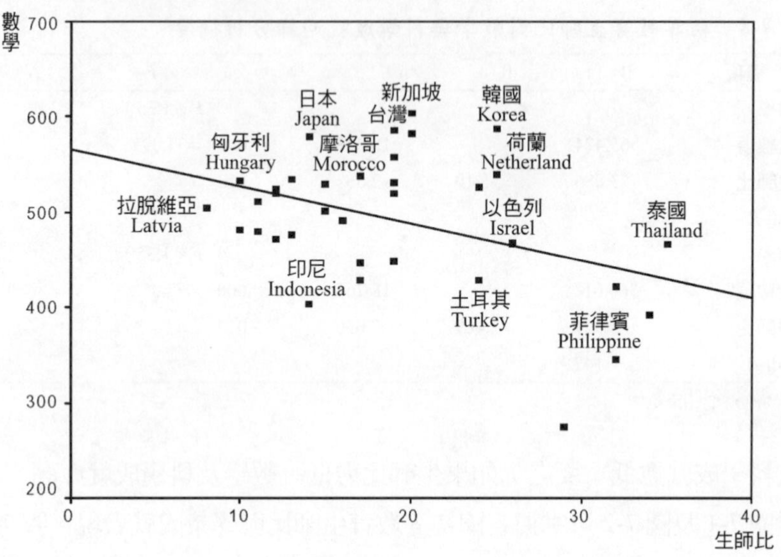

圖 7-2　1999 年各國初等教育生師比與數學成就散布圖

圖 7-2 的初等教育生師比與數學科成就也是一樣呈反向關係。台灣、新加坡、日本及韓國都是師生比比各國為高，但仍有高度的數學科成就。菲律賓、印尼與土耳其則是生師比較各國平均為低，但科學成就並無法達到應有水準。

二、生師比與國民所得及人口成長率關係

究竟各國的初等教育生師比為何？它或許可以作為台灣延長國教的參考。在 2000 至 2002 年各國統計中，發現 2000 年初等教育生師比平均為 27.7 名，2002 年為 31.8 名，在這些年度中，生師比最多的國家約為 68 至 71 名之間，而最少的則是約 10 名。可見各國初等教育生師比差距頗大。如表 7-9。

表 7-9　2000 至 2002 年各國初等教育生師比　　單位：名

變項	國家數	最小值	最大值	平均數	標準差
2000 年初教生師比	158	9.30	71.20	27.70	13.56
2001 年初教生師比	154	9.00	68.00	27.21	13.81
2002 年初教生師比	94	10.70	68.00	31.82	15.58

資料來源：World development report. World Bank (2000, 2001, 2002, 2003). New York: The Author.

經由取自2000至2002年世界銀行的初等教育生師比、國民所得與人口成長率進行迴歸分析發現。2000至2002年的國民所得與人口成長率，分別與初等教育生師比各有正向與負向顯著影響，如表7-10。這可以解釋如果國民所得愈高，政府對於初等教育品質將更為重視，而人口成長如果過快，將無法提供更多的經費給更多學齡人口就學，所以生師比就會提高。

表7-10　國民所得與人口成長率對初等教育生師比迴歸分析摘要

變項	B	β	*t*	*P*	*F*	*N*
2000年					*F*（2,144）	147
常數項	27.465		19.129	.000**	= 43.2**	
2000年人口成長率	3.523	.365	5.488	.000**		
2000年國民所得	-6.881E-04	-.442	-6.640	.000**		
Adj-R^2	.366					
2001年					*F*（2,141）	144
常數項	25.406		16.487	.000**	= 49.4**	
2001年人口成長率	4.703	.421	6.411	.000**		
2001年國民所得	-6.584E-04	-.416	-6.336	.000**		
Adj-R^2	.404					
常數項	27.443		11.631	.000**	*F*（2,82）	85
2002年人口成長率	6.209	.458	5.512	.000**	= 32.1**	
2002年國民所得	-1.806E-03	-.526	-6.329	.000**		
Adj-R^2	.425					

註：1.**$P < .01$。

2.表中有E-03（E-04）表示有小數點三位（四位）。

另外，從各國初等教育生師比與國民所得散布圖也可看出各國發展趨勢。如圖7-3，台灣的初等教育生師比，如考量國民所得，台灣是在各國平均水準之下，表示台灣初等教育生師比較各國平均水準還低。而有些高於最適線國家，如加彭、韓國、香港、日本的初等教育生師比都高於該國的經濟發展水準。

從各國初等教育生師比與人口成長率散布圖也可看出各國發展趨勢。如圖7-4顯示，台灣的初等教育生師比，如考量人口成長率，台灣在各國平均水準之下，表示台灣在該人口成長率前提下，初等教育生師比較各國平均水準還低。高於最適線的國家，如剛果、牙買加、尼日、查德的初等教育生師比，都高於

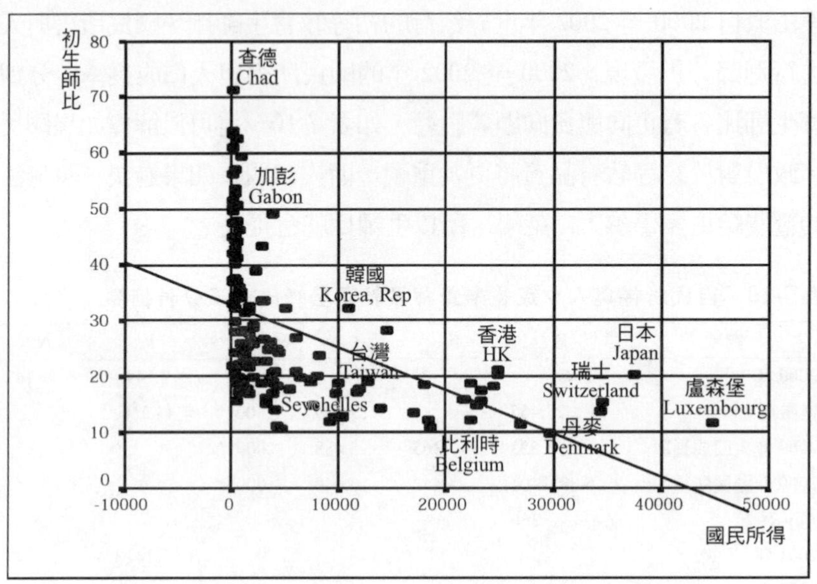

圖 7-3 2000 年各國國民所得與初等教育生師比散布圖

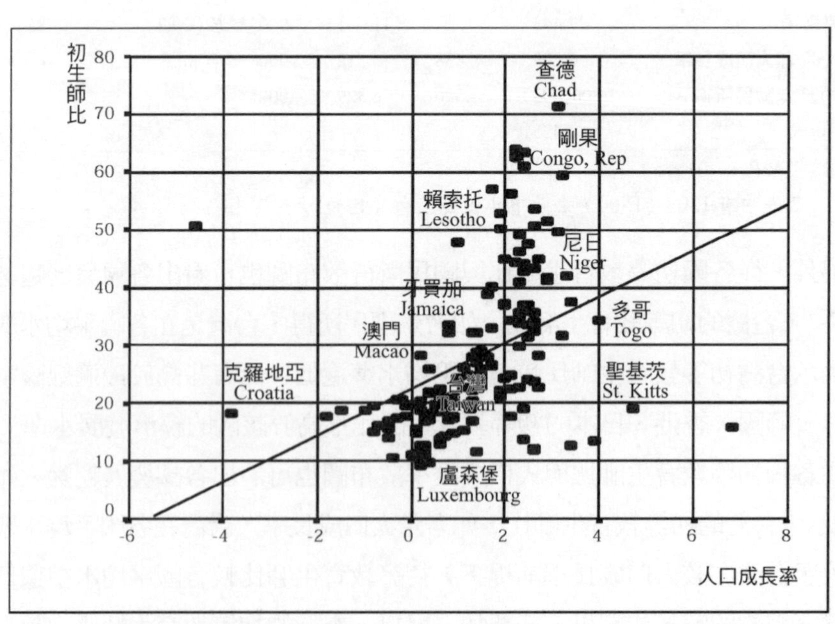

圖 7-4 2000 年各國人口成長率與初等教育生師比散布圖

該國人口成長率，表示這些國家初等教育生師比高於各國平均水準很多。

三、台灣未來學生班級學生人數預測

前述的表 7-10 三條迴歸方程式，以 2001 年預測力 49.4%較高，所以本章嘗試以該年度估算出的迴歸方程式作為未來學生班級人數推估。該方程式如下：

生師比＝ 25.406 ＋ 4.703（人口成長）-.0006584（國民所得）

因為台灣 93 學年度的生師比有 18.6 名，已在各國平均水準 21.5 名以下，同時目前的國小每班班級學生人數在 30 人左右，如表 7-11。未來每班學生人數宜參考各國平均發展趨勢，並考量台灣已較各國平均水準為低的事實。所以，政策評估方向宜以 94 至 99 學年度國小一年級學生由 27 萬名下降為 22 萬名，國中一年級學生由 32 萬名減少為 28 萬名的學生人數進行評估，也就是在未來五年國小一年級學生將減少 60,284 名，國中將減少 35,381 名。

若以目前國小及國中每班學生人數為 30 名及 35 名計算，國小將減少 2,009 班，而國中將減少 1,023 班，這將影響國中與國小班級學生人數。如果國民小學及中學教師各維持在 102,882 名及 48,285 名，則國民小學及中學生師比將調整為 14.9 名及 19.8 名。若依據過去幾年來台灣的生師比與每班學生人數關係，國小與國中二者各約相差 11.4 名與 16.3 名。依此推論，在 99 學年度，國小每班學生人數可能為 26.3 名，國中可能為 36.1 名。可見，國小每班學生人數將比目前約減少四名，而國中每班學生人數則沒有改變太多。

表 7-11　未來班級生師比及班級學生人數預測

國民所得（美元）	人口成長率（%）	台灣未來生師比	台灣未來班級學生人數	各國未來生師比（最適線）
目前台灣	.94	18.6	30.48	21.517
13000	.9	18.2	30.08	21.0795
13000	1.0	18.633	30.50	21.5498
14000	.9			20.4211
14000	1.0			20.8914
15000	.8			19.314
15000	.9			19.7627
16000	.8			18.688
16000	.9			19.1043

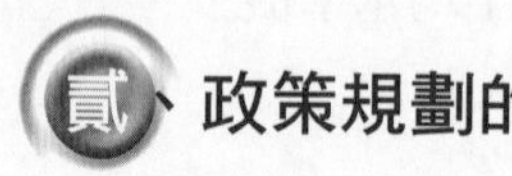

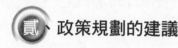

貳、政策規劃的建議

從上述分析發現，在未來延長國教年數可配合小班規劃著手，因為：

第一，台灣未來少子化問題嚴重。2005 年的台灣生育率已降到 2.0%以下，每年減少的人口數將影響未來進入各級學校人口數，這種自然縮減的現象將會影響到學校經營及學校規模的運作。因此，教育行政機關應持續的追蹤學齡人口數的變化，同時宜以各縣市，甚至鄉鎮市為單位，進行掌握各鄉鎮區域的入學人數，以作為該學區的學校人數的掌握。這讓各學校在老師人數、教育資源及設備上不浪費，同時更應掌握未來可能有學校無法經營而倒閉的情形。更重要的是因為學齡人口下降，配合此趨勢可作為延長國教的參考。

第二，從各國數學及科學成就與初等教育生師比發現，學生學業成就與生師比都呈現負向顯著影響，可見生師比下降是未來發展趨勢，如此或可提高學生學習成就。因為學齡人口下降，使得班級學生人數減少，因而學生學業成就提高，這或可作為延長國教的參考依據。

第三，教育當局宜持續掌握未來國民中小學學齡人口數變化，而此種變化從每年嬰兒出生人數作為推估學齡人口依據。台灣從 94 至 99 學年度，小一學生人數將減少 60,000 名，國中一年級學生減少 35,000 名。未來的延長國教可從人口數自然減少來規劃。例如每年減少學生 30,000 名，代表將有 1,000 個班級減少，也代表有 1,500 名老師減少，這可以減少人事成本與學校經營的空間，對於延長國教的成本應有助益。

第四，台灣未來國民中小學班級學生人數，宜將人口成長率與國民所得也納入考量。本文發現各國人口成長與生師比呈現正向顯著關係，而生師比與國民所得呈現負向顯著關係。這表示經濟發展確實可以減少國民教育中生師比，人口成長過快確實會增加生師比。

最後，如依台灣的小一及國中一年級的學齡人口數計算，93 至 99 學年度，將各減少 60,000 及 35,000 名，依此趨勢，台灣未來的國小班級學生人數可能在 26.3 名，國中在 36.1 名。甚至隨著年度的推移，未來各年度的學齡人口將比預估的更少，如此班級學生人數可能又比目前建議的還低，而此班級規模，值得教育當局做後續的政策規劃應用。

第四節　延長國教年數的跨國分析

延長國民教育不僅要從國內環境分析，更應以國際視野來掌握各國在國民教育發展情形。透過國際上多國的實證分析，可以掌握國際在義務教育年數延長方向；其次，以多個國家進行分析不會再有以管窺天的問題，因為個別國家經驗無法移植台灣學習的限制；第三，透過國際資料分析可更具體且重複操作，不會僅受限於民意調查個人主觀意見的影響。最後，跨年度國際比較分析，更可以瞭解國際間在不同年代之義務教育年數差異，或可掌握幾十年來義務教育年數變化。以下以國際資料，進行延長國民教育年數分析。

壹、各國義務教育年數分析

各國實施義務教育年數不同，過去幾十年來各國在義務教育年數擴充，已顯現出若干經驗可供我國延長國民教育參考。聯合國教科文組織（UNESCO）資料顯示，1970 年在 125 個國家之中，實施八年義務教育國家數最多，占 25.6%，當年度仍有 3 個是十二年義務教育國家，當時台灣剛執行九年義務教育。至 1980 年在 143 個國家之中，義務教育八年及九年者都占 19.6%，但義務教育十年者也有 24 國，占 16.8%。在 1992 年的 151 個國家中，義務教育九年的有 32 個國家，占全球的 21.2%，也就是全球每五個國家就有一個是九年義務教育國家。1997 年的 176 個國家之中，義務教育為九年者有 42 個國家，占全球比率為 23.9%，比起前幾年都有上升，但十二年義務教育的國家有 7 個，比前幾年的國家數為多。上述歸納出幾個特性：第一，1970 至 1997 年各國義務教育年數均有增加，尤其在義務教育八年、九年、十年及十一年者增加速度較快；第二，1970 至 1997 年各國義務教育平均年數約為 8.05 年；第三，1970 至

表 7-12　1970 至 1997 年各國義務教育年數與百分比

	1970		1980		1990		1997	
年數	國家數	%	國家數	%	國家數	%	國家數	%
4	0	0	0	0	1	.7	1	.6
5	10	8.0	10	7.0	8	5.3	8	4.5
6	29	23.2	33	23.1	40	26.5	37	21.0
7	7	5.6	9	6.3	6	4.0	9	5.1
8	32	25.6	28	19.6	29	19.2	32	18.2
9	26	20.8	28	19.6	32	21.2	42	23.9
10	11	8.8	24	16.8	18	11.9	27	15.3
11	7	5.6	8	5.6	14	9.3	12	6.8
12	3	2.4	3	2.1	3	2.0	7	4.0
13	0	0	0	0	0	0	1	.6
平均年數	7.89		8.05		8.05		8.31	
台灣年數	9		9		9		9	
總計	125	100.0	143	100.0	151	100.0	176	100.0

資料來源：作者整理。

1997 年各國義務教育年數差距頗大，有者僅有四年，有者已達到十三年；第四，台灣在這些年代都是九年，表示台灣的義務教育在國際水準不低。

開發中國家義務教育九年者有：非洲的阿爾及利亞、蓋納、利比亞；美洲的哥斯大黎加、薩爾瓦多；亞洲的南韓、中國大陸、賽普勒斯、香港、馬來西亞；歐洲的捷克、愛沙尼亞、希臘、愛爾蘭（UNESCO, 1996）。義務教育為十年的國家有剛果、加彭、那米比亞、南非、貝里斯、多明尼加、模里西斯、委內瑞拉、約旦、斯里蘭卡、匈牙利、馬爾他、西班牙。義務教育為十一年的國家有突尼西亞、巴貝多、格瑞納達、以色列、紐西蘭（UNESCO, 1996）。先進國家中之義務教育，日本為九年、德國與法國為十年、英國為十一年、美國某些州為十二年，大部分為十年。

貳、影響義務教育年數分析

眾所皆知，延長國民教育年數受到政治干擾、經濟因素、教育經費多寡、人口結構變化以及教育制度等相關因素影響。為了讓國民教育延長具有規劃性

及可執行性，政策規劃就宜掌握國際發展趨勢。以下就以各國的義務教育年數作為依變項，而以一個國家總人口數、國民所得與不識字率為自變項，進行迴歸分析，來掌握國際間的義務教育發展狀況。

照理來說，國家國民所得較高會有更多經費投入國民教育，而延長國民教育年數就是重要政策之一。也就是說，延長義務教育年數與國民所得應有某種程度的正向關係。其次，國家總人口數如果愈高，可能政府在有限的教育資源下並無法提供更多的教育經費延長義務教育，讓所有國民接受這類教育，也就是說，義務教育年數應與一個國家的人口數有負向關係。如果大量人口無法進入義務教育就學，可能就會引起文盲人口增加，此時文盲人口會使一個國家形成兩難處境，也就是說，可能人口成長快速與人口過多，且又要進行掃盲，但經費卻有限。因此，義務教育年數應與人口成長與文盲率呈負向關係，亦即教育年數愈長，人口成長減慢與文盲人口降低。

影響義務教育年數因素包括經濟、教育、政治以及社會因素，就如政治因素常是決定義務教育延長關鍵，如果獲得政治首長支持，例如教育部長、閣揆、總統、總理等支持，義務教育延長希望較大；而教育因素是制度配合，例如師資是否充足、設備校舍是否完善等；而經濟因素是教育經費充足與否；社會因素如生育率、人口成長率等人口結構，都會影響學齡人口數。因為在國際間不易找到政治或教育因素，在此以人口成長率、國民所得與文盲率作為影響因素分析。

參、延長國民教育的規劃方法

一、模式設定

影響義務教育年數的重要理論基礎在於人力資本投資，人力資本投資將改善國家人民的教育水準，並增加個人及國家生產力，同時也將提高個人國民所得及經濟成長。當然人力資本投資之後，不僅會有前述的經濟效益，亦會有非經濟效益，這些非經濟效益包括因為教育程度提高，使得國民的民主素養提高、生育率下降、對於衛生醫療重視、國民預期壽命增加、生活環境改善等。而延

長義務教育年數就是各國改善前述經濟與非經濟效益的最好投資。

各國義務教育年數影響因素之中，瞭解各國義務教育與自變項之間的關係，本文將以 1970、1980、1992、1997 年的義務教育年數為依變項，它們都以 Yi 表示。本研究擬以國民所得、總人口數、文盲率分別以 GNP、POP、ILLITERATE 代表，各個 b 值為所要估計參數、a 為常數項、e 為誤差項。要檢定模式如下：

$$Yi = a + b_1 (GNP) + b_2 (POP) + b_3 (ILLITERATE) + e$$

模式如以不同年度義務教育年數為依變項，國民所得與文盲率愈高，則依變項預期應愈高，反之則否。因為這代表國家應盡快掃除文盲率，政府宜正視及處理。而人口數愈多，代表義務教育年數愈低，因為人口成長過多，教育資源將反應在義務教育年數長短上，因此它與自變項之間應有負向關係。

二、資料處理方法

此政策規劃分析將以多元迴歸分析的強迫進入法的迴歸分析進行模式檢定，瞭解自變項對教育品質較具影響力。進行迴歸分析將掌握極端值，以及多共線性問題。前者將以殘差值超過 3 個標準差為判斷依據，後者將以變異數波動因素（Variance Inflation Factor, VIF）指標進行檢定，該指標如果數值大於 10，則代表有嚴重的多共線問題，本研究將進一步調整模型。

三、研究資料與限制

本研究分析資料取自 1978 至 2000 年聯合國教科文組織的《統計年報》（*Statistical Yearbook*）（UNESCO, 2000）中的義務教育年數，以及世界銀行發布的《世界發展報告》（*World Development Report*, 1978-2000）（World Bank, 2003）人口成長率、文盲率，取 1970、1980、1992、1997 年等年度資料進行分析。義務教育以聯合國教科文組織定義為主，它以年為單位；總人口數是以一國該年度所有年齡層的人口，它以人為單位。國民所得是以該國的平均每位國民收入，以美元為單位；文盲率是以 15 歲以上至 65 歲，無法讀、寫、算能力的人口數除以該年齡人口數，所得到的數值，以百分比為單位。

選擇這些指標的理由是顧及到理論與過去研究基礎，也顧及到可否蒐集資料的現實。因為國際資料不多，各國都有相同統計指標者更少。就前述變項為基礎，因各指標國家數不一，建構每個迴歸方程式國家數不一是限制。

、分析發現

一、分析結果

經過多元迴歸分析，結果如表 7-13。各年度納入分析的國家不一，所以各個模式的國家數及變項之間的影響程度略受影響。表中可看出 1970 年迴歸分析模式，僅有國民所得影響義務教育年數，其餘變項則否，解釋力有 10.2%，自變項之間無嚴重多元共線性的問題。

在 1980 年是文盲率與義務教育年數有負向顯著關係，整體解釋力僅有 6%；1993 年影響義務教育年數也是文盲率，與依變項有負向關係，但值得說明的是，人口總數卻與依變項有正向關係；至 1997 年國民所得與文盲率與依變項各有正向與負向顯著關係，人口數與義務教育年數有正向關係，解釋力有 24.6%。

表 7-13　1970 至 1997 年影響各國義務教育年數的迴歸分析摘要

變項	平均數	標準差	β	B	t	VIF	R^2	Adj-R^2	F 值
1970 義教	7.33	1.73							
國民所得	625	660	.357	.0009	2.55**	1.25	.149	.102	$F(3，54)$
人口數	$8.4*10^6$	$2.9*10^7$	-.183	$-1*10^8$	-1.44	1.01			=3.15*
文盲率	41.1	27.3	.130	.008	.928	1.24			
常數項				6.49	11.6**				
1980 義教	7.36	1.66							
國民所得	2364	4373	.022	.000008	.186	1.07	.097	.060	$F(3，72)$
人口數	$1.5*10^7$	$-5.0*10^7$	-.050	$-1.6*10^9$	-.444	1.01			=2.59*
文盲率	38.8	26.6	-.330	-.019	-2.60**	1.06			
常數項				8.09	21.5**				

註：$*P < .05$；$**P < .01$。

二、教育政策規劃啟示

上述分析發現，自 1970 年以來各國對義務教育年數逐年增加，而國民所得也有增加，而文盲率與總人口數的平均數則逐年減少。在前述分析中，義務教育年數確實與國民所得有正向且顯著關係，這從四個年度的迴歸模式都發現如此，這表示國家要延長國民義務教育，最根本任務是要提高國家國民所得，否則就不用說要延長義務教育年數。

其次，文盲率與義務教育年數有負向顯著關係，這表示如果文盲率愈高，義務教育年數愈短。這可以理解，如果文盲率少，即可能是因為義務教育年數延長所致，所以各國無不在實施義務教育，並延長其年數來消除文盲人口數。至於各國的總人口數與義務教育年數在 1980、1993、1997 年卻有正向關係，但是不顯著，這表示義務教育年數可能是政府強迫教育，所以無論政府財政如何吃緊，也要讓所有國民接受教育，在總人口數影響較不顯著。必須說明的是，國民所得愈高，即可能國家財政條件較好，影響義務教育年數延長機會較高。

第五節　延長國教的政策辯論

、來一場延長國教的政策辯論

延長十二年國民教育有幾個很重要的問題值得政策規劃辯論。辯論的問題包括：1.是否要延長國民教育？2.如果要延長，應延長幾年？3.如要延長，應向下延伸或向上提高？4.延長國教是全面實施或僅試辦性質？這些都是延長國教的重要前提。本小節以延長國民教育之後，可能會發生的幾個問題進行辯論，也就是：1.是否要舉行考試作為入學依據；2.是否在三年高中教育要免費、強迫與義務性質；3.是否要依學區劃分讓學生入學；4.教育經費如何籌措；5.相關配套措施——例如課程配當、師資是否充足、校地是否足夠、教育法規是否配合等。以下針對各議題進行辯論，接著再將結果作為延長國教的規劃依據，分析如下。

一、是否要舉行考試來篩選學生？

延長國民教育的重要問題是在延長之後，國中畢業生進入高中要考試篩選嗎？如果是支持以考試來篩選學生，就有以下的爭論：

1.此種國民教育就不是義務教育或強迫教育以及國民教育。就如台灣現行九年國民教育，國民小學升國中沒有考試篩選，因此如果要以考試來篩選學生，是否與目前的體制相同？畢竟國民教育是一種免試招收學生。

2.以考試來篩選學生是依據目前入學方式，抑或是各校單獨招生，抑或是前述二者都有呢？因為二者都會涉及到考試壓力或者學校排名問題。

如果不以考試作為篩選學生入學依據，則會有幾項問題：

1.明星高中或稱為具有特色高中，這些學校可能會反對。主因是這些學校校風轉變，不僅是現任校長反對，可能有相關政策利害關係人反對。

2.沒有入學篩選可能會讓國民教育問題更為嚴重，例如教師在班級中教學並無法因材施教，學生程度好者與差者差異過大，教師教學有困難。另外，家長也會反對學校沒有分班或有分班措施，因為二者都會有人反對，所以並無法實施。

3.考試升學壓力僅轉移到高中畢業，要進入大學仍要考試，也就是學生的學習壓力並不會減少，升學問題並未因為進入高中不考試就會減少，相對的，它會影響日後要進入大學的升學壓力。

二、高中三年要免費、強迫與義務？

國民教育的定位問題，即是否要免費、強迫與義務呢？黃炳煌（1985：58）提出義務教育之所謂「義務」有雙重之含義，即：1.適齡學童之父母或監護人有督促子女或受監護入學之義務；2.地方教育行政機關有提供學齡兒童就學之義務。王家通（1992：39）認為：「所謂義務教育，就是國家規定每一國民在一定年齡期間必須接受的一種教育，因為接受此種教育為國民義務，所以稱為義務教育。」

如果是免費，就部分可符合國民教育特性，但是政府需要投入三年義務教育經費，它包括師資、學生學雜費，甚至校舍改建或偏遠地區沒有充足高中需要建校，需要投入更多教育經費支持。

如果是強迫及義務，當然可符合國民教育特色，但強迫教育與義務教育須有完整教育法規規範，例如2003年修訂的《強迫入學條例》並沒有規範高級中學階段的強迫方式，以及政府應有哪些義務或家長應盡到哪些責任？在法規中都未明確規範。

如果不是免費，則可能又不是義務教育。因為它與現行高級中學要收取學學雜費無異。如果要收學費，又與台灣現行的高級中學有何不同？顯然，這樣的設計僅是換湯不換藥的做法，並非真正的要實施延長國民教育。

三、是否依學區劃分入學？

是否要劃分學區也考驗著延長國民教育。支持要劃分學區者認為：

1.目前國民教育依《國民教育法》規定以學區制劃分，讓學區內學生就讀，不可越區就讀。這讓政策規劃者容易蒐集與掌握各社區內國中畢業生人數，有助於規劃每個學區的高中數，如果高中校數過多，可進一步提出因應方案。因此，劃分學區有助於延長十二年國教準備及後續執行。

2.如果要劃分學區，此時公私立高中職就需要重新洗牌。因為學區劃分之後，可能有些學區內並無一所公立高中或高職，造成學區之間的不公平。此時可以調整各學區大小及掌握學生人數。

3.分學區學生易有社區化傾向，易與現行的高中職社區化配合。如果劃分學區可減少再投入規劃學區的規劃成本。

支持不劃分學區者的觀點如下：

1.如果劃分學區，有些學區內高中職並不一定是學生及家長所喜歡的學校，此時就涉及到家長教育選擇權問題。因為限定了國民在接受教育的自由，這可能有違憲之虞。

2.明星學校也會反對。如果學區內有明星學校，此時他們招生須接受學區內所有適齡學童，不放棄任何學生，這會影響他們過去所建立的優良升學風氣，也可能影響學校發展。易言之，其他學區學生要進入另一學區就讀會受到阻礙，這正影響教育選擇權。

3.不劃分學區除了讓學生有更多選擇之外，更可以讓各學區學校站在同一立場競爭，不僅提高各校教育品質及教育發展，而且可增加不同學區之間的學生交流，更容易讓學生欣賞多元文化觀念。

四、延長國教的經費如何籌措？

延長十二年國民教育的經費應如何籌措？籌措教育經費有問題者，認為有以下論點可支持延長國教經費有問題，例如：

1.研究顯示延長國民教育第一年需要有 56 億元，第二年需要 106 億元，第三年需要 165 億元（教育部，2004），這經費僅以公私立高中職學費差額補助所計算出來，就需要如此多的經費，尚未計算其他營運成本。假若前述經費已足，是否每年度經費都可獲得，以支持延長國民教育經費所需？

2.國民教育經費主要由地方政府支應，地方政府每年度支付人事經費在 80% 以上，已無多餘經費支持國民教育建設。未來要執行，除非中央政府以特別預算或以專案計畫方式進行，否則並無法支應這筆經費。

籌措經費沒問題者認為：

1.延長國民教育為最好投資，如果人民素質改善，即可增加國家生產力及競爭力。每個國民如因為多接受三年的義務教育可增加學生能力與技能，甚至未來在職場謀生能力及競爭力，延長國教所需經費政府應會盡其所能支出。

2.可以動用第一預備金。因為延長國民教育算是國家的重要政策，因此可考量政府運用第一預備金支應。

3.可向民間募款。因為國民教育延長對於社會及產業都有助益，因此政府可以讓產業及民間共同募款，來提高延長國民教育年數的可能。

4.近年來，政府在高雄捷運、高鐵等貪污舞弊案，官員所貪得的經費數十億元，政府應查貪腐，讓這些錢可以還之於民，就可以執行延長國民教育了。

其實，1968 年政府決定實施九年國民教育，後來也就實施了，所以影響實

施因素，並不一定在於教育經費，端賴政府的魄力及政策執行力而定。

五、相關配套措施的辯論

在相關配套措施之中，認為已經充足者的觀點如下：

1.所謂相關配套措施，僅是一種配套而已，不一定要全部都完成才可開始進行。因為所有的配套都完成之後，不知道已經多少年了，這種緩不濟急的方式，其實是一種政策推託之詞，並非真的要規劃與執行政策。

2.自 1983 年之後，教育部就進行延長十二年國教的政策研擬，但事過二十多年，並未有進一步方案，也沒有提出任何的政策方案與配套措施，所以這僅是教育部對外部的政策氣球，並不是要延長國民教育。

在相關配套措施之中，認為不足的觀點如下：

支持者認為相關配套措施並不一定重要，但是反對者卻不這樣認為。因為延長國民教育的課程政策、師資培育是否在短時間內充足、校地是否足以提供高級中學學生所需、教育法規是否配合等，都是應考量的配套措施。以課程政策而言，延長國民教育之後，是否要以十二年一貫的政策，或是有不同課程設計等，有關這方面研究並未提出來，教育主管機關亦沒有進行規劃。與其要草率執行，不如將要解決的問題先列舉完整，並提出可行的解決方案，再執行延長國教，會比走一步算一步的政策執行方式還要好。

其實，延長國民教育的重要任務應明確規劃，這些配套措施如下：1.是否確立後期中等教育角色與定位？即後期中等教育的三年之中，它的定位是要以強迫、免費或是以義務方式，都有待進一步進行專家研究。也就是要部分為義務教育或全部都是義務教育，都還有討論空間；2.相關法令修訂不可或缺，例如《高級中學法》、《國民教育法》、《強迫入學條例》等，都需要進一步修改，否則無法因應延長國教所需，因為教育政策執行需要教育政策立法，否則就不是一項合法化政策，會演變成僅是一種口號與訴求或理念而已；3.是否應整合現有政策與方案，例如高中職社區化與多元入學方案，因為現行已執行高中職社區化政策，如果將延長國民教育年數的政策整合，也許可節省更多教育經費，因為高中職社區化的政策也有解決學齡人口就學的問題；4.高職轉型發展與高職類科調整。因為延長國民教育勢必影響高中職的校數調整，以及這些類別學生人數消長，所以延長國民義務教育對這樣的問題亦不可忽視。

貳、從政策辯論發現延長國教宜再思考

延長國民教育至十二年實應再思考以下幾個問題：

第一，延長十二年國民教育的政策目標是要解決何種問題？是要解決升學問題？提高人力素質？提高國家競爭力？抑或是要教學正常化？第二，政府當應思考延長十二年之後，國民教育年數增加，是否學生素質會提高，學生是否在學習及課業上會更樂意學習？第三，延長國教十二年之後，政府競爭力會提高嗎？這是無法實驗的政策，所以延長十二年國民教育更應審慎；第四，延長國民教育可以解決學生升學問題、教學正常化、學生不再過多補習、學校不會再有能力分班嗎？如果這些問題無法解決，延長國民教育至十二年僅是空談。第五，延長國民教育十二年之後，對目前私立高中職如何調整及讓它們營運？它們定位如何重新劃定？究竟政府要與過去補助私立學校經費方式一樣，讓私立學校有相同的經營方式嗎？

從上述可知，延長國教不僅有教育經費問題，更重要的是延長國教之後，是否台灣的人力素質會提高？延長國教之後，學生升學壓力是否就減除？這些都是延長國教應再思考的問題。

本章的討論問題

一、試說明延長國教的政策需求為何？

二、試指出台灣的歷任教育部長對延長國教的宣示為何？

三、試分析延長國民教育的環境為何？

四、試掌握台灣的人口成長與延長國教的關係為何？

五、試分析經濟成長與延長國教的關係為何？

六、試以延長國教為題進行政策辯論。

參考文獻

一、中文部分

王家通（1992）。**初等教育**。台北市：師大書苑。

行政院主計處（2006）。**2004 年各縣市國民中小學每位教師教導學生數及班級人數**。2006.6.5 取自 http://win.dgbas.gov.tw/dgbas03/bs8/city/default.htm

行政院教育改革審議委員會（1995）。**教育改革第一期諮議報告書**。台北市：作者。

行政院教育改革審議委員會（1996）。**教育改革總諮議報告書**。台北市：作者。

行政院經建會（2003）。**中華民國台灣 95 年至 104 年人口推計**。台北市：作者。

吳清山（2000）。延長十二年國教的基本考量——兼論十二年國教會重蹈九年國教的覆轍嗎？**教育研究雜誌，71**，5-7。

教育部（2000）。**二十一世紀教育願景系列座談會會議手冊**。台北市：作者。

教育部（2003）。**中華民國教育統計**。台北市：作者。

教育部（2004）。**推動十二年國民教育方案之研究**。台北市：作者。

教育部（2005）。**中華民國教育統計**。台北市：作者。

教育部（2006）。**84 至 93 學年國民中小學學生數、教師數及生師比**。2006.4.10 取自 http://www.edu.tw/EDU_WEB/EDU_MGT/STATISTICS/EDU7220001/overview/brief-htm/index.htm? TYPE=1&UNITID=197&CATEGORYID=0&FILEID=140368&open

張慶勳、許文寬（2000）。從延長國民教育年限探討教育決策之適當性。**國教天地，140**，37-48。

黃炳煌（1985）。**教育與現代化**。台北市：文景。

楊思偉（2003）。**推動十二年國民教育辦理模式之研究**。教育部 2003 年委託研究。

二、英文部分

UNESCO (1996). *Statistical yearbook.* Paris：The Author.

UNESCO (2000). *Statistical yearbook.* Paris：The Author.

World Bank (2000). *World development report.* New York: The Author.

World Bank (2001). *World development report.* New York: The Author.

World Bank (2002). *World development report.* New York: The Author.

World Bank (2003). *World development report.* New York: The Author.

教育政策規劃

第八章
教育大學定位的政策規劃

本章學習目標

一、能指出過去師範校院的問題。

二、能分析改制後的教育大學面臨的問題。

三、能指出大學整併的條件。

四、會分析教育大學可能的轉型方向。

五、能指出哪些條件是大學無法整併的因素。

第一節　教育大學整併的爭議

壹、前言

教育部為減少台灣的高等教育學府數，近年來一再要求各高等教育機構進行整併，所以不管是科技與人文、南部與北部、理工與理工，或師範校院與鄰近大學整併，都是被要求的對象。

自 2005 年 8 月 1 日行政院通過六所師範學院改制為「教育大學」之後，衍生許多教育政策議題，即教育大學的未來走向應何去何從？在改制之前，教育部要求改制教育大學前提有兩項：第一，要讓教育大學將原有師資培育招生人數減半，另一半為「非師資培育類科」；第二，改制之後，在五年內宜與鄰近大學整併。就前項來說，教育大學減半修習教育學程學生人數可在預期中執行，但在這師資培育減半，也反映出另一半未修習教育學程學生學習問題，及未來教育大學畢業生就業問題；而這涉及到學校師資專業及設備問題，甚至教育經費問題。就後者來說，預期教育大學要能與鄰近大學整併涉及因素複雜，不易完成，畢竟要從兩個學校或三個學校整合為一校，並非短時間可完成。而行政院要求五年內成達成這項教育政策，教育大學或參與整併的大學在短期間無法接受。因為整併說來簡單，執行卻是困難重重，它涉及校際之間的文化、認同、師資結構、地緣關係、學術發展及未來整合是否能成為更有特色的學校，甚至整併學校的各自算盤都應考量在內；所以，教育大學要在五年內就整併實非易事。

究竟大學整併真的有如教育部預期來得好嗎？它是一帖解開大學發展良藥？還是僅為一種治標不治本的高等教育發展方式？值得分析。

本章將說明教育大學整併的相關論點、條件、困難與出路，同時將以國立台北教育大學為實例進行分析。

、過去的師範校院面臨問題

過去師範校院是一元培育師資，學生就業率百分之百；但是學生就業率高是在威權體制下產生，同時就業率高並不表示師範校院發展就沒有問題。就如在 1987 年政府讓九所師專升格為師範學院之後，當時為人批評的是師資及學術發展沒有因應提升，仍以「小師院」發展模式，所以仍以傳統方式培養師資，在整體設施、研究環境及學術發展仍無法有效提升。吳明清（1996）就指出，過去師範學院發展面臨的幾個嚴重問題：1.師範校院對於整體的發展太過短淺（沒有長遠的生涯規劃）；2.學校規模太小（學生規模不多、學校校地小）；3.太舊（因為經費短缺加以近年來教育部實施校務基金與募款方式，師院能夠從這兩方面獲得資源者非常有限）；4.太窮（經費有限、學生不多無法與綜合大學相比）；5.太淺，學生學習不夠專精、廣博與深入，往往僅在教育學門中打轉。

師範校院除了太短、太小、太窮、太淺問題之外，在 1994 年師資培育多元化之後，各大學校院增設教育學程及學士後師資班，使得師資供需失衡，造成師範校院生畢業後的就業問題也面臨挑戰。在錯綜複雜因素之下，加上近年來少子化問題嚴重，師範校院畢業生就業亮起紅燈。2005 年全台灣的就學國民小學學齡人口數已降為 22 萬名，小學老師需求不再，因而產生流浪教師。接續在 2005 年也產生學校中有超額老師問題，這些社會轉變都衝擊到師範校院。就以 2005 年來說，教育大學畢業生擔任教職者在一至兩成左右，畢業生就業問題嚴重，是當下與未來教育大學轉型最嚴重的考驗。

雖然在 1987 年九所師範專科學校升格為師範學院之後，後續幾年已有不少研究所成立，提供教師進修機會，然而，師院所設計系所班組，乃至於進修推廣教育仍以教育類科為主，少數僅有以教育與傳播、自然科學、英語學系所作為學校規劃與發展方向，對於師範學院整體發展卻沒有朝向具前瞻性、發展性及競爭性的發展類科設計，加上學校特色創新與發展方向仍然裹足不前，仍以傳統的「教學型大學」作為發展方向。這就讓師範校院過去十年的發展，在研

究所略有增設，但卻無法彌補外在競爭與各大學學術發展的壓力考驗，於是在十年後，更面臨教育大學需要轉型的老問題。然而，自《師資培育法》於 1994 年總統公布之後，十年時間已過，未來社會需求不斷轉變，師範學院轉型發展並非一朝一夕可成，未來的教育大學如何發展？將是值得規劃的議題。

2005 年 8 月教育部提出的兩個條件不易完成，所以教育大學在改制之後，教育大學卻變成一個「不安的組織」、「變動的大學」，這種不穩定組織遭遇到了：1.組織的發展目標不確定，何去何從？學校定位何在？究竟是以教學為主、研究為主？或是以綜合型大學作為發展方向，這些已然成為問題；2.組織中人員的觀望、懷疑自我定位與沒有穩定工作心態，讓教育大學已空有其殼，卻沒有實質的大學發展精神；3.組織結構調整不安——例如在短期間內各系所、班組及學校發展的轉型還會一變再變，這種不斷的變動可能會有如鐘擺兩端擺動不定；4.組織沒有較多資源引入（受限學校規模小，校務基金有限）——外在沒有資源（教育部對於年度教育經費補助有限，師範學院募款能力及條件有限）投入，內部又生產量不足的情形下，組織發展或組織變革將會受到很大影響（張芳全，2005）。教育大學面臨這四項問題，猶如走在十字路口。

在教育大學可能成為變動的大學之外，學生畢業就業問題、教師的學術研究能否提升，以及大學是否能提供社會服務與批判的大學功能來論，教育大學可能即將失去其功能。也就是說，如果教育大學未能盡速找到自我定位、找出學校特色及轉型的方向，教育大學將可能由變動的大學轉變為無法發揮功能的大學。

、走在十字路口的教育大學

一、教育大學內部變動大

在 2005 年 8 月 1 日師院轉型為教育大學之後，教育大學發展就走在十字路口，面對未來發展及挑戰，教育大學應何去何從？此已凸顯出教育大學發展問題。怎麼說呢？

首先，教育大學的三級制行政運作非短時間可順利運作。教育大學改制之後，學校行政體制轉變成三級，不再是過去僅有二級制運作。這衍生出學校行

政法規須重新設計與調整。例如系所院及校教評會、學生事務處理、學則規定。這些法規無法在事先就設計好，因而在 2000 年 8 月 1 日教育部宣布改制之後，才進行制定與調整，對教育大學要如何步入正軌仍需要時間支持。

其次，學校系所與組織調整也非短時間就完成。升格為教育大學之後，必須要從過去的系所規劃三個或三個以上學院，在規劃各系所應納入哪一種學院，甚至學院名稱，就爭議許久。雖然各教育大學的學院已建置，但可以從附錄二中看出各教育大學仍然脫離不了「教育類科」的傳統窠臼，新成立的學院，也脫離不了教育類科的色彩。也就是說，如果要以教育部在 2006 年讓非師資培育類科有一半的政策，勢必無法如期達成。同時在教育大學改制之後，教育部要求學校應將進修暨推廣部、許多既有的研究中心（例如過去國立台北教育大學的特教中心、環教中心、師培中心）、實習輔導處裁撤。這對於幾十年以師資培育為榮的行政人員、教授或學生頗不習慣，尤其將實習輔導處轉型為師資培育中心，讓過去的實習輔導功能縮減，更讓師資培育機構調整面臨新的考驗。

第三，學校人員工作情緒不安。這部分人員包括師生及行政人員，他們對師資培育定位不清、教育目標未能釐清，也就是對於學校定位趨於模糊，更讓一屆屆新生及畢業生陷於學習目標茫然、學習內容困頓、未來發展找不出方向，加上各中小學的師資缺額過少，使得學生畢業後無法就業、畢業就是失業。畢業生又無第二專長，使得畢業生不知所措的困境已是目前教育大學及學生的真實寫照。其實，學校人員心態隨著教育大學改制，並沒有減少學校人員迷惘與找出自我特色及發展方向，相對的，讓未來教育大學的目標更趨於渾沌不明，未來教育大學畢業生的競爭力及出路更顯現出問題的嚴重性。

最後，教育部指出教育大學在改制之後，在五年內與鄰近大學整併。整併不僅對教育大學是困難，而且對要來整併的對象也頗為為難，其原因有幾項：1.教育大學根本就不知道要與哪個或哪些學校整併？往往教育大學自已有心儀的大學要與它整併，但該校並不一定認知要被整併，這種情形就如同男女雙方的單戀一樣，最後受傷者是單戀者。目前許多教育大學就是存在此種「單戀情結」之中；2.還有一種情形是要整併的學校對象有多元選擇，就是沒有唯一選項，也就是教育大學列出很多要整併的對象，但就是拿不定要與哪一個學校整併的主意。會有這種情形主因是學校內部意見不一，有些期待找一個門當戶對的學校，也有一些認為應找一所具有規模且有特色的大學進行整併，這樣才會在整併之後有「靠山」，也可以在整併之後，經由「搭便車之便」發揮原有教育大學的特色，或者藉由整併的學校，來壯大教育大學的聲勢，爭取更多的教育資源，這也就是造成學校無法有最後決定的主因；3.也有些教育大學已談好整併條件，然而雙方可能沒有在有利條件或相對誘因之下進行整併，最後雙方又告吹，這種整併是雙方已知道要整併，但是各自卻有如意算盤，不願被任何一方實質整併，因而讓整併無法如期完成。前述看出大學整併複雜度高，因為它涉及兩校的文化、師資結構、學術發展、課程互補性及學校未來發展方向等。教育大學要與其他學校整併過程複雜，所以當局說要在五年內完成，將可能是變數；如果在五年內沒有整併，未來的教育大學應何去何從？這是政策規劃應分析的。

因此，不僅是教育大學的行政體系正在摸索如何與傳統或綜合大學運作之外，更重要的是，學校人員內心深藏著未來教育大學的發展方向何去何從的各項疑問。

二、教育大學發展的可能方向

未來的教育大學應如何發展？吳明清（1996）認為宜朝向綜合大學發展。張玉成與張芳全（2003）認為有幾種方式：一是維持師範學院；二是與其他大學整併；三是加入台灣師範教育系統聯盟；四是轉型為師資進修中心。這四種方向看來並無法完全作為發展方向。第一種可能為人所批評與過去無異，根本不需要轉型政策；第二種是整併，這在前述已提出其困難；第三種是在 2003 年所提出來的政策口號，後來雖有成立，但也是有名無實；第四種是轉型為師資培育中心，如果是如此，將讓師資培育弱化，這無法滿足目前教育大學的人事調整。因此整併是最多支持的，以下就說明整併的優缺點及條件。

第二節　教育大學整併的優劣

壹、整併的條件

大學整併主要目的有幾項：第一，目前台灣高等教育學府過多，而採取整合發展方式，也就是僅在於減少學校數；第二，教育部認為大學整併可以發揮規模效應，即可以讓大學真的有「大學的樣子」，而不是有很多學校的學生人數僅在 3,000 人，而不敷規模經濟。易言之，教育部認為如果整併之後可以讓大學有更大的規模，發揮規模經濟，讓學生學習、教授授課及學術發展更完整；第三，大學整併可節省教育部每年教育經費分配的困擾，因為教育經費逐年減少，每位學生單位成本亦降低，所以為了讓教育經費可以大筆挹注在學校之中，因此整併小型學校並無不妥，因為它可減少教育部每年分配過程的困擾及管制考核的問題。最後，大學整併讓學生在更完整學習環境下充分學習，這方面包括學生在系所選擇、學生在教授開課選擇、學生對學校資源運用、社團活動多樣性、學校文化建立的完整性、行政人員充分支援、教師授課領域的專業程度提高，以及因為學校規模擴大，而讓學生可獲得規模較大的教學經濟效益。簡言之，大學整併讓學校在充分資源之下，可以提供學生、學校、教授及行政人員更多的學習與效益。

然而，前述優點可能過於一廂情願，因這僅是理論價值，實際運作將面臨更多問題。以下就說明教育大學整併的條件。

一、誘因充足

大學整併誘因包括，行政當局提供的教育經費讓被整併的學校可在整併過程中，有充分資源來解決過去學校在發展上的困境問題。例如提供經費讓學校教職員進修及提供教師培育第二專長。是否教育當局提供教育經費，在兩校整併之後，讓學校需要購置的教學設備，例如實驗器材、運動設施、電腦媒體以及相關圖書設備，或者更重要的，是否有提供經費購置校地及未來在轉型過程或轉型後的充足資源發展。所以，大學整併誘因充足與否是重要的關鍵因素。

二、兩校意願

要進行整併的先決條件在於不管是被整併者或是整併者，他們的意願是否足夠？如果兩校意願不足，就無法整併成功。就如同男女雙方如果沒有論及婚嫁，且沒有意願要在一起，此時就沒有結婚的必要。在整併學校過程中，整併意願難以掌握，尤其是目前台灣的大學最高決策機構為校務會議，而校務會議組成人數少則數十人，多則有數百人，例如台大、成大等，因為要決議學校與他校整併的共識，在民主代議制程序是非常困難的。

三、兩校條件相當

兩校條件相當是指如果真的要整併，兩校應該是在學校規模、學生人數、教職員的結構及學術發展，甚至在大學發展都面臨到「重要瓶頸」等規模相近，在整併時可以讓雙方在平等、互惠及對等原則上進行整併事宜的溝通，進而讓整併可以順利完成。學生人數相當，指的是學生人數都不多，也就是處於規模不經濟的情境之下，兩校都有意願來擴大規模，讓學校可以在更大規模下提供給學生多元的學習。在教職員結構可能應有互補條件，也就是在各教授專業領域可做相互支援，讓學校整併之後，不會有教職員過多、重疊或資源浪費的情形。

很值得說明的是「學校發展的重要瓶頸」，可能是兩校的招生都有困難、學校教育經費不足、學校規模一直在萎縮、學校沒有學術發展潛力、學校教授沒有學術生產力、學校行政處於內鬥內耗、學校派系長期的對立造成優秀老師不願留在該校發展、教師對學校的認同感不高、學生對學校認同度降低、社會對該所學校認可度降低、學校畢業生出路發生困難、學校已經無法隨著社會變遷、產業結構、社會發展轉變、學校教職人員保守無法接受新觀念、學校發展不受教育主管單位的青睞與支持、學校在校地面積的擴張受到限制，尤其在都會區因為校地取得不易，易造成學校擴張困難，所以無法發揮規模經濟效益。

也就是說，如果兩校都面臨相同問題，整併機會才會較高。但是須指出的是，學校面臨瓶頸的前述可能都是負面居多，如果是這樣，在整併之後，就會更好嗎？這可能要進一步研究評估。也就是說，如果兩校都面臨相同的瓶頸問題，在都有問題的前提下，整併在一起就會成為健康及有潛力的大學嗎？值得進一步討論分析。

四、學校師資與系所互補

整併主要是在讓學校規模擴大、學生人數增加、校系互補性增強、學校資源提高，如此才可以讓原本是小雜貨店經營方式者轉變為百貨公司或連鎖店加盟的經營方式。這樣的前提是在於兩校必須要有學校結構互補條件。例如理工與文法商、技術學院與師範學院、護理學院與醫學院等，因為兩校在師資結構、學校特色及學生來源或過去傳統校風上有明顯差異，如此在整併機會上會較高。因為學校具有互補性，可以讓兩校在整併之後發揮更專業的領域，並達到規模經濟的效果。也就是說，透過原本是文學院無法修習到商學院的通識課程者，在整併之後，讓學生學習觸角與機會增加；而原本是理工學院學生，因為與文學院或師範校院整併，而有人文素養提升，或增加可擔任教師資格的另一條生路。

如果兩校的師資結構沒有互補，即可能是相近或雷同，此時很可能造成學校在整併過程或整併之後，搶奪教育資源、搶學生授課、搶圖書資源及研究資源等。因為誰也不讓誰，所以在此種整併之下，雖有其規模，但並不一定會產生「規模經濟」的效應。因為兩校誰也不讓誰，所以不整併可能還比較好。

五、兩校的地理位置

「近水樓台先得月」是指地理上相近有更多機會及效能產生，大學整併也是如此。如果兩校校園距離不遠，學生可就地學習，不必要再花更多時間在交通上。而這樣問題也反映在教師授課時間及可授課專業領域上。同時因為兩校地理相近，對學校行政溝通、學校會議、學校公文往返等亦有較高效果，如果是兩校地理相近，真的是可發揮規模經濟效益。

兩校如果距離過遠可能產生幾種問題：第一，整併如同沒有整併狀況。如果一所是在台北，一所學校是在台中，這可能有整併之名，並沒有發揮整併的實質效果。就如同夫妻結婚，卻是分居的道理一樣，並無法讓家庭的完整性增加，這也可能產生後續的問題。而整併學校也是一樣，如果沒有考量距離因素可能會讓整併效果減低，並讓學校發展受到影響。最後可能還會檢討「為何要整併？」的問題；第二，距離過遠無法達到整併的真正效果，僅是名目上的整併，但學生在學習、圖書資源的運用仍然是與過去相近。

六、教育經費相當

教育經費相當主要是在於整併之後，兩校在行政體制，不會有要做老大的心態。如果是大整併小，最可能產生的是因為兩校在每年的教育經費並不對等，對於經費較小的規模者其年度經常門經費不足，所以會讓經費較多的學校所「併吞」，此種情形就並非整併了。所以，兩校整併的前提之一，是在年度的經費也要相當，如果有差異，也不要差太多，否則可能在整併之後，經費多者會具有把持學校運作及人事安排的可能。

因為經費相當，此時就可將兩校經費整合運用，讓兩校在原本未整併之前，有些學校發展方向或系所調整可以進一步運用，這裡所說的是那些冷僻、較不受重視的科系所或學校發展向度，此時會因為兩校的教育經費相加，有發揮經費規模的效應，所以這些過去不受重視的領域或發展方向會有更多資源投入，讓這些發展方向或系所有起死回生的效果。

七、整併的非學校因素

㈠政治力介入

大學整併要成功的另一個非學校因素在於政治力介入。這方面在於教育行政主管機關、行政院，乃至於總統元首對學校整併的政治承諾。這承諾主因來自於選舉選票考量、政治人物出身於當地、政黨為政治優勢因而提供大學整併可能。這方面在台灣過去有案例，例如國立嘉義大學整併成功，就是因為當時行政院長對於嘉義選民的承諾，因而可以在短時間內整併成功；而另一種是因為政治人物為當地人，例如台南師範學院轉型為台南大學的原因，是陳水扁總統的政治承諾與選票的考量。

其實，還有一種師範校院非整併，但轉型成功的案例，台東師範學院即是一例，它的成功在於當地缺乏一所綜合性大學，因此它並不是整併成功，但是在地理因素及教育資源的缺乏，因而透過民意代表、縣市首長及專家學者的努力，讓學校可以在非整併方式下轉型成功。

前述可以理解的是，如果要整併順利與成功，很重要的是除了前面所提的學校各種因素之外，更重要的是政治力介入，因為政治力介入使得兩校不得不在政治妥協或政治干擾下，進行整併。當然這種整併，就某種程度來說，亦有上述因素的考量，加上政治力介入，使得整併完成。

㈡校友關心與投入

大學整併成功與否，還有一項重要非學校因素，它是校友的關心與投入。校友畢業於母校，但關心母校至極，因此對於學校發展、學校轉型亦有重要的投入。因此在整併過程中，找到這些關心重要的校友人士投入與居中協調，往往亦可以獲得不可預期的效果。因為兩校校友可經由非正式或正式溝通瞭解兩校整併的相關問題，以及提供整併可能性的方向等。

在此所指的校友當然是具有關鍵性及重要性，也就是可以透過與行政、立法或在學校仍具有影響力的人士。因為他們具有非官方色彩，在整併時的溝通，可能會更具有彈性及可行性。經由校友的投入與居中斡旋，配合兩校行政人員的努力，在整併時就可增加可行性。

貳、何種情形不要整併？

當然整併要成功一定要有前述的條件，也就是說，有幾種情形不適合整併，這種情形如下：

一、兩校不對等

學校不對等包括：學校規模差異過大、教師研究取向過於雷同、學校發展問題差異性大、年度經費差距過多等，如果有這些因素最好不要整併。學校規模大整併小，就是大吃小，它的現實問題是小型學校整併之後，其原有的特色或行政將無法反應出教職員工的權益。教師研究取向過於雷同下整併，並無法發揮研究的互補作用，將可能導致教師爭奪某項共同的資源，或僧多粥少情境下，資歷較輕或是小型學校教師將無法獲得一定保障。學校經費不一也造成在分配教育資源上的困擾，並無法在合理分配下獲得應有權益。

二、學校人員反對者眾

整併是在兩校均能接受彼此的學校條件才易完成，但如果任一方的學校人員反對整併者多，就無法讓整併完成。一者反對者多，代表接受另一校意見與異見特別多，所以不宜貿然整併。再者，反對者多，某種程度也代表學校內部溝通無法取得整併的共識，如果學校人員沒有相同校務發展方向，一味整併將帶來更多問題。就如男女雙方成婚，如果任一方的家人有多位不認同，縱然當事人一意要完成婚禮，亦無法獲得多數人的祝福。

三、誘因不足不整併

如果整併過程並無法取得教育主管機關的教育資源補助或行政上的支持，此時誘因不足，就不要整併。因誘因不足可能無法在整併過程中取得轉型或整併時所需的經費，即兩校可能要汰舊換新設備或新的人力資源，因此需要更多的教育經費投入，但整併如沒有經費上的支持，將會面臨更多的問題。

參、大學整併所追求的目標

一、找到一條大學的發展生路

大學整併是發展的一個方向，但並不一定是唯一的一帖良藥。如果在整併

過程中，各校並未考量自我的問題、自我的發展瓶頸、自我的特色、自我的經費以及自我的師資與校地等條件，並無法讓被整併的兩所學校獲得規模經濟效益，反倒是可能增加整併後學校結構的扞格與問題。

從前面可以理解，對於自我的瞭解很重要，更重要的是瞭解要整併的對方學校的問題、特色、師資結構、學生文化、教師員的意見、學校經費多寡等重要的課題。也就是說，整併的學校都應該自我評估、自我反省以及自我瞭解自我的特色與問題何在，才來考慮是否整併的可行性。

如果兩校雙方都已有明確的思考學校問題、學校發展瓶頸、學校未來的發展、學生未來的出路，而不是學校行政主管的自我出路，此時大可以好好談談學校整併。因為在兩情相悅與門當戶對的情形下，如果讓雙方共結連理，讓規模較小的學校以及學校瓶頸無法在短時間或單一學校可以解決的前提下，學校整併確實可以讓大學謀得一份生路，也可以讓大學再生與新生。

二、建立學校品牌與特色以及學生的自信

大學整併的另一個思考點在於，究竟兩校整併之後，是要建立何種特色、何種品牌的校風呢？這是應當思考的。就前者而言，整併並不意味著是要一加一等於二，整併的效果應該是要讓一加一的效果大於二，也就是建立學校的特色。易言之，就社會層面來說，它可以讓社會各界更認可兩所學校整併後可以發揮的特色，例如提供更好的人力素質及人才給社會運用，不再讓大學畢業生畢業即失業。就學校層面來說，它讓學校建立起更新的學校文化，例如在體育、藝術及學術風氣，因為不同學校在合作及合併前提下，發揮互補效用，爭取更多教育經費供學校教學與研究使用，當是特色建立的開始。

就學生的角度來說，因為學校整併加入了不同的科系及師資與行政資源，因此對學生有更多的課程選修、增加不同領域的知識，透過不同專業知識的學習及考驗，建立學校畢業生的品牌及特色，最後為社會及產業所接受。

三、讓學校永續發展與經營

整併的重要目的在讓競爭力較低、發展產生瓶頸、學校發展調整較慢的學

校可謀求另一條發展生路。也就是在既有學校發展下，透過整併讓學校在制度、人力結構、教育經費、課程、學生社團，乃至於學校文化得以重生。這一方面可以延續過去的優良傳統及學術風氣，另一方面也可以經由兩校的結合產生更大的經濟效益與非經濟效益，其中經濟效益是在於經費增加之後，更可以獲得規模運用，並避免資源零散所造成的浪費。更重要的是讓兩校結合之後，畢業生出路乃至學校整體發展更有活水，而非經濟效益是在於重新塑造學校特色之後，讓社會及產業更能對新學校有新見解及提高接受程度。

第三節　教育大學未來的發展方向

本節就以教育大學幾個可能的發展方向進行評估，並試著對教育大學定位的政策規劃。教育部要求教育大學整併，但不整併也是一種自由選項，所以未來教育大學的發展方向可能有幾項：第一，必須與其他學校整併，以下就以「教育大學整併」稱之；第二，師資培育減半與非師資培育增加，即遵行教育部第一項規定，但並無法完成整併，即其師資培育類科應減少一半，增加非師資類科，以下就以「不整併，師資與非師資各半」稱之；第三，師資培育與非師資培育並非各半，而是仍以師資培育為多數，而非師資培育相對較少，它仍沒有整併，這以「不整併，師資培育為主」稱之；第四，師資培育與非師資培育各半，但師資培育在逐年減少，而非師資培育類科逐年增加，超過半數，最後將教育大學體質轉變為各教育大學的特色大學，它也沒有整併，以下就以「不整併，走出教育大學特色」稱之。其中，除了第一項是整併之外，其餘三項都不是整併。茲說明如下。

、教育大學須整併

教育大學與鄰近大學整併是教育部的既定政策，這種政策規劃發展方向有其優缺點，優點包括：1.教育大學整併，使台灣的大學校院數減少；2.教育大學依附在較大型大學可增加大學發展規模、建立學術特色及學生就業競爭力提高；3.如果兩校都是小型學校，整併之後具有規模經濟效應，這方面包括教育經費應用效率可能提高、校地及設備使用情形增加；4.整併之後讓教育大學重生，使教育大學改頭換面，讓教育大學在學術發展轉型，減少政府教育資源浪費；最後，教育大學整併之後，可以減少師資培育過剩問題，減少流浪教師。

然而，整併也有幾個問題需要面對：第一，沒有鄰近大學要與教育大學整併；第二，兩校整併就會比沒有整併還好嗎？「整併會更好」是否是過於一廂情願的想法，未能顧及整併可能會造成教育資源並無法達到預期效果的疑問；第三，整併之後是否能調整為最佳的學校發展規模，不無問題；第四，整併可能需要政治力的介入，因為強而有力的介入才可讓兩校整併；第五，整併應有幾個先決條件，例如要有整併誘因、兩校要相當、兩校要有默契、兩校文化要能融合，而這些條件並不容易找到，否則過去幾年來就早已整併了。最後，整併之後，教育大學就走入歷史，傳統師資培育方式就無法因應社會需要，這對於幾所傳統學校以師資培育作為主軸的特色或目標，或許不公平。

上述可知，整併一事看來並不單純，因為所涉及的因素太多，並無法一廂情願的說要整併就整併，除非有強而有力的政治力介入，否則並無法完成。

貳、不整併，師資與非師資各半

師資與非師資各半也有其優劣。優點包括：第一，它配合教育部的政策，完成教育部的理念；第二，它可以減少師資培育的人數，讓更多的學生學習非教育類科；第三，可以讓教育大學有重新調整系所及體質的機會，也就是讓學校有更多的發展機會，易言之，是教育大學轉型的機會，也是教育大學重生的機會；第四，師資與非師資各半可以讓學生有更多的選擇，讓要修習非師資課程的學生，有更多機會。最後，它可以讓教育大學與非師資學科結合，重新發展新的類科，甚至對於大學發展特色重新定位。

然而，師資與非師資各半的發展方式之缺點包括：第一，就教育大學來說，非師資系所無法短期完成，所以短時間要完成非系所數量建置，並提供給學生學習，實有問題。這問題包括師資專業人力招募、系所文化形成、學術特色建立，更重要的是學生未來專業被認定的程度；第二，非師資培育的系所要短期內完成，需要有教育經費支持，但教育部並沒有提供更多的教育經費預算，所以這項政策可能無法兌現；第三，就外界對教育大學的刻板印象來說，教育大學應以培養師資為主，如果以非師資培育，可能無法招收到適當學生，因為學生寧可選擇其他綜合大學的系所類科作為未來學習方向及就業準備，也不願意以教育大學的非師資類科作為選擇。

參、不整併，師資培育為主

師資培育為主是以師資培育的系所較多，非師資培育科系較少。它主要保持原有的師資培育的特色，但僅就少數的系所班組的轉型，以符合社會變遷的需求。這種政策規劃方向是讓教育大學仍以師資培育為特色，而有小部分的系所變革或進行系所體質的轉變。這也各有其優劣。優點是：第一，它可以逐漸改變教育大學體質，而非一次就完全改變教育大學，這種改革風險對學校師資影響較小，學校的人心較不會浮動，教授也較不會擔心沒有課可以教；第二，它仍保有師資培育的優勢繼續培養師資，仍是師資培育的主要搖籃，這即是教育大學特色的延伸，可能建立更好的師資培育品牌；第三，師資培育為主較不會有「流浪大學教授」產生。因為師資培育減半之後，使得原有教育大學師資在配課上有問題，所以無法排課的教授會面臨失業問題。這種失業問題在傳統及保守的師範校院來說，讓那些師資成為「流浪大學教授」是一個問題，更會進一步衍生人事安排的問題。

師資培育為主的發展方向缺點有幾項：第一，它會延續師資培育量過多問題，因而造成師資供需失調，增加流浪教師，這就是近年來的老問題；第二，它並沒有讓教育大學的體質有改變的機會，也沒有因應社會變遷需要來調整師資培育過剩問題，造成人力資源浪費及教育投資浪費，是不可否認的事實。這會讓社會對於教育大學再持有保守、不改革、不因應社會變遷的印象；第三，以師資培育為主可能無法因應社會變遷的需要，甚至產業及競爭力的需要，師

資培育過剩將造成更多畢業生無法就業，使人力資源浪費。這可能嚴重影響到學生未來的出路，也影響到社會及國家整體的失業問題及社會問題。

、不整併，走出教育大學特色

走出自我特色的發展方向是讓教育大學的師資培育逐年減少，而非師資培育類科逐年增加，接著會讓非師資培育的人數超過半數，學校不再是師資培育與非師資培育各半，但教育大學不整併。這種學校發展的優點有：第一，讓教育大學體質及學校目的真正改變，教育大學轉變為非師資培育為主，有益於學校特色重新建立；第二，教育大學不再被定位為以師資培育的學府，教育大學提供培育各類人力的搖籃，這有益於與其他大學競爭；第三，教育大學不再被社會批評為沒有接受社會變遷而變革，教育大學培養的畢業生也不再被視為沒有競爭力者，更不會有從教育大學畢業就失業的問題產生。

走出教育大學的自我特色發展方向的缺點有：第一，要讓教育大學體質轉變為非教育類科的學校，並非短時間、投入少部分經費就可以完成，它需要時間及專業人力的重新調整；第二，除了時間與經費之外，重要的是在轉型為「非教育大學」，需要建置更多的非教育類科，此時需要建立學校特色及學生品牌，而在現有的綜合大學、傳統大學或規模較大的綜合大學（例如台灣大學、清華大學、交通大學、成功大學、中山大學、中正大學）的外在壓迫之下，教育大學要能真正改變體質與轉型，還需要在夾縫中求生存，畢竟一所綜合大學或有特色的大學或有競爭力大學，並非短時間可以造就，因為羅馬不是一天造成的；而學生品牌也非一夕可完成。產業界的用人以能力及競爭力為導向，要能建立改制教育大學與體質改變後的特色及品牌，無法短期完成；第三，學校與學生品牌是很重要，但是在教育大學以非師資培育為主之後，師資培育的傳統學校就走入歷史，這其實也是競爭型的師資培育的另一種損失，主因是傳統的師資培育機構或教育大學，如果能發揮其核心的師資培育功能，培養良好的師資，也是對社會有貢獻，因此如果教育大學消失之後，對於大學類型的多樣性，也是一種損失。

教育大學的特色究竟何在？如何建立？這需要考量幾個前提：一是就地域來說，鄰近大學系所及其特色何在？鄰近大學已有優良傳統及具有競爭力的系所，教育大學可不必增設及調整；二是就整體社會、經濟及產業結構的發展來找學校特色，也就是未來的產業界需要何種人力？這必須對產業人力的需求深入掌握，就如知識經濟、網路經濟、生命科學、服務型社會所需要的物流、工業設計等；三是就國內現有大學未有建置該系所類科，而該學門又具有潛力系所，這必須從國內外的大學發展做考量，當然它必須有前瞻性與競爭力；四是就學校本身已有的系所且已具有特色進行延伸，也就是找出已有特色，再逐次擴張系所。例如台北教育大學有音樂及藝術教育、課程與教學，又有最早成立的博士班，與其他大學相較，教育政策與管理所也有較長發展，這些就可以作為延伸特色的條件；五是以學生就業需求作為轉型，可能是商業、管理及公共行政類科為主。當然有些系所是和社會批判、學術研究及國家發展有關，這類系所應不完全以學生就業或與經濟結合為主，而是以大學精神及其發展作為特色。

伍、教育大學發展方向的取捨

上述四種教育大學可能發展的方向，教育大學應如何取捨？吳清山（2002）指出它是在學校經營過程中，能夠展現其高品質、表現卓越價值、超越顧客滿意、發揮學校特色、達成學校目標能力等面向。然而教育大學發展方向要達成高品質、具有競爭力、顧客滿意度高等目標，就要由教育大學內部找出其定位與發展出路，同時教育部在政策規劃引導時，更需要協助。

一、教育大學要作的取捨

前述四種可能的發展方向，究竟何種方向是教育大學最後的選擇呢？四種方向各有優劣，前面已論及。

以整併來說，教育大學與鄰近大學整併，說來容易，做來可困難多多，否則交大與清大在近水樓台、又有教育部的教育經費誘因，為何沒有結果？又如

台灣師大與台灣科技大學又為何在決定整併之後告吹？再如幾所教育大學在改制前也投入幾年的整併論調，最後是不了了之。所以整併並非輕易可達成。

以師資與非師資各半規劃來說，它涉及到非師資科系設置與師資人力擴編，它也非在一年、兩年或三年就可以完成，但面對學生一年一年的進來，學校不可坐視不管學生畢業後的出路，否則以市場競爭機制，教育大學招入新生素質會一再下降。

以師資培育為主的方式來說，它算是對現有教育大學師資縮減最小，但也面臨了教育大學未能與社會結合，以及從教育大學畢業的學生沒有出路的挑戰。

以教育大學走出特色來說，它是讓教育大學在幾年後，非師資培育系所過半，改變體質，重新讓教育大學改頭換面，但這並非在五年內就可以完成。更重要的是，教育行政機關應投入更多的經費，而教育大學也需要有魄力及掌握正確系所方向，以因應國內傳統的綜合大學的挑戰。

就教育大學的立場來說，學校內部的聲音、意見及觀念的重視，是教育大學面臨發展的重要前提。因此，在大學自主及大學治校前提下，學校內部意見的整合，是教育大學要取捨何去何從的關鍵，最重要的是，教育大學在系所規劃及學校定位與發展特色方面，本文認為未來發展宜掌握幾個重點：

第一，就短期來看，如果是要非師資培育有一半，學校宜盡速設法提出修習非師資類科的師資及系所，畢竟學生學習是無法等待，也無法實驗，更無法使時間倒流讓學生重新學習。這是教育大學在短時間就應該解決的問題。

第二，就中程來看，教育大學宜注意社會需求及大學競爭力的壓力，在短時間內宜確定發展方向。易言之，教育大學本身宜盡速的調整學校系所班組，以因應轉型需求。這是配合教育大學願意調整的前提下，逐步的改變，進行系所轉型。

第三，就長遠來看，教育大學宜掌握未來的定位及發展方向，從定位中找出自我的特色。雖然並沒有一種變革是可以完全掌握發展方向的，但是如果沒有思考未來的發展方向或目標及定位，以且戰且走的心態，將浪費教育資源，也讓教育大學喪失發展良機。

二、教育主管機關的政策規劃

如果非師資增加與鄰近大學整併，是教育行政機關要教育大學執行的定位與方向，教育行政機關更應有以下的規劃：

第一，就調整非師資類科來說，教育行政機關宜提供人力配置，不可以僅提出政策卻沒有配套方案。也就是說，如果減少師資培育類科之後，其非師資類科的設置需要教育經費、專業人力、實驗設備及相關條件。教育行政機關不可以僅提出這樣訴求，卻沒有實質協助。易言之，教育行政機關在這方面的政策規劃宜依據學校轉型需求，包括系所整併、新增系所在各年度所需經費的分年編列。

第二，就整併來說，教育部宜提出配套及支持。本文在此是假定教育大學的整併是五年內的唯一出路，也是符應教育部的既定政策，此時教育部應做幾項配合；1.教育部提出年度經費誘因，讓教育大學與要參與整併的大學有意願來整併；2.教育部宜訂出各年度的整併時間表，要求教育大學提出要參與整併的學校訂出期程，教育部從中協調，否則整併都會是大規模學校吃定小型學校，而教育大學就是小型學校代表，這讓教育大學不願意整併；3.教育部宜強調以平等、公平與互惠互利的原則，讓兩校在有尊嚴下完成整併。

其實，就前述說明來看，教育大學與鄰近大學整併有其困難，所以教育部宜對這政策規劃調整為不必然要求教育大學應進行整併。前述看出與鄰近大學整併雖然是教育部的既定政策，但是教育部並沒有提供更多誘因及資源，因此不管是教育大學或是要與教育大學整併的大學，並不會有更多期望與意願。所以教育行政機關應放鬆與鄰近大學整併的必要選項，讓教育大學自主發展。如果是這種發展，則應有兩個重要的前提：第一，如果非師資類科有一半，此時教育部應提供教育經費增加系所，改變學校系所院類型，讓教育大學跳脫以教育類科系所院的窠臼；第二，對減半師資類科的師資宜提供合理出路。如果教育大學的教師年資足夠或教育部提供相關的誘因，讓這些教育大學老師提前退休也是好方式；如果教育大學教師的年資不足，宜提供第二專長的再進修，以加速教育大學體質轉變。

第四節　台北教育大學整併難題與出路

、台北教育大學可能發展方向

教育部表示，國內六所師範學院改制教育大學之後，一方面要使非師資培育的學生員額占學校招收學生的一半，另一方面是要在五年內與鄰近大學整併。台北教育大學就面臨轉型的命運，也就是前述兩條路勢必都是在未來要面對的。第一項條件，其問題雖不少，但從學校內部整合可能較不受外力影響，然而第二項條件對台北教育大學而言，可能面臨更多的困難與挑戰。過去台北教育大學已討論過如何轉型以及如何整併的問題，目前初步擬訂與幾個學校進行可能性的整併，例如台大、台灣科大、台北科大、台北護理學院、台北大學、台灣師大，如要與這幾所學校整併，困難度不小。

一、與台大整併

與台大整併，看起來是在所要整併的學校中，學校條件最好，如能整併成功也是最好。但台大意願可能不高，一者學校已有教育學程設立，再者學校校務會議代表人數近三百人，如要讓多數委員通過整併案，可能性不高；再者台北教育大學將會有被大學校併吞的可能，當然兩校學術風氣不一，台北教育大學學術生產力不如台大高，學術研究風氣亦不如台大，所以台大接受台北教育大學成為整併的對象之後，將會影響到台大的整體學術表現與國際能見度。此外，台北教育大學在整併之後，百年歷史地位將在歷史中消失，對校友無法交代。所以台北教育大學與台大整併似乎僅能紙上談兵，實現的可能性不高。

二、與台灣科大整併

這種組合可能性也不高。一者台灣師大與該所學校已在 2000 年起就討論整併或合作方式，教育部在過去幾年也是樂觀支持，並試著提撥部分經費支持，但兩校因為人事安排、學校名稱、師資結構與整體學校發展無共識，後來兩校

都告吹。台師大對該校都認為已沒有誘因，也沒有完美整併結局，因此台北教育大學要與該校整併問題將更多。重點是台北教育大學條件並沒有台灣師大的條件來得好，加上先前台灣科大已有整併不成的不愉快經驗，對整併有不好印象，所以這種組合的整併可能性並不高。

三、與台北科大整併

台北科大的地理位置頗佳，交通四通八達，同時學校有其歷史、校友亦建立起良好就業傳統、學校規模略比台北教育大學大，所以規模算不小，學校能建立技職教育的特色，加上該校面臨學校發展的瓶頸並不是學生畢業出路與就業率低的問題，而是在於學校校地如何擴大以增加學生實習、學習空間與更多設備問題，所以該校要與他校整併意願應不高。縱然要整併，也當應找商業類科為宜，可以有技術類科與商科發展的好處，最好的對象為台北商業學院（先前的台北商專），它更可以發揮互補效果及近水樓台效應，所以台北科大與台北教育大學整併的機會不高。

四、與台灣師大整併

台灣師大的學校規模大於台北教育大學，又是師範校院的龍頭，加上兩所學校在學校特色、學系及功能同質性太高，並沒有互補效果。雖然兩校位置頗近，但是台灣師大亦面臨轉型問題與困境，所以並不會找尋與學校同性質的學校整併，最有可能是與台灣科大、台北科大。但先前與台灣科大整併無法成功，讓台灣師大的整併意願更不高。同時近年來台灣師大的系所調整已有非教育類科學系在進行，目前已陸陸續續產生新系所，所以該校以「調整體質」方向進行，並非以整併方式。所以台北教育大學與台師大的整併案可能性不高。

五、與台北護理學院整併

台北護理學院位於關渡，與台北教育大學的距離相差頗遠，並無法發揮地利之便。台北護理學院培育專業的護理人員，以醫療、藥學及護理照顧方面見長，就本身條件來看，有其專業特色，也並非學生出路問題與專業領域的問題，所以台北教育大學與該校整併機會也不高。從台北教育大學來看，學生如修習教育類科知識，搭配醫療護理知識，這樣學習成功的機會並不高，對學生第二專長建立困難會增加，因為醫護知識非短時間或一、二十個學分就可掌握。如果台北教育大學學生習有少部分護理知識，亦無法在醫療院所擔任護理師或相關藥劑師，因為這需要長時間培育。所以台北教育大學與該校整併在地緣與學生專業知識培養上有問題。

貳、台北教育大學走自己的路？

教育大學整併既然是一種學校發展、學校資源與學校利益的結合，整併過程也不一定是順利，更重要的是要有內外在條件配合，否則不易完成整併。如此一來，便應該考慮如果沒有進行整併，學校應從哪些方向發展？應調整哪些基本體質呢？

台北教育大學有其培養師資的優良傳統，也有它發展的限制。因此在調整學校體質應有階段性的發展方向。不同時間應有不同的階段性發展，也就是學校在短時間無法與他校談妥整併，亦可能無法整併，此時最應調整的是學校體質。台北教育大學的階段性發展方向如何呢？說明如下。

一、短程發展

在近程發展上，即近三年之內，應不斷要求學校各系所對該系所轉型調整方向明確的訂定出來。這方面工作應包括：計算出未來可能退休人員數、系所遇缺先不補，作為學校整體發展進行空缺的調整、要求各系所與學校中心調整未來系所或中心可能的發展方向。重要的是為建立起學生的自信心，不斷的鼓勵學生趕快修習第二專長知識，增加就業能力與競爭能力。此外對學生能力、興趣與性向應不斷的輔導，以增加學生在畢業後的適應能力。更重要的是，學校所有老師及行政人員應好好找尋本校在調整現有師資結構之後的學院發展，未來還有哪些學院是本校可以發展的。

二、中程發展

在中程發展階段上，即四至六年期間，台北教育大學應每年不斷檢討各系所人力結構，透過可增聘員額前提下，適時增加適合學校發展的系所。

以台北教育大學的地理環境來說，除了教育與其他產業結合之外，在第一優先順序，不妨大膽增設語言（各種語言，如日文、德語、英語、俄羅斯語、拉丁文）的學系，因而成立一所語言學院，它可以讓台北教育大學有地利之便，供學生及校外學習，更可以增加學生的競爭力及國際視野。

在第二優先順序上應增加經濟、法律、理工的系所。這方面勢必要先吸引具有特色及專長的老師來校任職。另增設方向先以研究所為優先，接著再增加學系，再接著是增加班級數或組別數。所以未來增加法律學系、經濟學系、統計學系、保險學系、化學系、英語系、媒體應用學系，來搭配原有的系所結構，如此更能增加學生的學習廣度，更重要的是增加學生第二專長及日後學生適應社會的能力。同時在教育類科培育，調整現行的駐校三週的實習制度以及外埠參觀制度，增加學生在實習以及參與教師甄試的應試能力及技巧，更重要的是增加學生自信心。此外，對於教育與非教育類科的學生都應鼓勵參與國家考試、英文能力檢定或出國留學。當然應鼓勵教師的學術研究生產量，鼓勵國外進修，習得第二專長的能力。

三、遠程發展

在遠程發展上，台北教育大學應轉型為一所綜合性且是小而美的大學，學生從這所學校畢業之後，也都能夠很早的就找到適合的工作。因此在長程發展目標來說，學校當有教育學院、藝術人文學院（包括語言、藝術、音樂）、理工學院、法商學院。在此須說明的是，校地並不一定要大，但應鼓勵教師的學術研究生產力（可提高對教師研究生產力的獎勵），增加產學合作，以及增加對系所的評鑑等。

在調整的原則上，現有系所應具有區別性，即系所重疊性應降低。而新增系所應更具有競爭力，所以應謀求與社會及產業結合，並考量其他學校已有設立系所的經驗，並盡量不與它們重複。

、結語與建議

傳統的師範校院除了太短、太小、太窮、太淺問題之外，近年來更遭遇到了學校就業困難及轉型發展的瓶頸。尤其自 2005 年 8 月 1 日行政院通過六所師範學院改制為「教育大學」之後，教育大學就走在大學發展的十字路口，未來的教育大學何去何從，已是值得研究的課題。作者以教育政策為學術研究領域，同時在教育大學任教的親身觀察、體會及反思中，瞭解教育部提出要教育大學改制之後，需要將「師資與非師資培育類科各半」、「改制後需要與鄰近大學整併」等兩個重要政策進行分析，本文認為這兩個條件對教育大學都有困難。就前者來說，在 2007 年要讓教育大學有一半是以培養非師資名額，這可能涉及到這些非師資類科的系所設立及這些學生畢業就業的問題。就後者來說，要求教育大學五年內與鄰近大學整併，也是過於一廂情願的想法；因為整併需要考慮到誘因、兩校意願、兩校師資結構、兩校文化及兩校的學術研究及傳統風氣等。面對這樣多元與錯綜複雜的因素，要在五年內完成並非易事，除非有強而有力的政治力介入。

基於前述兩個條件並無法預期實現，本文提出了教育大學的發展方向：一是教育大學須整併；二是不整併，師資與非師資培育各半；三是不整併，師資培育為主；四是不整併，教育大學走出特色。這四種發展方向各有優劣。

本文認為以單獨整併方式不一定適合教育大學，既然如此，建議教育大學盡速在保有大學自主之前提下，針對學校內部進行溝通，取得發展方向共識，同時教育大學宜提出未來在短期、中期及長期的學校發展方向。對於教育行政機關而言，既然整併不易進行，果真要執行宜提供誘因及經費，並要求整併學校宜在平等與互惠原則下進行；而在師資與非師資培育方面，教育行政機關宜提供教育經費及員額，讓教育大學有經費及專業人力重組新的系所，以便改變體質。當然，本文更認為整併並不一定可行，教育部宜考量這個政策規劃的方向是否應調整，同時對於非師資培育與師資培育各半的政策方向，是否應考量

與尊重各教育大學的特色，重新思考這政策的可行性，是否必須重新規劃這方面的政策方向。

（本文曾發表於 2005 年 12 月 10 日，「教育政策與教育行政學會學術論文發表會」，〈教育大學定位的政策規劃〉。）

本章的討論問題

一、試指出過去師範校院的問題為何？

二、試分析改制後的教育大學面臨的問題為何？

三、試指出大學整併的條件為何？

四、試分析教育大學可能的轉型方向為何？

五、試指出哪些條件是大學無法整併的因素？

參考文獻

吳明清（1996）。師範學院的發展與出路。**初等教育學報，9**，437-441。

吳清山（2002）。提升學校競爭力的理念與策略。**台灣教育，613**，2-10。

張芳全（2005，10 月 10 日）。走在十字路口的教育大學。**國語日報**，10 版。

張玉成、張芳全（2003）。師範學院的定位與發展。載於**我國小學師資培育的回顧與前瞻學術研討會論文集**（頁 112-123）。台中市：國立台中師範學院。

第九章
大學學費的政策規劃

本章學習目標

一、掌握高等教育與社會階層流動之間的關係。

二、分析台灣的大學學雜費演進。

三、說明台灣與各國大學學費與國民所得之間的關係。

四、掌握大學學雜費與高等教育單位學生成本。

五、指出台灣未來高等教育的規劃方向。

第一節　大學學費問題與規劃方法

壹、問題緣起

每年 7 月大學放榜之後，許多學子及家庭就開始苦惱如何籌措大學學雜費的問題。此時常會有學生示威抗議，此抗議不外乎是由於無法負擔大學學雜費而起。究竟台灣的大學學雜費政策應如何規劃，才不會讓學生及家長每年提出抗議？

台灣高等教育持續的擴充使得貧富家計子弟都有機會上大學，然而貧富家庭對學費負擔能力卻大不同，所以有些家庭無法負擔學費，因而認為台灣的大學學費是高學費政策。為瞭解前述問題，本章除了從台灣的學雜費政策的演進分析之外，更應瞭解台灣高等教育在學率擴充與國民所得、人口成長率之間的關係為何？台灣的大學學雜費與國民所得之間的關係以及在國際的相對地位為何？本章亦要從美國各州的大學學雜費與其國民所得之間的關係，以及各國的高等教育成本與國民所得之間的關係，透過前述的分析來規劃台灣的大學學雜費政策。

為何要這樣的分析呢？有以下幾個理由：

首先，大學學雜費的高低應從國家的經濟發展來反應，也就是經濟發展愈快速，人民才有投資高等教育的可能。因為國民所得提高，投資高等教育機會增加，接著就可能會讓高等教育的單位學生成本提高，如此才可以提高高等教育的素質，所以本章分別要以國民所得、高等教育單位學生成本來掌握與大學學雜費之間的關係。

其次，為掌握大學學雜費的高低，不能僅由少數國家的學雜費或本國的學雜費來論斷大學學雜費的高低，畢竟沒有參考依據就無法瞭解一個國家的大學學雜費高低。本章主要從兩個方面的資料來掌握，一是從各國可以取得的高等教育單位學生成本與國民所得，來掌握與該國相對應的大學學雜費之間的高低。另一方面是由美國各州的大學學雜費與國民所得之間的關係。運用這兩方面的資料，主要是考量在大學學雜費的掌握上，並不能單以一個國家作為規劃，另外也考量資料取得的重要性。也就是說，以目前可以取得的資料來進行分析是較為具體可行的方式。

從上述可知，本章主要要分析幾個問題：

第一，台灣的高等教育擴張的影響因素為何？

第二，台灣的大學學費與國民所得之間的關係為何？也就是從各國的大學學雜費與國民所得來瞭解它們之間的關係，同時以兩個變項來看大學學雜費，台灣的大學學雜費是否屬於高學費類型。

第三，各國的高等教育單位學生成本與國民所得之間的關係為何？

第四，美國各州的大學學雜費與其國民所得之間的關係為何？二者之間是否存在正向關係呢？

最後，從上述的分析成果提供相關的政策方案的研擬。

從上可以看出，本章先說明大學學雜費的政策分析，接著以大學學雜費作為實例，來掌握應如何進行大學學雜費政策規劃。說明如下。

貳、高等教育學費的研究

一、高等教育擴充影響社會階層流動

針對「台灣的大學學雜費是否偏高？」此問題各界爭論不休，這個問題除了學費高低爭議之外，更有社會階級流動及教育機會不均等意涵。怎麼說呢？

以社會階級再製觀點來說，勞工階級子弟接受大學教育機會較少，主因在於他們的教育資源及接受大學教育的機會較少，所以他們如果要接受教育必須投入教育成本，而這樣的成本在接受教育之後，必須先投入工作的機會成本；因此接受大學教育的成本對他們來說相當昂貴，所以他們可以接受大學教育的機會較少，日後在社會階級流動的機會也少，因而他們日後無法在社會與人競爭而擁有更高社會地位，最後仍處於社會層級較低的地位。所以，他們雙親勞動、工農階級的社會地位，或者因為貧困而就學動機低、學業成就偏低、財力低等，均使得他們接受教育的機會減少（林文達，1986）。此問題在他們這一代仍然存在，因為他們無法接受大學教育，而必須與雙親原本的社會階級一樣。

反觀，社會階層較高的家庭擁有較多的社會資源、家庭成員擁有較高的教育程度、對於子女的成就導向於未來、給予子女更多接受教育的機會，對接受大學教育或更高的教育層次是家長所期待（黃昆輝，1978）。其子女接受教育的實質成本及機會成本都不成問題，在教育成本沒有壓力、子女無後顧之憂的前提下，社會階層較高的子女接受大學教育機會較多是不爭的事實。因此，這些子女在日後也擁有較高的社會階層流動的機會，最後也在社會階層流動中站穩他們較高的社會階級地位。

前述的上層及中下階級的問題一直存在於社會之中。而接受大學以上的教育是社會流動必要的過程，畢竟教育機會均等是民主國家應重視的問題，所以大學學費高低反映出社會階層低者能否負擔及接受的問題。

除了社會階級流動說明大學學費有無偏高之外，更反映教育機會不均與教育資源沒有合理分配。一般說來，勞農工子弟除了就讀大學及大學以上的教育機會較少之外，接受公立大學的機會更比軍公教或上層社會階級的家庭少。台灣的大學學雜費又是公立低於私立，其比率約是兩倍多。勞工子女就讀私立大學多，又要付出較高學費，又沒有較好的大學教育品質，這無形之中讓這些學生既要「參與社會流動」，卻少了一些競爭條件，因此這對於勞工農民子女的社會階層流動無疑是雪上加霜。

二、台灣的高等教育擴充相當快

Trow（1974）曾指出一個國家的高等教育在學率未達 15%，屬於精英化高等教育時期；高等教育在學率在 15%到 50%，為高等教育大眾化（massification）時期；高等教育在學率如果超過 50%，則是進入普及化（universal）階段。台灣的高等教育粗在學率（18 至 21 歲）在 1976 年已超過 15%（15.4%），在 2000 年更超過 50%（教育部，2004），台灣在 24 年的高等教育投資及發展之下，邁入普及化高等教育發展的國家；在 2004 年的高等教育粗在學率更高達 72.4%，這顯示台灣的高等教育量擴充速度相當快。大學已由精英教育轉為大眾化教育。2005 年大學錄取率已達到 89.2%，也就是每十個人僅有一位無法進入大學，這種情形讓人人有大學念，但是是否有辦法負擔卻是值得思考的問題。此外，蓋浙生（2003）也分析指出，我國的高等教育學費未能適時反應成本、大學經費成長遲緩、學生單位成本逐年下降，例如大學及獨立學院平均每生分攤的經常支出在 80 學年度為 200,211 元，在 88 學年度降為 124,210 元。

三、台灣的大學學費政策演變

台灣的大學學費政策沿革可分為三個階段：第一時期是 67 學年度以前，它屬於管制式與隨著年度 4 月份物價指數調整；第二時期是 68 至 87 學年，也是管制式，但是有讓各大學彈性調整空間，這時期稱為過渡階段；第三時期為學費自由化時期，即自 88 學年度起各大學學費自由化，但亦有配套措施。這些時期的相關發展說明如下（教育部，1998，2002）：

㈠管制時期

遷台至 67 學年度的大學學雜費都是由教育部訂定收費標準。這方面在學費標準是以軍公教人員待遇的年度薪資調幅進行調整，而雜費是以當年度 4 月份的物價指數變動進行調整，教育部在調整與訂出標準之後，再函報行政院院會核定實施。大抵 67 學年度以前，大學徵收的項目包括學雜費、圖書、體育、醫藥、講義及實驗費。這些年代的大學學雜費都是由教育部所管制，所以並沒有讓私立大學校院有彈性的收費方式。

㈡過渡時期

67 學年之前的大學學雜費徵收項目較多，68 學年度就規定僅徵收學生的學費及雜費。後來，因為私立大學校院經費主要來源為學雜費，但又受到政府的限制規定。政府於 80 學年度讓公私立大學有公平競爭基礎，訂定私立大學彈性的收費制度，也就是私立大學須依生師比、每班學生人數、董事會及財務運作狀況與圖書設備等，徵收學生學雜費，同時行政院更授權於教育部不必將每年的大學學雜費函報行政院。由此私校獲得若干的彈性，但是私立學校學生反彈，此方案於 84 學年度取消。後來又恢復每年參考軍公教人員待遇調幅及物價指數

進行調整，同時為縮減公私立大學學雜費的差距，教育部以公立大學調幅 10% 作為拉近與私立大學學費的距離，因此使得 87 學年度的公私立差距原本為 3 倍的已降為 2.2 倍，可說是公私立大學逐年拉近。

㈢自由化時期

88 學年度起，教育部實施「彈性調整學雜費方案」，規定私立大學收取學雜費的 80%用於行政管理、教學研究與訓輔及學生獎助學金，或是 100%用於前三項加圖儀、設備，第二年就可以調漲學雜費，漲幅不限，但要先報教育部核定，公立大學則每年漲幅仍不得超過 10%。這項政策是教育部為配合大學競爭力提升及滿足大學經營需求所提出。它於 1998 年 5 月由教育部函報行政院教育改革推動小組進行審議，審議通過之後，在 88 學年度起實施。這項政策主要特色在於大學學雜費不再由教育部統一規定收費標準，其目的為各校依實際用於教學之經常成本決定收費標準，並鼓勵辦學績優學校，予以較多自主性，讓學雜費徵收以「取之於學生，用之於學生」為原則。由於各大學校院的教學支出、現金結餘等財務狀況皆不同，「彈性學雜費方案」僅以學費收入／教學成本支出（行政管理支出、教學研究訓輔支出及學生獎助學金）比例控管措施，過於靜態也有不足；加上彈性學雜費方案鼓勵辦學績優學校精神不足彰顯，因此，教育部於 93 學年度起納入學校動態性整體財務狀況評估，讓學校調整學雜費案反映學校真實財務情況及辦學成效。

也就是說，自 93 學年度起，除了彈性調整學雜費方案規範之外，各校應符合財務指標及配套措施，作為學校調整學雜費之依據。學校調漲之財務指標包括動態及靜態指標。動態指標是指近三年常態現金收入（係指當年度學校提供教學、研究及服務所收取之現金收入，包括學雜費收入、推廣教育收入、建教合作收入、其他教學活動收入、補助、財務收入及其他收入）扣除常態現金支出（係指當年度學校提供教學、研究及服務所發生經常支出而支付之現金數，包括董事會支出、行政管理支出、教學研究及訓輔支出、獎助學金支出、推廣教育及其他教學支出、建教合作支出、財務支出、其他支出，又學校每年購置教學儀器設備及圖書所支付之現金，每年之金額需求相近，故學校每年支用於教學儀器設備及圖書之金額亦將其視為常態現金支出）後之常態現金餘絀，占常態現金收入之比率（即常態現金結餘率），不超過 15% 者。靜態指標是指近三年學校淨貨幣資產占常態現金支出之比率（即累積資金結餘指數），不超過 1%者。

㈣台灣與各國大學學雜費比較

上述可以瞭解台灣的大學學雜費政策的演進，以下就來瞭解台灣、各國的大學學雜費與國民所得之間的關係。從 2000 年各國的大學學雜費來看，如表 9-1。表中看出幾個現象：第一，各國的公立學校學雜費普遍低於私立大學；第二，各國的國民所得愈高，大學學雜費也愈高；第三，如果是福利型國家，例如法國、德國的公立大學學費幾近於 0，而私立大學仍然依據其需要收費；第四，主要國家有名的大學學雜費占國民所得比率很高，例如美國的哈佛、西北大學、日本慶應大學。最後，台灣的公私立大學學雜費比起福利型國家還高，但比起美國及日本或新加坡大學的學雜費則低。

就以台灣一年私立大學的學費為 10 萬 4 千元，國民平均一年國民所得為 39 萬 3 千元，依國民所得負擔比率僅有 26.4%，公立大學則僅有 14.15%，則公立大學與美國的維吉尼亞大學、洛杉機加大的比率頗為接近，但是如果與美國私立大學每年學費為七、八十萬元，甚至有百萬元者相比，台灣的私立大學與公立大學都是低很多，也算是合理的學費。

至於 93 學年度各大學校院調漲的幅度見本章末之附表 1、2。

四、大學學雜費的相關研究

近年來對於大學學雜費的研究不少，茲整理及歸納說明如下：

蔡裕敏（1981）對高等教育學費問題從學生家長負擔能力、政府或學校財政狀況，以及教育成本與效益等方面研討。在高等教育學生家庭背景分析方面，是從全國各公私立大學及專科學校抽出二萬八千餘份樣本，以家長所得、家長職業及教育程度三變數，分析其家庭背景，結果發現教育程度高及職業層級高的家庭較能負擔子女的學費，反之則否。

表 9-1　2000 年各國公私立大學學雜費　　單位：台幣萬元，%

國家	學校	類型	學費	所得	學費占所得比率
中華民國		公立	5.7	39.3	14.15
		私立	10.4	39.3	26.42
中國大陸	一般高校	公立	1.6	3.1	53.24
	重點高校	公立	2	3.1	64.93
香港	香港中文大學	公立	18.3	81.9	22.29
新加坡	新加坡大學	國立	37.2	69.5	53.49
美國	密西根大學	公立	58.6	118.6	49.43
	維吉尼亞大學	公立	14.7	118.6	12.35
	洛杉磯加大	公立	14.3	118.6	12.07
	柏克萊加大	公立	13.9	118.6	11.74
	西北大學	私立	98.4	118.6	82.97
	約翰霍普金斯大學	私立	90.3	118.6	76.13
	哈佛大學	私立	88.7	118.6	74.76
	史丹福大學	私立	87.6	118.6	73.87
加拿大	卑詩大學	公立	6.1	74.4	8.15
	維多利亞大學	公立	5.3	74.4	7.1
日本	東京大學	國立	20.1	113.7	17.7
	福岡大學	私立	112.2	113.7	98.74
	慶應義塾大學	私立	54.8	113.7	48.19
韓國	漢城大學	國立	5.2	32.6	15.85
	成均館大學	私立	8.8	32.6	27.08
澳洲		公立	7.4	69.4	10.69
		私立	120	69.4	172.93
德國		公立	0	84.2	0
		私立	44.6	84.2	53.01
英國		公立	5.2	80.5	6.48

資料來源：2000 年各國公私立大學學雜費。教育部（2005a）。2005.7.25 檢索於 http://www.edu.tw/EDU_WEB/EDU_MGT/STATISTICS/EDU7220001/indicator/index.htm

林文達（1986）認為學費是主辦教育者根據非移轉教育經常費，向受教者收取以供教學用途的一部分經費；而雜費是主辦教育者根據移轉教育經費與間接與教學相關之經費，如設備使用費等，向受教者收取的一部分費用，因此學費與雜費略有不同。他進一步指出大學學雜費高低的應考量因素包括：國民經濟負擔能力、教育經費的大學（即一所大學可籌措經費的能力）、居住地（是否居住在本國或是外國人，例如英國的大學學費徵收區分為本地生與外籍生，二者徵收標準不一）、學校隸屬別（也就是由國家完全補助或是學校經費由學校自行負擔）。張碧娟（1994）則認為大學學雜費應考量學生家庭的經濟負擔能力。王明源（2003）指出，學雜費的訂定應掌握大學教育的性質、教育品質反應的成本、政府財政狀況、受教者的負擔能力以及教育機會均等。

謝聖隆（1990）研究指出，當高等教育作為純粹資本財或兼具消費性質時，採成立貸款並放任政策會使社會福利達到最大，而且就學機會均等，沒有補貼富人子弟及補習現象。

許瓊文（1998）透過國內外主要學費之沿革、訂立方式與所持理論基礎等相關文獻資料的蒐集、彙整，並加以相互比較，以探討國內外主要學費之沿革、訂立方式，及所持理論基礎上彼此間之異同。最後她認為，大學學雜費調整應考量到國家的經濟條件及個人收入。

盧明俊（2000）研究高等教育與最適學費指出，當高等教育具有外部性時，政府採取低學費政策將使社會福利達到最大、就學機會均等、達到經濟效率、沒有補習重考現象及利貧效果最佳；若採取助學貸款政策時，與低學費政策不同的是，其社會福利較小及利貧效果次佳；若採取自由放任政策時，則社會福利在三項政策中最小，而且就學機會不均等，故利貧效果最差。他進一步指出我國高等教育政策的確是採取低學費政策。

林彥志（2003）以文獻探討、德懷術研究結果與訪談分析資料研究指出，大學學雜費政策邁向市場化機制為必然之趨勢，惟其「合理性」基礎薄弱與實施之主客觀條件尚未成熟。

陳蓮櫻（2004）研究台灣地區大學學費制定及相關因素，她發現影響大學學費因素區分為經濟、社會及教育層面。經濟包括平均每人國民所得、平均每戶可支配所得、消費者物價指數、平均每人國民生產毛額、經濟成長率、賦稅收入，以及高等教育經費預算等七個變項；社會包括貧富差距、低收入戶及失業率；以及教育層面則包括學校數、學生數及平均每生分攤經費等變項。

塗一脩（2004）研究指出台灣的高等教育有逐步市場化走向，但其制度設計著重於市場失靈考量，忽略所得分配不均等，因此高等教育不利於弱勢族群子女，如果依教育機會均等理念，個人不能因其所得高低而影響入學機會，卻在台灣的國民所得不均環境下，高等教育市場化不利教育機會均等，連帶影響個人職業選擇，導致所得分配再度惡化，這種惡性循環，必然會使得社會階層流動僵化，弱勢族群的學子將永無翻身之日。

蕭霖（2004）也指出高等教育學費逐年增加，教育當局應合理的提出補助學生方案，如此學生才不會覺得在教育成本有負擔過重的問題。

從上述研究可看出，台灣的大學學費政策，隨著大學不斷的擴充之後，大學學雜費也有開放趨勢及調整。然而在考量台灣的大學學雜費是否為高學費政策時，仍應考量不同面向。另外，在制定大學學雜費政策應考量不同因素之外，更應注意到對學生補助措施的設計，否則家計將無法負擔大學學費。

參、規劃方法與資料來源

本章將採取多元迴歸分析方式進行掌握國民所得、高等教育單位學生成本、大學學雜費之間的關係。本章的分析設計將建構兩個迴歸分析模式，一是以各國資料作為分析，也就是以各國國民所得為自變項，而以各國大學學雜費為依變項進行分析，它稱為模式一。另一個是以 2002 年美國各州平均國民所得為自變項，以各州四年制公私立大學學雜費（不包括食宿費用）（National Center for Education Statistics, NCES, 2003）分別為依變項進行迴歸分析，它稱為模式二。

在模式一的資料說明如下：以 2000、2001 與 2002 年各國的高等教育量與經濟發展及人口成長率（含台灣）做一迴歸分析，各國國民所得、人口成長率與高等教育在學率取自世界銀行（World Bank, 2000, 2001, 2002, 2003, 2004）。

模式二的資料是取自美國中央教育統計署（NCES, 2003）資料。此模式將以各州的平均每人國民所得為自變項，而以各州的大學學費為依變項，進行迴歸分析，以瞭解自變項對依變項的影響。

本章主要的分析限制在於，各國大學學雜費的資料不易蒐集，因此在模式一及模式二納入的國家數不多，是本章的最大限制。

第二節　大學學費政策分析

壹、高等教育量擴充產生大學學費高低的爭議

經過多元迴歸分析之後可看出，各國國民所得與人口成長率對高等教育在學率分別有正向與負向顯著影響。也就是各國的高等教育在學率受到人口成長及國民所得顯著的影響，如表 9-2 所示。如果再以高等教育在學率與國民所得以散布圖方式來看台灣的高等教育在學率情形，台灣在這方面已高出世界水準很多，如圖 9-1 中，2001 年台灣的高等教育在學率與國民所得已高出最適迴歸線（即各國發展平均的趨勢）；也就是說，台灣在國民所得 12,000 美元左右，高等教育在學率應在 38%，但是台灣的高等教育在學率在 63%左右。它高出約有25%，代表台灣的高等教育在學率已有過量的情形。台灣高等教育擴充之後，人民就學機會增加，未能就讀大學者減少，此時就學成本增加。高等教育擴充，人人有機會讀大學，造成家計無法負擔多位子弟就學高等教育成本。顯然台灣

表 9-2　國民所得與人口成長率對高等教育在學率迴歸分析摘要

變項	B	β	*t*	*P*	*F*	*N*
2000 年					$F(2,114)$	117
常數項	27.266		12.288**	.000	= 57.2**	
2000 年人口成長率	-6.483	-.396	-5.965**	.000		
2000 年國民所得	1.195E-03	.552	8.302**	.000		
Adj-R^2	.492					
2001 年					$F(2,117)$	120
常數項	31.598		12.196**	.000	= 67.9**	
2001 年人口成長率	-8.459	-.420	-6.446**	.000		
2001 年國民所得	1.199E-03	.515	7.902**	.000		
Adj-R^2	.510					
常數項	26.939		10.140**	.000	$F(2,61)$	63
2002 年人口成長率	-9.650	-.516	-7.330**	.000	= 73.8**	
2002 年國民所得	3.453E-03	.766	10.877**	.000		
Adj-R^2	.698					

註：$**P < .01$。

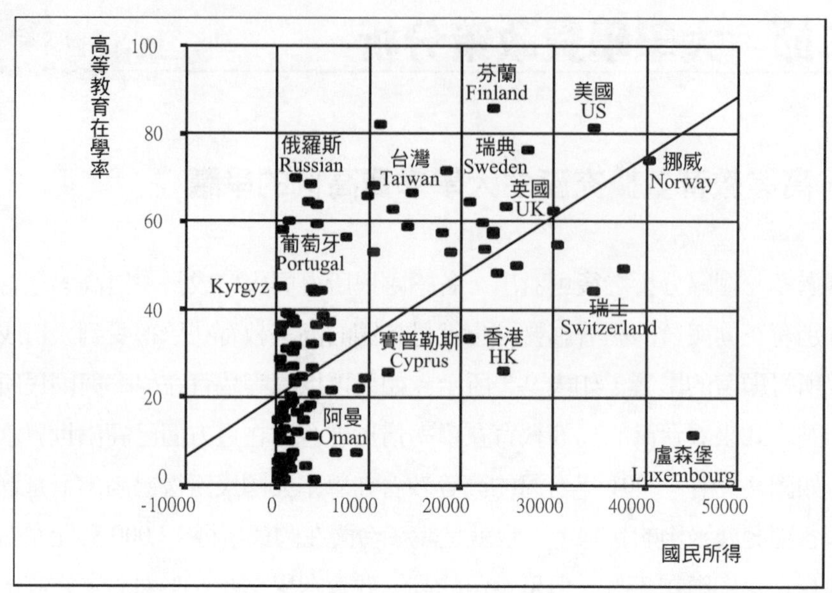

圖 9-1　2001 年各國高等教育在學率與國民所得散布圖

高等教育超出國際發展水平很多，造成國內高等教育普及，人人可接受高等教育，但是每個家庭並不一定都可以支付高等教育學費。

由於台灣高等教育在學率一再擴充，相對的，人口成長率卻逐年下降，日後大學生來源將有限，因此台灣的大學未來將有招不到學生的困境。這點從各國高等教育在學率與人口成長率呈現負向顯著關係，以及從圖 9-2 可看出台灣在這方面發展的狀況。圖 9-2 顯示出的是一個國家的人口成長率在 1.0%，其高等教育在學率的最適當量為 30%，依此來看台灣的現象就更明確。2001 年台灣人口成長率為 .94%，但是高等教育在學率為 63%，可見高等教育在學率所反映出的就學機會，已高出高等教育學齡人口的需求，這就顯示台灣高等教育在未來會有招不到學生的問題。大學擔心招不到學生，無法符合規模經濟，所以會提高學費，支應經營成本，是未來趨勢。

二、高等教育每生成本與國民所得關係

每生單位成本反映出高等教育經費高低及教育品質高低，它更可以間接看出高等教育學雜費高低。本章從 1995 年及 2001 年的經濟合作暨發展組織

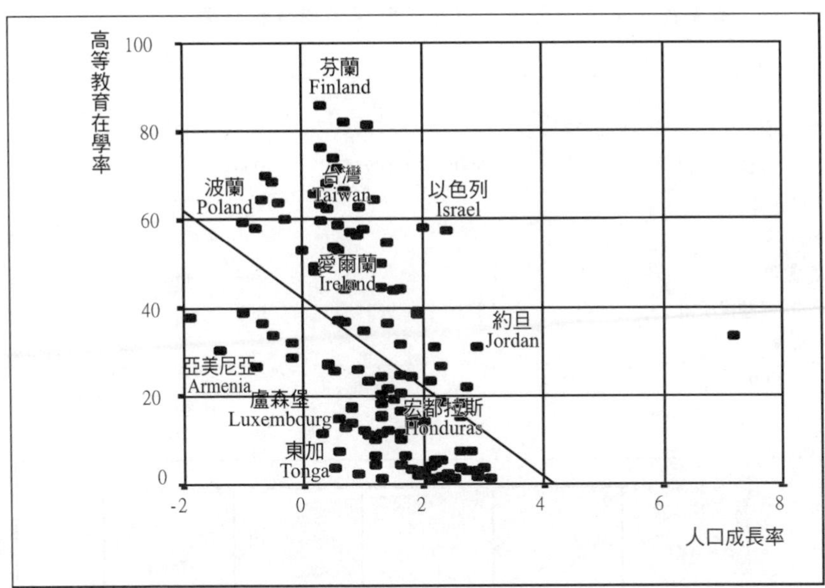

圖 9-2　2001 年各國高等教育在學率與人口成長率散布圖

（OECD, 2004）的國家中的國民所得與高等教育單位學生成本（政府在每年度平均支應每位大學生年度成本）進行迴歸分析，掌握兩個年度的單位學生成本與國民所得之間關係，結果發現兩個年度的國民所得對於高等教育單位學生成本都有正向且顯著影響。同時，國民所得對高等教育單位學生成本的解釋力也在 60%以上。它代表國民所得愈高的國家，高等教育單位學生成本也就愈高。這也就真實反映出高度國民所得的國家應有較高的單位學生成本，如表 9-3。以台灣的國民所得為 12,000 美元來說，在圖 9-2 中恰巧在最適迴歸線上，也就是高等教育單位學生成本約為 5,000 美元，它的意涵是，就國際發展趨勢，台灣這樣的國民所得與高等教育單位學生成本是適當的。

如果再從 2001 年的國民所得與高等教育的單位學生成本之間的散布圖來看，更可以看出各國在兩個變項之間的相對位置及其關係。如圖 9-3。圖中的直線為最適迴歸線，它表示在各國的平均發展趨勢。高於最適線的國家代表在國民所得一定水準下，它的高等教育單位學生成本高於各國平均水準。就如美國國民所得為 35,179 美元，但是高等教育單位學生成本為 22,234 美元，已高於該

表 9-3　高等教育單位學生成本與國民所得迴歸分析摘要

變項	B	β	t	P	F	N
1995 年					F（1,21）	23
常數項	-152.730		-.095	.926	＝37.3**	
1995 年國民所得	.623	.800	6.109**	.000		
Adj-R^2						
2001 年					F（1,25）	27
常數項	-1595.347		-.925	.364	＝48.7**	
2001 年國民所得	.492	.813	6.982**	.000		
Adj-R^2	.647					

註：**$P < .01$。

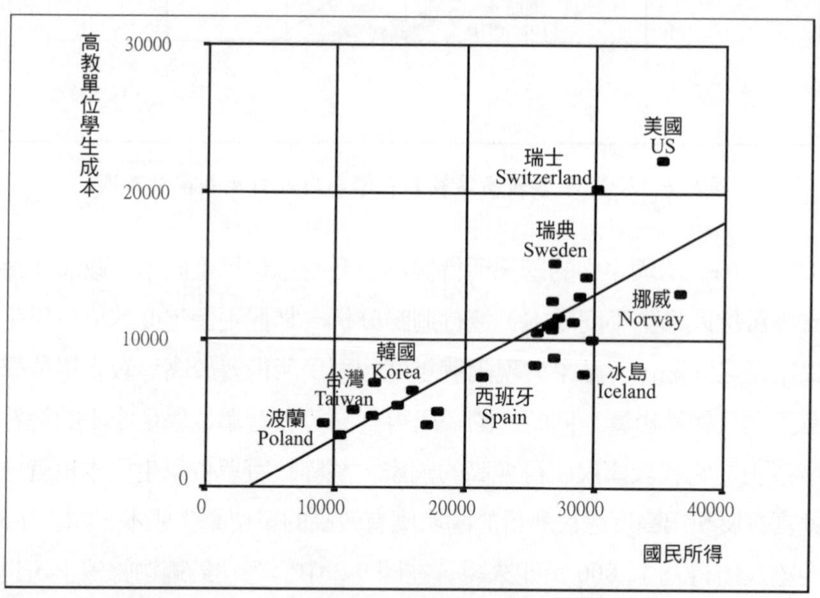

圖 9-3　2001 年國民所得與高等教育單位學生成本

水平的國家的 15,000 美元的平均值，這也就是說，美國的高等教育單位學生成本是非常高；其他如瑞士、瑞典、波蘭等都是高於最適線。而低於最適線的國家，例如挪威的國民所得在 36,587 美元，但是高等教育單位學生成本為 13,189 美元，是低於該水平國家的平均值。至於台灣正巧在最適迴歸線上，代表台灣的國民所得與高等教育單位學生成本與各國的平均水準相當。

、各國學雜費與國民所得關係

一、迴歸分析結果

為掌握 2000 年各國學雜費與國民所得之間的關係，進一步以迴歸分析進行，結果如表 9-4。表中可看出各國的公私立大學的學雜費與國民所得未達到 .01 的顯著水準，但有正向關係，各國的大學學雜費與國民所得未達到顯著水準的可能原因，是本章所納入的分析樣本太少所致。

為了讓 2000 年各國公私立大學學雜費與國民所得之間關係更能掌握，以散布圖顯示，如圖 9-4 及圖 9-5。

二、公立大學學雜費與國民所得有正向關係

表 9-4　各國學雜費與國民所得關係

變項	B	β	*t*	*P*	*F*	*N*
公立大學					*F*（1,12）	14
常數項	-.947		-.10	.920	= 2.9	
國民所得	.211	.438	1.69	.117		
Adj-R^2	.15					
私立大學					*F*（1,7）	9
常數項	-26.924		-.69	.513	= 4.4	
國民所得	1.001	.620	2.09	.075		
Adj-R^2	.09					

圖 9-4 為公立大學學雜費與國民所得散布圖。圖中可看出美國高於各國平均水準很多，新加坡也是，俄羅斯在其國民所得水準下，也有高度學雜費。而英國、比利時、德國及澳洲則在平均水準以下。至於台灣、香港及南韓都在最適迴歸線上，表示台灣的公立大學學雜費符合各國的平均水準。

三、私立大學學雜費與國民所得所也有正向關係

圖 9-5 為 2000 年各國私立大學學雜費與國民所得散布圖。圖中可看出澳洲

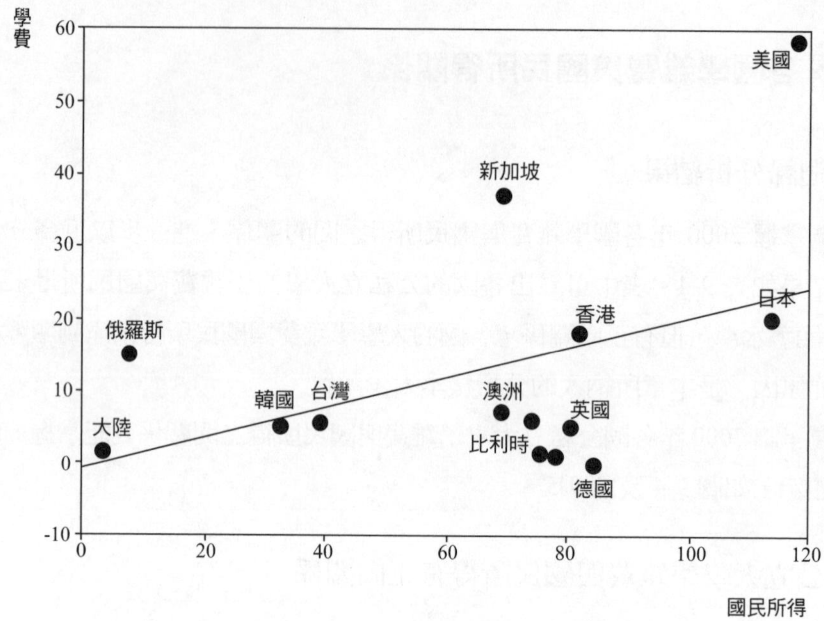

圖 9-4　各國公立大學學雜費與國民所得散布圖

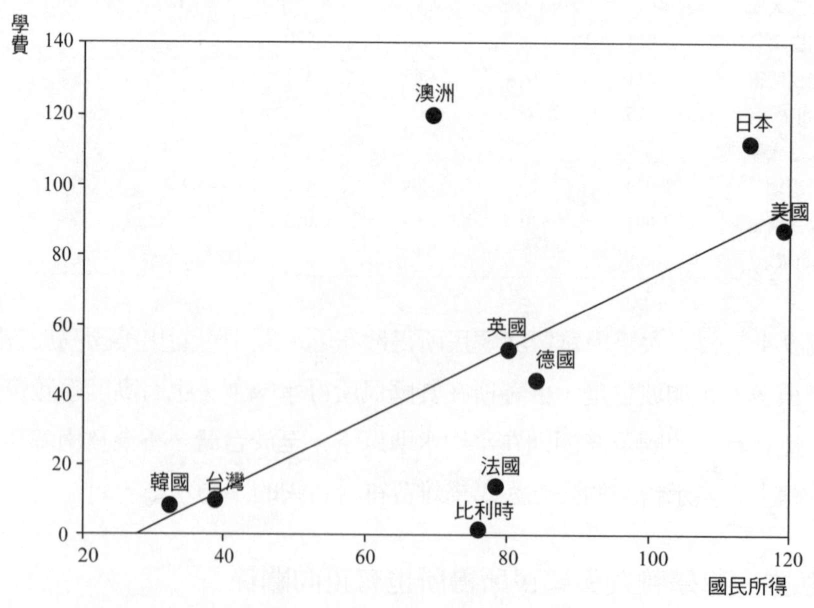

圖 9-5　2000 年各國私立大學學雜費與國民所得散布圖

高於各國平均水準很多，日本也是高度學雜費。而法國、比利時、德國則在平均水準以下。至於台灣、南韓、美國、英國都在最適迴歸線上，表示台灣的私立大學學雜費符合各國的平均水準。

參、美國各洲的學雜費負擔分析

美國是地方分權的教育行政體制。各州國民所得不一、稅收不一，教育品質也不一，同時在高等教育上，各州大學學雜費亦不同。如果以 2002 年各州平均國民所得為自變項，以各州四年制公私立大學學雜費（不包括食宿費用）（NCES, 2003）分別為依變項進行迴歸分析，結果如表 9-5。表中可看出各州國民所得對四年制公私立大學學雜費都有正向顯著影響，其中以公立大學影響力較大，可見美國公私立大學學雜費受到國民所得高低的影響。

而各州的公私立大學學雜費與國民所得的散布圖，如圖 9-6 及圖 9-7。

表 9-5　美國各州學雜費與國民所得關係

變項	B	β	t	P	F	N
公立大學					F（1,49）	51
常數項	414.862		.410	.683	= 9.7	
國民所得	7.283E-02	.406	3.106	.003**		
Adj-R^2	.147					
私立大學	6335.917		1.857	.070	F（1,48）	50
常數項	.171	.298	2.160	.036*	= 4.7	
國民所得	.09					
Adj-R^2	.19					

註：$^*P < .05$；$^{**}P < .01$。

肆、台灣近年學雜費的調漲情形

台灣近年大學學雜費調整情形如表 9-6。表中可看出幾個現象：第一，公立大學的調幅較私立大學高，這可能是因為過去公立大學本來的學費就比私立低很多，所以近年調整幅度也較多；第二，公私立大學學雜費占國民所得支出比

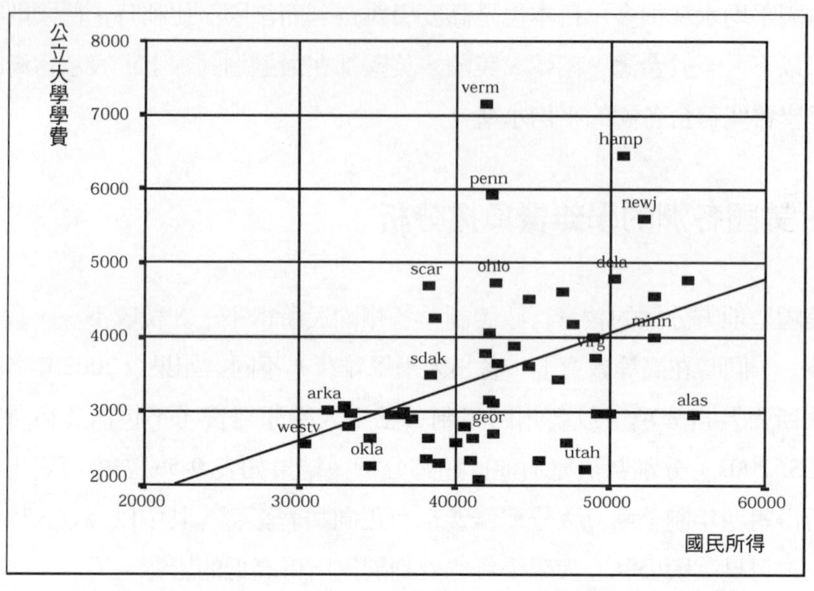

圖 9-6　美國公立大學學費與國民所得散布圖

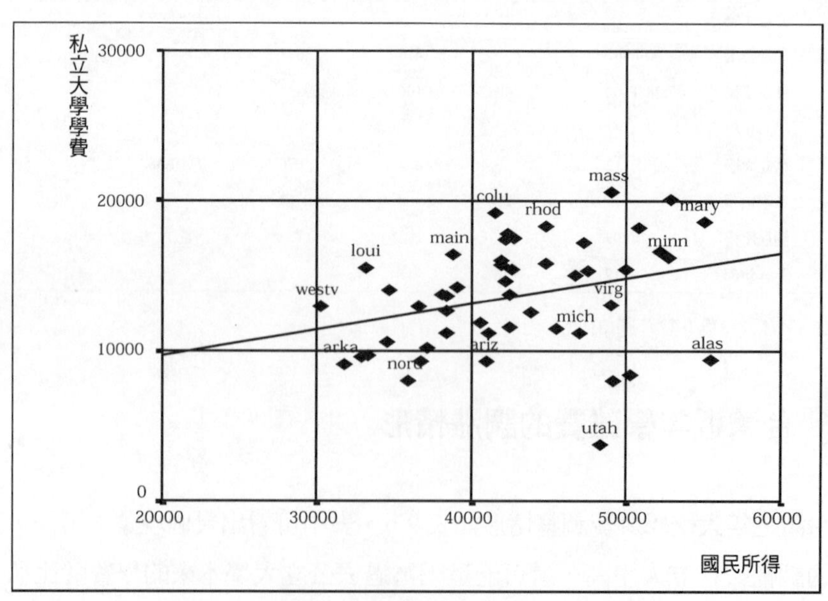

圖 9-7　美國私立大學學費與國民所得散布圖

率以私立高於公立。尤其是私立大學在 82 學年度高達 37%，至 93 學年度仍有 26%，這表示一個家庭收入有四分之一是用於一位子弟就讀私立大學。而在同期間公立大學則僅占有 13%至 14%之間，可見就讀公立大學的學生影響家庭經濟支出的力量小於就讀私立大學；第三，82 至 93 學年國民平均所得增加 16 萬元，但公立大學學費增加 28,000 元，私立大學增加 12,000 元，公立大學增加幅度大於國民所得增加。最後，原本公私立大學學雜費比率為一比三，目前已調整為一比二。

表 9-6　台灣近年大學學雜費調整情形

學年	82	83	84	85	86	87	88	89	90	91	92	93
所得	241307	264196	286191	30808	33394	357503	37920	39046	40338	39344	402077	407434
公立	30512	30512	34112	37902	41680	46246	47584	51954	54210	55692	56832	58750
調幅	…	0	12	11	10	11	3	9	4	3	2	3
占所得比	13	12	12	12	12	13	13	13	13	14	14	14
私立	88488	88488	92088	94778	94778	99972	99264	103950	103994	10398	10408	10736
調幅	…	0	4	3	0	5	-1	5	0	0	0	3
占所得比	37	33	32	31	28	28	26	27	26	26	26	26

資料來源：台灣近年大學學雜費調整情形。教育部（2005b）。2005.7.25 檢索於 http://www.edu.tw/EDU_WEB/EDU_MGT/STATISTICS/EDU7220001/indicator/index.htm

、公私立大學系所情形

台灣的公私立大學學雜費的情形差距也不小。就如本章之附表 1 及附表 2，表中顯示出幾個值得注意的現象：第一，私立大學各系均高於公立大學的相對系所，二者的差異約有兩倍；第二，在各系所學雜費的高低來說，醫學院高於工學院、工學院又高於農學院及理學院、理農學院又高於商學院、商學院又高於文法學院；第三，在 93 學年度公私立大學校院的學雜費調幅，以私立大學調整最多。

第三節　大學學費政策規劃推介

本章運用世界銀行及經濟合作暨發展組織的國家與台灣有關的次級資料，對大學學雜費進行政策分析，從分析結果中獲得幾項啟示，提供今後大學學雜費調整參考：

第一，國民所得對於大學學雜費有正向顯著影響，代表各國大學的學費高低，可以從國民所得負擔的情形反映出來。美國各州的迴歸分析也顯現這樣的現象。這表示台灣的教育當局如果要對大學學雜費進行調整，應以國民所得作為參考依據，不宜以生活物價指數進行調整，畢竟生活物價指數是較為短期的波動，變化性較高，並無法合理的調整出應調漲的空間。

其次，在國民所得與人口成長率前提下，應適度對高等教育擴充進行調整。本章發現台灣的高等教育在國民所得 12,000 美元前提下，已高出各國高等教育平均水準，同時台灣在人口成長率為 .94%以下，高等教育量的供給已超過需求。在此種情形下，大學學雜費調整是受到高等教育擴充的影響。因為大學教育擴充，高等教育學府林立，所以人人可以就讀大學；同時不管貧富差距為何，各家庭子弟就讀大學已成為普遍現象，衍生而來的是家計負擔增加。如果未能對高等教育擴充計畫擬訂配套措施，則對於家計無法負擔學費者，政府應做適當調整。

第三，就台灣的大學學雜費與各主要國家相比較。台灣的公私立大學學費是在各國的平均之下，接近於各國的平均水準。也就是，如以本章所納入的分析國家進行考量，台灣的大學學雜費並不算是高學費政策。尤其在 2005 年大學

表 9-7　台灣在 2005 年的大學學雜費收費標準　　　單位：元

學校別	調幅	收費標準
公立大學校院	670~919	20790~40299（平均 29,536）
公立技職校院	408~837	14026~28531（平均 24,021）
私立大學校院	1,320~3,350	42000~70460（平均 54,134）
私立技職校院	1,000~3,284	26412~55529（平均 42,364）

資料來源：台灣各大學學雜費收費標準。教育部（2005c）。2005.7.25 檢索於 http://www.edu.tw/EDU_WEB/EDU_MGT/STATISTICS/EDU7220001/indicator/index.htm

學雜費調整之後，如表 9-7，仍可預期並未高於各國大學學雜費平均水準，仍在各國平均水準之下，接近各國平均水準。未來在弱勢學生補貼機制完備之下，仍可隨國民所得增加調高各大學學雜費。

第四，高等教育成本應該反映品質，而高等教育成本應與國家的每人國民所得有關。本章從 1995 年與 2001 年經濟合作暨開發組織的國家發現，高等教育單位學生成本與國民所得呈現正向顯著關係，表示高等教育單位學生成本要提高，勢必也要有國民所得配合。而以 2001 年來說，台灣的高等教育單位學生成本與國民所得之間的關係，是在各國平均水準上。今後台灣的高等教育仍應成本反映品質，在國民所得增加之後，也應提高高等教育單位學生成本，如此對大學經營有成本經營與學生學習能維持一定品質，如此才會造成雙贏。

第五，就美國各州的四年制公私立大學學雜費與國民所得之間的關係也發現，兩者之間具有正向顯著關係，代表較具自由競爭市場的美國大學，其學費也不斷調整，重要的是大學學雜費也受到國民所得正向影響。這提供台灣的經驗是，台灣的大學學雜費仍須以國民所得高低作為調整學費依據。

第六，公立大學學費仍有調整空間，私立大學則須視學校辦學績效調整。從台灣近年大學學雜費調整情形來看，公立大學目前的學雜費仍低於私立學校，占平均每人國民所得約為 14%，而私立大學則為 26%。同時公私立學雜費比率為 1：2。如果未來仍須調整學雜費應以公立學校為優先，而私立大學則更需要視其辦學績校再進行評估其調整空間。

最後，合理調整公私立大專校院學雜費。教育部（2006）顯示 85 學年度公私立大專校院學雜費比例約在 1：2.5 之間，95 學年度也有 1：2，差距仍大。未來調整公私立大學學雜費宜朝兩方向：1.透過合理公式計算，逐年縮短目前公私立大專校院間學雜費差距；2.配合高等教育使用者付費及學費應反應成本原則，宜依據我國經濟發展階段逐年調漲我國高等教育學雜費。

在高等教育發展政策，除不宜持續大量擴充之外，亦應考量高等教育具有之所得重分配的功能。若停止增設公立大學，須考慮如何避免影響中低收入家庭的中等資質子女就讀公立大學的機會。因此政府宜合理補助私立大專校院及學生，讓他們有機會進大學，而不會是負擔，因為私立大專校院經費七成以上係來自學雜費、借款、校董會撥補等。為提高私立大學校院教育品質及減輕學生經費負擔，政府除對私校給予較多補助外，亦應直接補助學生。

其實，台灣的高等教育擴充已是事實，量的增加已無法在短時間管控，所以必須要讓接受教育者在投入教育經費之後，可以獲得應有的教育品質。除了前述應針對國家經濟發展與人口成長進行掌握高等教育學費之外，在高等教育制度應結合大學評鑑結果作為學雜費調整標準，讓辦學績效優秀能提供高品質服務，得於學雜費確實反映品質，也讓學生擁有高品質的大學教育。

如果在經濟發展適合大學學費調整，亦不是每所學校都有齊一標準、統一調整，教育當局應參酌過去幾年該大學學雜費調整情形，同時對學校近年儀器設備、平均每生所享獎助學金等辦學成效進行評估。當然，調整學費之後，對低所得家庭應給予適當補助。這方面補助宜包括中低收入學生就學補助、急難救助或低收入戶學生免費住宿。另外，教育當局應廣開助學貸款，與銀行協調對畢業後收入仍未達一定標準的貸款學生及低收入戶學生，予以額外寬限年度，寬限期間利息宜由政府支付，如此才可減輕學生負擔。

（本文曾發表於 2006 年 6 月 28 日，國立台北科技大學技職教育研究所主辦之「2006 技職教育永續發展學術研討」，〈台灣的大學學費政策分析〉。）

本章的討論問題

一、試說明高等教育與社會階層流動之間的關係。

二、試說明台灣的大學學雜費演進。

三、台灣與各國大學學費與國民所得之間的關係為何？台灣是否屬於高學費政策的國家呢？為什麼？

四、試說明大學學雜費與高等教育單位學生成本之間的關係為何？

五、可否指出台灣未來的高等教育的規劃方向為何？

參考文獻

一、中文部分

王明源（2003）。我國大學校院學雜費政策之探析。**教育資料與研究，54**，63-74。

林文達（1986）。**教育財政學**。台北市：三民。

林彥志（2003）。**我國大學學雜費政策規劃之研究**。國立嘉義大學國民教育研究所碩士論文。（未出版）。

塗一脩（2004）。**合理學費爭議的省思**。國立台北大學財政學系碩士論文。（未出版）。

張碧娟（1994）。我國大學校院學雜費政策之探析。**教育與心理研究，17**，203-232。

許瓊文（1998）。**我國高等教育學費之探討**。國立中山大學中山學術研究所碩士論文。（未出版）。

陳蓮櫻（2004）。**台灣地區大學學費制定及相關因素之研究**。國立暨南國際大學教育政策與行政學系碩士論文。（未出版）。

黃昆輝（1978）。我國大學入學考試報考者與錄取者家庭社經背景之比較分析。**教育研究所集刊，20**，149-326。

教育部（1998）。**公私立大學學雜費調整方案**。台北市：作者。

教育部（2002）。**大學校院實施彈性學雜費方案報告**。台北市：作者。

教育部（2004）。**中華民國教育統計**。台北市：作者。

教育部（2005a）。2000 **年各國公私立大學學雜費**。2005.7.25 檢索於 http://www.edu.tw/EDU_WEB/EDU_MGT/STATISTICS/EDU7220001/indicator/index.htm

教育部（2005b）。**台灣近年大學學雜費調整情形**。2005.7.25 檢索於 http://www.edu.tw/EDU_WEB/EDU_MGT/STATISTICS/EDU7220001/indicator/index.htm

教育部（2005c）。**台灣各大學學雜費收費標準**。2005.7.25 檢索於 http://www.edu.tw/EDU_WEB/EDU_MGT/STATISTICS/EDU7220001/indicator/index.htm

教育部（2006）。93 **學年度公私立大學學雜費**。2006.3.24 取自 http://www.high.edu.tw/05/05.htm

蔡裕敏（1981）。**我國高等教育學費政策之研究**。國立政治大學財政研究所博士論文。（未出版）。

謝聖隆（1990）。**論台灣高等教育的學費政策**。國立清華大學經濟研究所碩士論文。（未出版）。

盧明俊（2000）。**高等教育與最適學費之研究**。國立中山大學經濟研究所碩士論文。（未出版）。

蓋浙生（2003）。我國高等教育財政改革計畫：挑戰與因應。**教育研究資訊，11**（1），23-47。

蕭霖（2004）。高等教育成本之歸宿與學生補助措施政策探討。**教育研究月刊，124**，59-66。

二、英文部分

National Center for Education Statistics (NCES) (2003). *Digest of education statistics 2002*. U.S. Department of Education.

OECD (2004). *Education at glance*. Paris: The Author.

Trow, M. (1974). Problems in the transition from elite to mass higher education. In OECD (Ed.), *Policies for higher education: General report.* Paris: OECD.

World Bank (2000). *World development report.* New York: The Author.

World Bank (2001). *World development report.* New York: The Author.

World Bank (2002). *World development report.* New York: The Author.

World Bank (2003). *World development report.* New York: The Author.

World Bank (2004). *World development report.* New York: The Author.

附表 1　93 學年公立大學學雜費及調整　　　　單位：元

校名	醫學系	牙醫學系	醫學院（除醫、牙學系以外各系）	工學院	理、農學院	商學院	文、法學院	調幅（%）
國立中興大學			27880	27330	27110	23740	23390	3
國立中央大學				28660	28440	24870	24510	5
國立陽明大學	38380	35080	30110					5
國立中山大學				28940	28710	25130	24730	3
國立台灣師範大學				27600	27380		23590	3
國立中正大學				28100	27880	24400	24020	3
國立台灣大學	39560	36170	31050	29470	29260	25610	25230	5
國立清華大學					28634	24371	24371	5
國立交通大學				28990	28740	28740	24770	5
國立台北大學				26540		22510	22170	3
國立台灣海洋大學				27810	27590	24140		5
國立成功大學	39550		31040	29490	29250	25600	25210	5
國立政治大學					27600	24170	22670	0
國立東華大學				27790	27570	24100	23740	0
國立台北藝術大學				26620				0
台北市立師範學院					23500		20200	0
台北市立體育學院					22721			0
國立台東大學					25490		21980	0
國立暨南國際大學				24330		21130	20810	0
國立台南藝術學院					26990			0
國立宜蘭大學				25660	25450	22270	22270	0
國立聯合大學				26000		22600		0
國立彰化師範大學				27570	27340	23950	23590	0
國立新竹師範學院					25280		21780	0
國立台中師範學院					24840		21410	0
國立高雄師範大學				27590	27365		23605	0
國立屏東師範學院					25320		21820	0
國立花蓮師範學院					25320		21820	0
國立台灣體育學院					22980			0
國立體育學院					23870			0
國立嘉義大學				24120～24320	24120	21110	20790	0
國立台灣藝術大學				26230				0
國立高雄大學				25950	25740	22650	22650	0
國立台北師範學院					26250		22600	0
國立台南師範學院					25330		21840	0

資料來源：93 學年度公私立大學學雜費。教育部（2006）。2006.3.24 取自 http://www.high.edu.tw/05/05.htm

附表 2　93 學年度私立大學學雜費

單位：元

校名	醫學系	牙醫學系	醫學院（除醫、牙學系以外各系）	工學院	理、農學院	商學院	文、法學院	調幅（%）
開南管理學院						45500	44950	5
淡江大學				52350	51910	45470	44780	5
元智大學				53920		46840	46120	3
高雄醫學大學	70130	64176	55072		51912		44772	5
中國醫藥大學	70455	64481	55346					5
中山醫學大學	70460	64470	55330				44760	5
長庚大學	58460		45930	43660		37910		4
真理大學				51180	51180	44830	44140	5
玄奘人文社會學院				50200		45,515~50,200	44825	5
稻江科技暨管理學院				53900	53500	46800	46100	4
中國文化大學				52610	52170	45680	44990	5
輔仁大學	70110		56310	53520	53070	46480	45780	5
東吳大學				54020	53570	46930	46220	5
東海大學				54430	53970	47260	46,540~54,430	5
台中健康暨管理學院			55,120~56,360	54180	54070	47040	47480	5
世新大學				54450		47050	46210	5
長榮大學			55230		55230	45470	44420	5
實踐大學				47490	47090	41250	40630	0
大葉大學				49870		43300	42670	0
慈濟大學	59720		47100			52260	42430	0
華梵大學				51620			44140	0
台北醫學大學	67100	61410	52710					0
立德管理學院				52500		45300	44780	0
南華大學						45840	44130	0
佛光人文社會學院					48000	42000	42000	0
大同大學				50850	48490	44170		0
明道管理學院				52000	52000	45000	45000	0
中原大學				52500	49,500~52,000	44,000~50,000	45000	0
靜宜大學					49960	43760	43090	0
逢甲大學				51600	51170	44820	44120	0
中華大學				49875		43313	42651	0
銘傳大學				51870		44820	43930	0
致遠管理學院			47000	47000		43310	42010	0
興國管理學院						43310		0
義守大學			52490	52340	51250	45300	42850	0

資料來源：93 學年度公私立大學學雜費。教育部（2006）。2006.3.24 取自 http://www.high.edu.tw/05/05.htm

第十章
大學增設系所的政策規劃

本章學習目標

一、指出為何要規劃大學增設系所。

二、說明高等教育的類型。

三、掌握高等教育發展的理論基礎。

四、指出高等教育的投資目的。

五、陳述我國高等教育發展情形。

六、說明台灣的大學系所增設情形。

七、指出政府對大學系所增設的規劃方向。

第一節　大學增設系所的問題

壹、規劃動機、目的與方法

一、動機與目的

就功能論來說，教育在促進社會及經濟發展，高等教育投資對人力培育是最好途徑。究竟我國高等教育應如何發展？尤其近年來的台灣高等教育擴充非常快，在政府有限的資源下，如何鼓勵私人興學是政府課題。台灣高等教育擴充，在公私立大學校院應如何取得平衡？或私立大學在擴充時應如何配合社會及產業需要？本章分析台灣各大學院校增設系所發展，提出規劃建議，作為高等教育政策之參考。

鼓勵私人興學是國家重要教育政策。私人興學目的很多，Hanke（1987）指出有幾種功能：第一，它改善經濟表現，私人興學可以提高經營效率；第二，經濟決定，可去政治化考量，因為私人興學讓經營者自行決定辦理學校類型，投入更多資源提高辦學效率；第三，政府鼓勵私人興學可省教育經費與資源，即私人興學可節省國家資源，此時政府可將興辦這類教育（即私人後來興學教育）的經費及資源，從事其他建設；第四，私人興學可減少國家對外借貸及提高稅收。私人興學負擔國家部分經費，讓政府不必再為無經費運用於教育感到苦惱，政府不必再向外舉債；第五，增加私人興學可使私人更加關心教育，因而對國家的教育具有認同感。

在眾多教育類型與層級之中，台灣的私人興學數量及學生人數，以高等教育最多，不管是政府或私人投資經費皆較其他教育層級多。如果要鼓勵私人興學，政府應以高等教育為目標。

私人經營高等教育有幾項特性：第一，興辦高等教育的成本較高，如果私人經營高教可減少政府經費支出，使更多經費應用在高級中學、國民教育及幼兒教育；第二，高等教育類型較多元，例如有綜合大學、技術學院、科技大學、師範校院、專科學校等正規教育，亦有非正規的推廣進修教育。因此私人興辦

高等教育可行性增加，尤其推廣進修教育的營收較多，在成本效益考量較易讓私人投入經營；第三，如果鼓勵國民中小學教育，它屬義務教育形態，涉及國民應有基本能力學習與合格國民培育，因此，在鼓勵這類的私人興學，在教育內容、課程安排以及師資安排困難程度較高，所以與其鼓勵私人經營國民教育、義務教育，不如鼓勵選擇性的高等教育為佳。最後，鼓勵私人興辦高等教育可提高大學競爭力，讓高等教育能與產業結合，培育各種人力促進國家發展。這些都是私人興辦高等教育的重要誘因。

本章在探討我國私立大學校院增設系所問題及規劃，提供相關建議供政府在大學校院增設系所方向參考。具體目的如下：

1.瞭解高等教育發展類型。

2.分析台灣的私立大學校院的發展情形。

3.提出台灣未來高等教育政策發展方向。

二、規劃與分析方法

本章將以文件分析法與運用教育部公布統計資料，對我國私立大學校院增設系所分析。也就是，本章將以教育部所發布的統計資料作為根據，來瞭解私立大學校院的增設系所情形及發展趨勢，本章將進行大學校院系所設立分析，最後提出政策規劃建議，作為我國高等教育發展參考。

貳、高等教育類型

高等教育量擴充論點頗多。Trow（1978）指出，一個國家的高等教育在學率如果是在15%以下，稱為精英型高等教育；如果是15%至50%者，稱為大眾化的高等教育；如果高等教育在學率在50%以上者，稱為普及化高等教育。如果從高等教育擴充的形態而言，高等教育可以分為以下幾種：一是計畫型高等教育；二是自由型高等教育；三是管制型高等教育。此三類型教育說明如下：

一、計畫型高等教育

此種高等教育發展，與國家整體發展相配合。執政當局以政策管制與計畫方式進行高等教育量規劃，形成計畫型高等教育。因為要規劃國家的高等教育量並非易事，它涉及的因素與層面廣泛，並且規劃技術、人力及專業程度非常複雜。就如國家高等教育量供給，除了國家需要有教育經費之外，更需要配合社會結構需求。社會結構需求包含整個國家人口結構，例如高等教育的學齡人口量、出生率、人口成長率等。

計畫型政策規劃所持觀點是教育具有社會性、差異性與複雜性，此種發展若沒有一套準則，教育政策將產生以下問題：1.教育資源浪費：教育資源無法反映出應有的教育素質；2.教育發展沒有一套軌跡，對公共政策執行產生前後矛盾。尤其教育目標模糊及教育成果不易評估常為人批評，使得政策規劃更形困難；3.如果沒有規劃教育發展，更易形成人去政息的教育政策不延續情形；4.教育發展沒有計畫，勢必產生目標未能具體化，導致教育問題一再產生。

為避免此種問題產生，高等教育必須要配合國家的經濟與社會建設。若沒有妥當規劃高等教育量，將產生高等教育素質無法提升，以及過量投資高等教育，而產生高學歷高失業率與大學畢業生的人力閒置情形。

因此，成熟的計畫型高等教育政策有幾種特性：1.運用量化規劃方法與技術進行分析高等教育需求。對於人力供需及高等教育的社會需求，以科學方法及技術規劃高等教育發展量；2.運用多種管道徵求民眾意見，讓政府在公開及合理前提下，完成教育政策規劃，並以專家導向及民眾需求為主，對未來的教育發展進行規劃。為了掌握國家的高等教育量，教育當局除了考量國家人口量與教育經費之外，更會不斷進行民意調查，掌握民眾對高等教育量及教育素質的期許；3.高等教育量規劃考量國際整體發展趨勢。衡量國家經濟發展、就業與產業結構，才不會造成問題；4.擬訂高等教育計畫將不斷檢討現存問題。例如對於大學校院進行評估、對整體計畫進行深入瞭解高等教育各種問題；5.理性的計畫型的高等教育，行政首長與主管教育機關較易拋開本位主義，聽取各方機關及專家意見；6.計畫型高等教育配合國家的整體發展，進行各種人力需求評估，這方面評估將集中於高等教育的各類科人力培育是否符合產業界的人力需求。

計畫型高等教育也有若干困難，主要問題如下：1.高等教育發展計畫過於僵化，影響高等教育發展空間，因為一再受限於產業界人力需求，所以高等教育的理想性就不足；2.高等教育量規劃會因齊一與一條鞭式方式，而影響其他教育層級發展，例如過度計畫將排擠其他層級教育資源，造成各級教育無法彈性發展；3.計畫型高等教育會影響人力調整，無法配合自由競爭市場需求。

二、自由型高等教育

所謂自由型的高等教育發展，是指政府開放高等教育市場價格與高等教育量，自動由消費者需求及興學者對高等教育投入，以使對高等教育供需做調整。高等教育市場價格包括就學者成本及興學者成本。就前者來說，就讀大學的成本與價格愈高，在其他條件限制下，消費者會隨著價格提高而減少就學。就後者來說，興學者不敷成本下，會退出教育市場經營。所以，此種方式是興學者僅以成本利益觀念來營運高等教育。若以此種實質利益而言，二者所考量的高等教育價格是自由型高等教育能否發展的前提。

自由型高等教育市場有以下幾種特性：1.以價格作為發展機制；2.社會對於高等教育的需求可以獲得滿足；3.興學者不斷提升教育品質，回應各界對教育批評，興學者以顧客導向、消費者問題取向及提高教育品質為訴求，作為吸引消費者投資的方式；4.政府對市場管制很少；5.人力供需不斷失衡，再次求得平衡。因此，自由型高等教育在現實社會不太可能產生。

高等教育市場是一個不具自由且不完全競爭性市場。因高等教育市場是一個極為受公共政策干預的市場，它不但受政府某些政策干擾，也可能受到前一階段的學校教育（例如學生人數、經費）所箝制。

再以個人消費教育而言，教育不完全是一個實質利益的投資問題，它隱含著非經濟利益在其中，個人投資高等教育並非一個價格所能決定。就如高等教育可以滿足一個人的社會地位及尊榮，也可能讓受高等教育者有社會階層流動機會。

假若高等教育市場是真正自由競爭市場，那麼，倘若自由市場在教育價格失靈，教育產業將如何營運？這是自由競爭的高等教育應深思的課題。

三、管制型高等教育

與計畫型的高等教育所不同的是，管制型的高等教育市場，它並沒有以量化的規劃技術、徵求各方意見以及考量國家發展狀況進行政策規劃的考量。

管制型係以首長、主政者意見或單一行政組織作為政策主導，一人政策或一個機關政策就做決定，並沒有考量其他組織對該項政策的建議，這種政策即是管制型政策。主政者或某一行政機關只以行政首長的經驗及主觀臆測，就形成國家的教育政策。

管制型高等教育發展有以下問題：1.常會因人去政息，使政策無法延續推展；2.管制常有不當的反教育效果產生；3.管制型高等教育在沒有其他計畫配合下，教育問題，乃至於社會問題，更可能會形成意識形態；4.管制型高等教育不但造成人力供需失調，而且也可能產生國家人力和經濟發展危機；5.高等教育發展常因一人專斷，影響高等教育的自主性與競爭性。

參、高等教育發展基礎——價格

高等教育價格高低或成本高低，以及高等教育成本是由誰來分擔成本，學理上有幾種看法：一是社會責任說；二是市場機能說；三是受益者付費說；四是所得重分配說等論點。茲說明如下：

一、社會責任說

高等教育是國家進行政治教育的一環，統治者為培養國家的領導人才或高級人力，從事國家建設，因此接受高等教育之學雜費，或營運高等教育，應由國家負擔並無不可。就如法國的高等教育不收取學費，而德國只收取象徵性學費而已。

社會責任說強調要讓國家完全承擔高等教育經營費用或學生所有成本，也

有困難。一者，國家建設並非教育政策一項，國家建設是一個整體而不可分割，若沒有其他建設配合，教育建設也孤掌難鳴。縱使讓高等教育經費完全由國家負擔，可是對其他教育政策，例如初等教育、中等教育、師資培育、技職教育、終身教育、成人教育、社會教育、學前教育、空中教育、教育行政等也會有排擠效應。如何調整之間的差異，使其平衡，也是政策規劃重點。

二、市場機能說

此種觀點認為教育市場為自由競爭，在供需雙方意願下，各取所需與互蒙其惠。在此私人營運高等教育及個人投資或購買高等教育是消費行為，也是投資行為。高等教育是準公共財，它的效益是外溢外延，受惠者是整體社會，甚至國家整體。此種因素考量下，政府應否投資、支持或獎勵高等教育是應思考的問題。其中，政府在這種高等教育類型應負多少責任？也是值得探討的課題。

在自由競爭市場下，教育價格及高等教育服務品質，將決定高等教育市場供需，這是不爭的事實。持此方面論點者認為，如果要讓高等教育具有競爭性，應該接受市場供需原理。

三、受益者付費說

教育本身受益者，可能是受教主體、社會，也可能是產業界。以受教主體而言，在其他條件不變下，接受教育層級愈高，未來賺取的國民所得較高，這是無可否認的。Psacharopoulos（1994）研究個人賺取所得與教育程度之間關係發現，二者呈現一種倒「U」字型現象。也就是如果一位國民接受教育程度愈高，其未來在職場中賺取的國民所得愈高，但是在一定分界點下，個人國民所得將下降（就如一個人至中年時，會因為知識及能力不足，國民所得會下降）。個人受教程度高低確實影響個人經濟所得。依此推論，當投資者在購買教育之前，應做一風險評估，以決定是否進行高等教育投資。當投資者具有預期獲益，即進行投資。因此，從受益者而言，受教者應支付相當教育成本，著毋庸議。

再以社會層面而言，接受高等教育者的效益在其政治社會化程度會較高、民主素養會高於中小學的教育程度或不識字者，這是可以接受的。擁有高等教育程度的知識分子更有創新文化、傳遞文化價值功能，對社會不無助益。此外，若以勞動市場中勞資雙方工資與勞動條件而言，產業界可在高等教育學府獲得人才從事生產。雖產業界認為學校正規教育讓學生獲得觀念、能力及技能，無法立即在產業界運用，但無可否認，正規教育對學生觀念啟發、職業精神陶冶、生產經營理念，以及對產業前瞻均有效用。對產業界是否應負有高等教育受教成本分攤，是值得思考。

前述可看出，高等教育是選擇教育；它是投資教育類型；也是一種提升社會文化及經濟能力的動力。而三者獲益多寡及應如何分擔則有待研究。

四、所得重分配說

教育具有加速社會流動及所得重分配的雙重效果。以前者而言，教育是一個社會成本較低、較為自然，而且是以個人意願高低及能力，再製社會階層動力。家計單位而言，如果家長原本是一位工人、農家或黑手子弟，其可能在接受教育之後，重新轉換社會地位；尤其，接受高等教育是社會大眾所樂意。以後者而言，在社會階級再製之後，其教育層級愈高，國民所得相對增加，加速國民所得重新分配效果。

在所得重分配過程中，低社會階層或低所得者，在所得及家庭經濟不允許下，常無法得到高等教育機會。在此過程，為達到高等教育滿足社會大眾需求，政府應協助低所得者接受高等教育。這讓社會階級提高，減少社會貧富差距。

教育具有所得重分配效果，尤其在高等教育的情形更為顯著。上一代家長或政府應對下一代或社會大眾分攤教育成本，讓教育發揮出所得重分配效果。

肆、高等教育投資目的

人力資本在 1960 年代受到經濟學家與教育學者重視，彼等認為人力素質提升與教育投資改善人民生活觀念、提高國民生產力（Bowman, 1964）、增加技術創新以及刺激國家經濟成長（林文達，1987；蓋浙生，1984；Nelson & Phelps, 1966; Romer, 1986）。Hanushek 與 Kimko （2002）也認為，人力資本（教

育投資）是一種學校品質的最好替代指標（constitute better proxies for schooling quality），且教育對經濟成長更有正向貢獻。Self 與 Grabowski（2003）就以印度的資料，進行計算 1966 至 1996 年的初等教育、中等教育與高等教育對經濟發展的貢獻，發現初等教育與高等教育對經濟發展及外部性（externality）影響較高，高等教育對經濟雖有影響，但教育外部效益較初等與中等教育為低。

教育投資除了可計量投資報酬率，例如高等教育程度畢業生，在其他條件限定下，其個人賺取所得應高於僅接受中等教育或初等教育畢業生，同時教育更有非市場性效果，這也就是教育投資具有經濟及非經濟的效果。

Haveman 與 Wolfe（1984）綜合列舉教育對個人與社會的非市場性貢獻，計有：1.提高個人市場生產力；2.增加勞動市場非工資性的報酬（如工作條件較佳）；3.教育程度愈高，自由支配的閒暇時間愈多；4.教育程度愈高，繼續接受教育機會愈大；5.增加個人非市場生產力，例如自己動手做，婦女在家政方面透過教育可節省家務的工作時間，即單位時間效率較高；6.家庭內的生產力提高（即妻子受教育程度愈高，丈夫收入也愈高）；7.影響孩子素質（即父母教育程度愈高，孩子健康、認知發展、教育程度、職業地位，及未來所得也愈高；8.增進本身健康，即教育程度愈高，健康狀況愈好，死亡機率也愈低；9.增進配偶與家庭成員之健康，即教育程度愈高，家庭成員之死亡機率愈低，健康狀況也愈好；10.教育程度愈高，愈能節育，即避孕技術的使用愈有效，因此愈能控制子女數，甚至能減少對子女數的期望值；11.提高娛樂品質，教育能促進內在價值的消費，且可擴充娛樂形式，例如從事閱讀、音樂、藝術方面的精神娛樂等；12.提高消費選擇效率，例如下決定時，能減少時間與資源成本的浪費，對消費分配能做合理的安排；13.教育程度愈高，所擁有的訊息與知識也愈豐富，因此覓職成本也會減少，且職業性與區域性的流動也會增加；14.提高婚姻選擇效率（但並不能保證離婚率愈少）；15.減低犯罪，在其他情況相等之下，教育程度愈高，犯罪率愈低；16.提高對科技變遷適應力，教育程度愈高，研究發展活動愈多；17.教育能影響所得之分配，但據目前的研究，發現有教育助長所得之平均分配者，亦有助長所得分配之不平等者；18.促進儲蓄，其他因素固定時，教育程度愈高，儲蓄率愈高；19.促進慈善施予，教育程度愈高，則在時間

與金錢上的奉獻與捐贈愈多（但是否慈善是為了免稅，則不考慮）（轉引馬信行，1996）。

McMahon（2000）運用 78 個國家資料，結果指出教育具九種經濟效益與非經濟效益，即：1.教育可以增加人民的所得，如果在其他條件不變下，教育程度愈高，國民所得也愈高；2.有更好的私人及公共健康條件；3.有較低度生育率，開發中國家及經濟合作暨發展組織的低度發展國家，如果婦女接受九年以上教育，生育率較低，資料指出如果在開發中國家，教育投資因而減少生育率，也會減少社會問題；4.教育影響民主化。民主化並不一定直接影響經濟成長，但對人權有直接貢獻；5.是社會效益，如果高度政治穩定度，相對的對實質經濟可以有高度經濟成長。就如拉丁美洲國家目前政治穩定，經濟成長也快速增加；6.是減少貧窮及增加教育機會公平；7.改善生活環境品質，主要是由於教育提供知識及傳播知識所致。國際資料顯示如果是高度教育水準，其環境污染、水污染及空氣污染也較低（UNDP, 1999）；8.高度中等教育在學率，與低犯罪率有關；9.在控制其他條件下，中等教育接受率愈高，其失業情形也愈低。

綜上，高等教育目的有幾項：第一，可以增加個人的教育投資報酬率；第二，可以增加個人的國民所得；第三，可以增加國家的經濟穩定及發展；第四，可以增加國家發展的良好經驗。例如增加國民的民主意識、提高社會穩定度，減少國民犯罪問題、減少國民生育率以及增加國民的生活品質。然而高等教育雖然有正向功能，但是高等教育擴張過量亦將有負面影響，例如增加國家失業率、大材小用、人力閒置以及教育投資浪費。

第二節　我國高等教育量發展

壹、大專校院學生人數之發展

一、大學校數及系所成長

76至89學年度間，大學校院由39所增加為122所，其中公私立獨立學院各由16所及7所增加為26及49所，私立增加42所，公立只增加10所。在公私立大學各由9所及7所增為 24所及23所，各增加13所及16所。顯見，私立大學校院增加的速度高於公立大學的校數，如表10-1所示。

表10-1　公私立大學校院成長數

		獨立學院			大學		
學年度	總　計	小計	公立	私立	小計	公立	私立
76	39	23	16	7	16	9	7
80	50	29	15	14	21	13	8
86	78	40	21	19	38	20	18
89	122	75	26	49	47	24	23
94	143	76	21	55	67	30	37

資料來源：中華民國教育統計。教育部（2005）。台北市：作者。

二、近年的大學校院設立情形

為何私人要興學呢？它有很多種原因：第一，可能是個人的教育理念及抱負，透過教育來實現個人的理想；第二，私人興學受到宗教觀念影響或宗教勢力需要。西方宗教團體設立大學校院者不乏其數，而國內在近年來以宗教為名者設立大學，一方面行善，二來或有宣揚宗教理念者，三來可能提供更多的教育機會給學生就學；第三，為了個人在經濟營收將學校視為一種企業與產業來經營，雖然是企業可獲得盈餘，但在辦教育過程不失去教育本質，也顧及到學生學習與學校，甚至社區發展等。

表 10-2　近年來大專校院設立情形

年度	招生學校
1987	國立體育學院、長庚醫學院
1988	
1989	國立中正大學、元智工學院、國立宜蘭農工專校、高苑商專校、和春工商專校、精鍾商專、慈濟護專
1990	華梵人文科技學院、中華工學院、大業工學院、高雄工學院、景文工商專校改制為技術學院
1991	國立雲林技術學院、國立屏東商業專科學校
1992	環球商專
1993	長榮管理學院
1994	國立東華大學、國立台灣藝術學院、國立台北技術學院（改制）、國立台北護理學院（改制）、慈濟醫學院、朝陽技術學院
1995	國立暨南大學、高雄技術學院、國立澎湖海專、國立高雄餐旅管理專校（改制）、高雄第一科技大學
1996	國立台南藝術學院、南華管理學院、康寧護專
1997	玄奘人文社會學院、樹德技術學院
1998	改制的專科學校有宜蘭農工、屏東商業技術學校、中台醫專、龍華專科學校、高苑工商專、景文工商專校。
1999	績優專科學校改制有：明志工專、正修專校、中華醫事專校、領東商專、文藻語言專校、大漢工專、台中商專、勤益工專、萬能工專、慈濟專校、新埔工專、健行工專、遠東商業專科學校、永達專校、大仁藥專、建國工專、元培醫專、中華醫專、國立聯合工專、國立台灣戲曲專科學校（高職改制）、馬偕護理專科學校（高職改制）、仁德醫護理專科學校（高職改制）
2000	國立嘉義大學（國立嘉義技術學院及國立嘉義師範學院整併）、國立台東大學（國立台東師範學院升格）、國立台北大學（由國立中興大學法商學院改制）、國立高雄大學、開南管理學院、致遠管理學院、立德管理學院、興國管理學院、佛光人文社會學院、慈濟大學（慈濟醫學暨人文社會學院升格）、台北醫學大學（台北醫學院升格）、崑山科技大學（崑山技術學院升格）、嘉南藥理科技大學（嘉南藥理學院升格）、樹德科技大學（樹德技術學院升格）、國立高雄應用科技大學（國立高雄科學技術學院升格）、清雲技術學院（健行技術學院升格）、修平技術學院（樹德工商專校升格）、光武技術學院（光武工商專校升格）、德明技術學院（德明商業專校升格）、中國技術學院（中國工商專校升格）、致理技術學院（致理商業專校升格）、亞東技術學院（亞東工業專校升格）、東南技術學院（東南工業專校升格）、醒吾技術學院（醒吾商業專校升格）、南亞技術學院（南亞工商專校升格）、僑光技術學院（僑光商業專校升格）、中州技術學院（中州工商專校升格）、吳鳳技術學院（吳鳳工商專校升格）、環球技術學院（環球商業專校升格）、國立高雄餐旅技術學院（國立高雄餐旅管理專校升格）、國立澎湖海事技術學院（國立澎湖海事管理專校升格）、美和技術學院（美和護理管理專校升格）、國立台中護理專校（高職改制）、國立台南護理專校（高職改制）、樹人醫護管理專校（高職改制）、慈惠醫護管理專校（高職改制）

年度	招生學校
2001	稻江科技暨管理學院、明道管理學院、台中健康管理學院（2004 年改名為亞洲大學）、國立台北藝術大學（國立藝術學院升格）、國立台灣藝術大學（國立台灣藝術學院升格）、中山醫學大學（中山醫學院升格）、龍華科技大學（龍華技術學院升格）、國立虎尾科技大學（國立虎尾技術學院升格）、國立屏東商業科技大學（國立屏東商業技術學院升格）、國立台北商業技術學院（國立台北商業專校升格）、德霖技術學院（四海工商專校升格）、蘭陽技術學院（復興工商專校升格）、南開技術學院（南開工商專校升格）、南榮技術學院（南榮工商專校升格）、耕莘護理專校（高職改制）、敏惠護理專校（高職改制）
2002	長榮大學（長榮管理學院升格）、輔英科技大學（輔英技術學院升格）、明新科技大學（明新技術學院升格）、長庚技術學院（長庚護理專校升格）、東方技術學院（東方工業專校升格）、黎明技術學院（黎明工業專校升格）、經國管理暨健康學院（德育護理專校升格）、空軍航空技術學院（空軍航空技術學校升格）
2003	國立金門技術學院（國立高雄應用科技大學金門分部升格）、國立宜蘭大學（國立宜蘭技術學院升格）、國立聯合大學（國立聯合技術學院升格）、正修科技大學（正修技術學院升格）、清雲科技大學（清雲技術學院升格）、崇右技術學院（崇右企業專校升格）、大同技術學院（大同商業專校升格）、育英醫護管理專校（高職改制）、敏惠醫護管理專校（高職改制）、高美醫護管理專校（高職改制）
2004	國立台南大學（國立台南師範學院升格）、玄奘大學（玄奘人文社會學院升格）、國立台南藝術大學（國立台南藝術學院升格）、明志科技大學（明志技術學院升格）、建國科技大學（建國技術學院升格）、國立虎尾科技大學（國立虎尾技術學院升格）、國立高雄海洋科技大學（國立高雄海洋技術學院升格）、萬能科技大學（萬能技術學院升格）、華夏技術學院（華夏工商專校升格）、親民技術學院（親民工商專校升格）
2005	台北市立教育大學（台北市立師範學院升格）、國立台北教育大學（國立台北師範學院升格）、國立新竹教育大學（國立新竹師範學院升格）、國立屏東教育大學（國立屏東師範學院升格）、國立花蓮教育大學（國立花蓮師範學院升格）、國立台中教育大學（國立台中師範學院升格）、國立澎湖科技大學（國立澎湖技術學院升格）、聖約翰科技大學（聖約翰技術學院升格）、中國科技大學（中國技術學院升格）、嶺東科技大學（嶺東技術學院升格）、大仁科技大學（大仁技術學院升格）、中台科技大學（中台醫護技術學院升格）、高苑科技大學（高苑技術學院升格）、新生醫護管理專校（高職改制）、國立陸軍專校（高職改制）、崇仁護理專校（高職改制）、聖母護理專校（高職改制）
2006	佛光大學（佛光人文社會學院升格）、開南大學（開南管理學院升格）、台南科技大學（台南女子技術學院升格）、遠東科技大學（遠東技術學院升格）、元培科技大學（元培科學技術學院升格）、國立台灣戲曲學院（國立台灣戲曲專科學院升格）、台灣觀光學院（台灣觀光經營管理專科學校升格）、國立台東專科學校（高職改制）

自 1987 年開始開放私立大學校院籌設，我國的大學校院校數增加非常快。大學校院的籌設增加，自然可以增加大學的就學量，表 10-2 為 1987 年以來，各大學校院籌設情形。政府現行高等教育量擴充政策，除已招生及已籌設完成

之學校之外，目前尚有十餘所的公私立大學校院（含分部）仍在籌設中。因此，未來我國的高等教育就學人數將大量增加。

三、大學校院科系增加情形

台灣近年的高等教育擴充速度很快，學生人數也大幅增加。因技職校院增設系、班、組之資料無法取得，以下說明普通類科大學、普通類科大學與師範校院類科併計等，各學年度的增設系、所、班之情形（教育部，2000）。

㈠普通類科大學增加情形

79 至 89 學年度，普通類科大學校院之增設系、組、班、所（不含師範校院及技術學院）情形如下：在博士班共增設 227 博士班，其中人文及社會類科者 85 個，科技類科有 142 個；碩士班則增設 516 個，其中人文及社會類科者有 264 個，科技類科有 252 個；增設學系有 307 個系，其中人文及社會類科者有 208 個，科技類科有 99 個；大學校院分組的情形有 65 個，其中人文及社會類科有 28 個，科技類科有 37 個；共增 121 班，其中人文及社會類科有 65 個，科技類科有 56 個。

若以公私立大學校院區分，79 至 89 學年度，公立博士班的人文及社會類科設立 70 個、科技類科設立 110 個，合計 180 個；私立大學則各有 15 個及 32 個，合計為 47 個。碩士班，公立大學人文社會及科技類科各有 141 個及 118 個，合計 259 個；私立大學則各有 123 個及 134 個，合計 257 個。大學增系，公立大學人文社會及科技各有 59 個及 44 個，合計 103 個；私立各有 149 個及 55 個，合計 204 個。公私立大學增班，公立大學在人文社會及科技各有 16 個及 21 個，合計 37 個，私立大學校院則有 49 個及 35 個，合計 84 個，見表 10-3。

㈡普通類科大學與師範校院併計增加情形

若將普通類科及師範校院併計，在博士班共增設 192 個博士班，其中人文及社會類科者 67 個，科技類科有 125 個。碩士班則增設 444 個，其中人文及社會類科者有 219 個，科技類科有 225 個。大學設有 309 個系，其中人文及社會

表 10-3 79 至 87 學年度普通類科大學校院核准增設所系班數量

學年度	類別	博士班			碩士班			學系			分組			增班			夜間班			合計		
		公	私	計	公	私	計	公	私	計	公	私	計	公	私	計	公	私	計	公	私	計
79	人文社會	1	0	1	10	5	15	2	12	14	1	0	1	1	4	5	0	0	0	15	21	36
	科技	5	3	8	11	7	18	4	5	9	2	0	2	8	0	8	0	0	0	30	15	45
	小計	6	3	9	21	12	33	6	17	23	3	0	3	9	4	13	0	0	0	45	36	81
80	人文社會	3	3	6	12	6	18	1	11	12	0	4	4	10	3	13	0	2	2	26	29	55
	科技	11	3	14	14	11	25	1	7	8	2	0	2	8	6	14	0	1	1	36	28	64
	小計	14	6	20	26	17	43	2	18	20	2	4	6	18	9	27	0	3	3	62	57	119
81	人文社會	5	2	7	9	7	16	7	5	12	2	1	3	2	6	8	1	15	16	26	36	62
	科技	16	3	19	13	15	28	9	5	14	1	0	1	0	11	11	0	10	10	39	44	83
	小計	21	5	26	22	22	44	16	10	26	3	1	4	2	17	19	1	25	26	65	80	145
82	人文社會	6	0	6	18	18	36	9	15	24	1	1	2	1	8	9	0	7	7	35	49	84
	科技	13	2	15	17	17	34	6	7	13	3	3	6	0	6	6	2	2	4	41	37	78
	小計	19	2	21	35	35	70	15	22	37	4	4	8	1	14	15	2	9	11	76	86	162
83	人文社會	10	1	11	17	4	21	3	9	12	0	1	1	0	4	4	1	5	6	31	24	55
	科技	9	0	9	10	9	19	2	6	8	2	2	4	0	1	1	0	4	4	23	22	45
	小計	19	1	20	27	13	40	5	15	20	2	3	5	0	5	5	1	9	10	54	46	100
84	人文社會	5	1	6	6	4	10	0	11	11	0	1	1	0	3	3	0	5	5	11	25	36
	科技	7	1	8	3	9	12	1	1	2	0	0	0	0	3	3	0	2	2	11	16	27
	小計	12	2	14	9	13	22	1	12	13	0	1	1	0	6	6	0	7	7	22	41	63
85	人文社會	5	0	5	14	6	20	6	12	18	1	0	1	0	2	2	0	1	1	26	21	47
	科技	12	2	14	8	9	17	4	3	7	2	1	3	0	1	1	0	1	1	26	17	43
	小計	17	2	19	22	15	37	10	15	25	3	1	4	0	3	3	0	2	2	52	38	90
86	人文社會	8	0	8	9	18	27	6	26	32	1	0	1	0	4	4	0	14	14	24	62	86
	科技	8	6	14	12	3	15	7	11	18	1	1	2	1	2	3	0	4	4	29	27	56
	小計	16	6	22	21	21	42	13	37	50	2	1	3	1	6	7	0	18	18	53	89	142

表 10-3　79 至 87 學年度普通類科大學校院核准增設所系班數量（續）

學年度	類別	博士班			碩士班			學系			分組			增班			夜間班			合計		
		公	私	計	公	私	計	公	私	計	公	私	計	公	私	計	公	私	計	公	私	計
87	人文社會	7	4	11	16	14	30	17	20	37	4	0	4	1	8	9	1	3	4	46	49	95
	科技	12	3	15	13	11	24	4	4	8	0	1	1	1	2	3	1	0	1	31	21	52
	小計	19	7	26	29	25	54	21	24	45	4	1	5	2	10	12	2	3	5	77	70	147
88	人文社會	10	2	12	9	26	35	5	12	17	2	3	5	1	1	2	0	0	0	27	44	71
	科技	11	7	18	7	22	29	4	4	8	1	6	7	1	1	2	0	5	5	24	45	89
	小計	21	9	30	16	48	64	9	16	25	3	9	12	2	2	4	0	5	5	51	89	140
89	人文社會	10	2	12	21	29	50	3	16	19	4	1	5	0	6	6	0	5	5	38	59	97
	科技	6	2	8	10	7	17	2	2	4	1	8	9	2	2	4	1	0	1	22	21	43
	小計	16	4	20	31	36	67	5	18	23	5	9	14	2	8	10	1	5	6	60	80	140
人文社會		70	15	85	141	123	264	59	149	208	16	12	28	16	49	65	3	39	42	305	387	692
科技		110	32	142	118	134	252	44	55	99	15	22	37	21	35	56	4	47	51	312	325	637
合計		180	47	227	259	257	516	103	204	307	31	34	65	37	84	121	7	86	93	617	712	1329

註：1.本表不含師範校院、技術學院。

　　2.自 86 學年度，夜間部各系均已轉型為正規學制、進修班。

表 10-4　79 至 87 學年度師範校院核准增設所系班數量

學年度	類別	博士班			碩士班			學系			分組			增班			夜間班			合計		
		公	私	計	公	私	計	公	私	計	公	私	計	公	私	計	公	私	計	公	私	計
79	人文社會	2	0	2	1	0	1	2	0	2	0	0	0	0	0	0	0	0	0	5	0	5
	科技	1	0	1	1	0	1	0	0	0	0	0	0	0	0	0	0	0	0	2	0	2
	小計	3	0	3	2	0	2	2	0	2	0	0	0	0	0	0	0	0	0	7	0	7
80	人文社會	1	0	1	3	0	3	3	0	3	0	0	0	0	0	0	0	0	0	7	0	7
	科技	1	0	1	0	0	0	0	0	0	0	0	0	0	0	0	0	0	0	1	0	1
	小計	2	0	2	3	0	3	3	0	3	0	0	0	0	0	0	0	0	0	8	0	8
81	人文社會	1	0	1	5	0	5	15	0	15	0	0	0	0	0	0	0	0	0	21	0	21
	科技	2	0	2	2	0	2	0	0	0	0	0	0	0	0	0	0	0	0	4	0	4
	小計	3	0	3	7	0	7	15	0	15	0	0	0	0	0	0	0	0	0	25	0	25
82	人文社會	1	0	1	6	0	6	14	0	14	0	0	0	10	0	10	0	0	0	31	0	31
	科技	1	0	1	1	0	1	0	0	0	0	0	0	8	0	8	0	0	0	10	0	10
	小計	2	0	2	7	0	7	14	0	14	0	0	0	18	0	18	0	0	0	41	0	41
83	人文社會	0	0	0	2	0	2	1	0	1	0	0	0	0	0	0	0	0	0	3	0	3
	科技	1	0	1	2	0	2	0	0	0	0	0	0	0	0	0	0	0	0	3	0	3
	小計	1	0	1	4	0	4	1	0	1	0	0	0	0	0	0	0	0	0	6	0	6
84	人文社會	0	0	0	2	0	2	0	0	0	0	0	0	2	0	2	0	0	0	4	0	4
	科技	0	0	0	2	0	2	0	0	0	0	0	0	0	0	0	0	0	0	2	0	2
	小計	0	0	0	4	0	4	0	0	0	0	0	0	2	0	2	0	0	0	6	0	6
85	人文社會	0	0	0	4	0	4	3	0	3	0	0	0	4	0	4	0	0	0	11	0	11
	科技	0	0	0	3	0	3	0	0	0	0	0	0	0	0	0	0	0	0	3	0	3
	小計	0	0	0	7	0	7	3	0	3	0	0	0	4	0	4	0	0	0	14	0	14
86	人文社會	0	0	0	7	0	7	4	0	4	0	0	0	0	0	0	0	0	0	11	0	11
	科技	1	0	1	3	0	3	0	0	0	0	0	0	0	0	0	0	0	0	4	0	4
	小計	1	0	1	10	0	10	4	0	4	0	0	0	0	0	0	0	0	0	15	0	15

表 10-4　79 至 87 學年度師範校院核准增設所系班數量（續）

學年度	類別	博士班			碩士班			學系			分組			增班			夜間班			合計		
		公	私	計	公	私	計	公	私	計	公	私	計	公	私	計	公	私	計	公	私	計
87	人文社會	1	0	1	10	0	10	5	0	5	2	0	2	0	0	0	0	0	0	18	0	18
	科技	2	0	2	5	0	5	3	0	3	5	0	5	0	0	0	0	0	0	15	0	15
	小計	3	0	3	15	0	15	8	0	8	7	0	7	0	0	0	0	0	0	33	0	33
88	人文社會	6	0	6	4	0	4	2	0	2	0	0	0	3	0	3	0	0	0	15	0	15
	科技	1	0	1	3	0	3	0	0	0	0	0	0	0	0	0	0	0	0	4	0	4
	小計	7	0	7	7	0	7	2	0	2	0	0	0	3	0	3	0	0	0	19	0	19
89	人文社會	5	0	5	13	0	13	8	0	8	4	0	4	2	0	2	0	0	0	32	0	32
	科技	0	0	0	9	0	9	5	0	5	0	0	0	0	0	0	0	0	0	14	0	14
	小計	5	0	5	22	0	22	13	0	13	4	0	4	2	0	2	0	0	0	46	0	46
人文社會		17	0	17	57	0	57	57	0	57	6	0	6	21	0	21	0	0	0	158	0	158
科技		10	0	10	31	0	31	8	0	8	5	0	5	8	0	8	0	0	0	62	0	62
合計		27	0	27	88	0	88	65	0	65	11	0	11	29	0	29	0	0	0	220	0	220

註：自 86 學年度，夜間部各系均已轉型為正規學制、進修班。

表 10-5　79 至 87 學年度大學校院核准增設所系班數量（總計）

學年度	類別	博士班			碩士班			學系			分組			增班			夜間班			合計		
		公	私	計	公	私	計	公	私	計	公	私	計	公	私	計	公	私	計	公	私	計
79	人文社會	3	0	3	11	5	16	4	12	16	1	0	1	1	4	5	0	0	0	20	21	41
	科技	6	3	9	12	7	19	4	5	9	2	0	2	8	0	8	0	0	0	32	15	47
	小計	9	3	9	23	12	35	8	17	25	3	0	3	9	4	13	0	0	0	52	36	88
80	人文社會	4	3	7	15	6	21	4	11	15	0	4	4	10	3	13	0	2	2	33	29	62
	科技	12	3	15	14	11	25	1	7	8	2	0	2	8	6	14	0	1	1	37	28	65
	小計	16	6	22	29	17	46	5	18	23	2	4	6	18	9	27	0	3	3	70	57	127
81	人文社會	6	2	8	14	7	21	22	5	27	2	1	3	2	6	8	1	15	16	47	36	83
	科技	18	3	21	15	15	30	9	5	14	1	0	1	0	11	11	0	10	10	43	44	87
	小計	24	5	29	29	22	51	31	10	41	3	1	4	2	17	19	1	25	26	80	80	160
82	人文社會	7	0	7	24	18	42	23	15	38	1	1	2	11	8	19	0	7	7	66	49	115
	科技	14	2	16	18	17	35	6	7	13	3	3	6	8	6	14	2	2	4	51	37	88
	小計	21	2	23	42	35	77	29	22	51	4	4	8	19	14	33	2	9	11	117	86	203
83	人文社會	10	1	11	19	4	23	4	9	13	0	1	1	0	4	4	1	5	6	34	24	58
	科技	10	0	10	12	9	21	2	6	8	2	2	4	0	1	1	0	4	4	26	22	48
	小計	20	1	21	31	13	44	6	15	21	2	3	5	0	5	5	1	9	10	60	46	106
84	人文社會	5	1	6	8	4	12	0	11	11	0	1	1	2	3	5	0	5	5	15	25	40
	科技	7	1	8	5	9	14	1	1	2	0	0	0	0	3	3	0	2	2	13	16	29
	小計	12	2	14	13	13	26	1	12	13	0	1	1	2	6	8	0	7	7	28	41	69
85	人文社會	5	0	5	18	6	24	9	12	21	1	0	1	4	2	6	0	1	1	37	21	58
	科技	12	2	14	11	9	20	4	3	7	2	1	3	0	1	1	0	1	1	29	17	46
	小計	17	2	19	29	15	44	13	15	28	3	1	4	4	3	7	0	2	2	72	38	110
86	人文社會	8	0	8	16	18	34	10	26	36	1	0	1	0	4	4	0	14	14	35	62	97
	科技	9	6	15	15	3	18	7	11	18	1	1	2	1	2	3	0	4	4	33	27	60
	小計	17	6	23	31	21	52	17	37	54	2	1	3	1	6	7	0	18	18	68	89	157

表 10-5　79 至 87 學年度大學校院核准增設所系班數量（總計）（續）

學年度	類別	博士班			碩士班			學系			分組			增班			夜間班			合計		
		公	私	計	公	私	計	公	私	計	公	私	計	公	私	計	公	私	計	公	私	計
87	人文社會	8	4	12	26	14	40	22	20	42	6	0	6	3	8	11	1	3	4	64	46	110
	科技	14	3	17	18	11	29	7	4	11	5	1	6	1	2	3	1	0	1	48	21	69
	小計	22	7	29	44	25	69	29	24	53	11	1	12	4	10	14	2	3	5	112	67	179
88	人文社會	16	2	18	13	26	39	7	12	19	2	3	5	4	1	5	0	0	0	42	44	86
	科技	12	7	19	10	22	32	4	4	8	1	6	7	1	1	2	0	5	5	28	45	73
	小計	28	9	37	23	48	71	11	16	27	3	9	12	5	2	7	0	5	5	70	89	159
89	人文社會	15	2	17	34	29	63	11	16	27	8	1	9	2	6	8	0	5	5	70	59	129
	科技	6	2	8	19	7	26	7	2	9	1	8	9	2	2	4	1	0	1	36	21	57
	小計	21	4	25	53	36	89	28	18	36	9	9	18	4	8	12	1	5	6	106	80	186
人文社會		87	15	102	198	123	323	116	149	265	22	12	34	37	49	86	3	39	42	463	387	850
科技		120	32	152	149	134	281	52	55	107	20	22	42	29	35	64	4	47	51	374	325	699
合計		207	47	254	347	257	604	168	204	372	42	34	76	66	84	150	7	86	93	837	712	1549

註：自 86 學年度，夜間部各系均已轉型為正規學制、進修班。

類科者有219個，科技類科有90個。

若以公私立大學校院區分，79至87學年度，公立博士班的人文及社會類科設立56個，科技類科設立102個，合計158個；私立大學則各有11個及23個，合計為34個。碩士班，公立大學人文社會及科技類科各有151個及120個，合計271個；私立大學則各有68個及105個，合計173個。公私立大學的增系，公立大學人文社會及科技各有98個及41個，合計139個；私立各有121個及49個，合計170個。見表10-4及表10-5。

㈢公私立大學校院學生人數成長

76至88年度間，公私立大學校院的學生人數快速成長。總學生人數由208,054名增加為537,263名，年平均成長率為8.2%；其中公私立大學校院的學生人數各由73,235與119,698名，增加為164,151及305,879名，年平均成長率各為7.0%及8.1%；碩士班學生人數則各由9,185及3,241名成長為39,183及15,797名，年平均學生人數之成長率各為12.9%及14.1%；博士班學生人數成長各由2,341與381名增加為10,722及1,531名，年平均成長率各為13.6%及12.3%。

上述顯示，私立大學校院大學部學生人數及私立大學校院研究所碩士班學生之成長率高於公立大學，博士班則公立高於私立。若以88學年度之學生人數而言，私立大學大學部學生人數，較公立大學學生人數多14萬多名；碩士班及博士班，私立大學學生人數均低於公立大學。如表10-6所示。

表10-6　公私立大學校院學生數成長

學年度	總計	大學校院		碩士班		博士班	
		公立	私立	公立	私立	公立	私立
76	208,054	73,235	119,698	9,185	3,241	2,314	381
80	280,249	104,532	148,930	15,822	5,484	4,849	632
86	422,321	146,281	227,421	27,558	11,048	8,848	1,165
87	463,575	153,891	255,814	30,645	12,380	9,539	1,306
88	537,263	164,151	305,879	39,183	15,797	10,722	1,531
92	1,172,194	257,863	770,764	80,228	41,681	18,292	3,366

資料來源：中華民國教育統計。教育部（2005）。台北市：作者。

第三節　大學增設系所問題與規劃

、增設所系原則

在公私立大學校院的設系、增減班的政策下，政府有提出明確的規範。教育部為配合我國的人力發展政策，在大學學系所增班有以下原則（教育部，1998）：

第一，增設所系及增班應符合國家整體建設及發展需要。

第二，增設之所系應配合學校發展計畫排列優先順序，並結合地方產業，研訂發展重點與特色。

第三，各校院應配合現有基礎與規模，提出合理之增設數量，國立校院尚應衡酌政府之財力狀況及年度經費預算編列情形。

第四，應具有充足之師資及足供教學與研究所需之圖書、儀器及設備，其標準依教育部之規定。

第五，應考慮畢業生就業狀況，對於人力培育不虞缺乏之所系班，不宜再予擴增。

第六，所系避免過度細化，宜以基礎性、整合性、寬廣性、實務性為優先考量。

第七，原有所系之名稱、分組不甚妥切或性質相近重複者，得予整合統一及調整。

第八，已接受評鑑且評鑑成績優良之所系，得優予增班。

第九，二年制進修部在職班班別，得優先增設，並以學校日間部已設之系組為原則。

第十，學校校地、校舍面積及單位學生校舍樓地板面積應符合《各級各類私立學校設立標準》第 8 條之規定；公立學校並比照適用。

第十一，所系或其所屬類科在該聯招（或招生）地區最近兩年平均錄取率，日間部在 50%以上，進修部在 75%以上者，不宜再申請增設。

第十二，學校行政運作管理完善，無重大過失。

第十三，各校院增設博士班之申請案，教育部應先送請專家學者審查後，並提報教育部學術審議委員會常會通過。

第十四，各校院申請增設教育所、系或教育學程，應依《師資培育法》及其相關規定。

第十五，學校年度核准新設所系，應先行籌設（含師資、課程、設備、教室及有關行政措施等），必要時教育部得予複審，經複審合格始准正式招生。

第十六，所、系之設立、變更與停辦，應依《大學法》第 5 及 14 條之規定，提經各該學校校務會議審議後，檢附會議紀錄併同報送教育部審核。

由於台灣對於私立的高等教育的增設系所，其方式僅以該學校依其需求，遵照行政程序送往教育部進行審議，教育部針對上述原則來審理是否核定私立學校系所增設的建議。過去的增設系所顯示，私立學校因為不必再經由行政院，所以私立學校系所的增設較為容易。同時因為私立學校由私人斥資興學，所以在系所調整與變動上較能符合社會需求及人力發展。

貳、增設系所的問題

一、大學校院及學生人數成長快速

76 至 88 學年度的大學校院學生（含大學、碩士班及博士班）成長一倍多，學生人數由 208,054 人增為 537,263 人。這其中私立大專校院的學生人數成長更是比公立大學快。我國的高等教育擴增快速。目前政府尚有十餘所私立大學校院正籌劃之中，而剛成立的大學仍有擴充空間。此外若干大學朝設立分部擴增，可預見我國未來高等教育容量將大量增加。惟未來學齡人口將呈減少，屆時學生來源不足，公私立大學之學校資源如何運用，以及學校招生將有惡性競爭等，將是面臨的問題。

二、增設系所班組公私立差異大

在博士班及碩士班方面則以公立大學為主，在大學部分的設系組則以私立大學為主。公私立大學的增設系所班別及組別有不一情形。尤其公立大學以理工科系（科技類科）為主，私立大學則以文法商類科（人文及社會）為主，公私立大學設科可能產生私立學校以成本較低的人文社會科為主，而公立大學則以成本較高的科技類科為主。公私立大學增設系、組、班的差異，將導致人文社會與科技類科人力培育不均。未來應在學費自由化前提下，鼓勵私立大學校院增設理工類科及理工類的研究所。

三、系所設立原則問題

雖然教育部規定前述原則，但近幾年來設系所有以下問題：

1.教育部管制過多，私立學校無法反映產業界及市場需求。也就是私立學校所要的系所班組，教育部仍具有管制權，無法滿足私立學校需求。但如不管制，私立大專校院又任意設立及增加學生人數，對國內高等教育是一種傷害，因此如何兩權取其輕是政策規劃應注意的。

2.私立學校的設系所班組，以經濟及成本較低系所為原則，對需要投入較高成本系所則較不願意投入，造成私立學校有投機嫌疑。私立學校以人文法商的類科為多，對於理工醫等需要更精密的儀器及教師專業人力科系則較不願意投入，也就是揀軟柿子吃，這種心態也應改變。

3.私立學校系所設立常冒充人頭，先徵求教育部同意，當核准設立之後，私校並未依先前設立標準設立，產生了掛羊頭賣狗肉的現象，即私立學校在系所成立之後編制，沒有依據先前規劃設立。

4.私立學校除對於先前編制未能遵行之外，對先前課程規劃及系所發展方向都與先前規劃不同者，不在少數。也就是說，私校可能會先徵得教育部核准，但事後的系所與先前規劃不同。

5.教育部的系所規劃原則並未能依據環境及時代與市場需要進行調整，也就是說，以目前的知識經濟與快速變遷的社會，教育部應對於前述的原則有一定的調整。

最後，教育部對於私立學校設系所班組的追蹤考核欠缺。教育部僅在事前對設系所進行審查，對已成立系所班組沒有進一步追蹤，未能瞭解新設立系所班組發展問題。

、政策規劃建議

本章以人力資本理論為政策規劃基礎，主要認為高等教育可以提高人力素質，但過量的擴增將造成反效果，所以針對上述分析有以下建議：

一、大學校院學生人數宜適度的減緩

就整體台灣的高等教育量應適當的減緩，加上配合我國學齡人口降低，高等教育應做適當減緩，以避免日後學校招生有惡性競爭情形。不管是公立或私立大專校院都應思考未來招不到學生，以及學校倒閉的問題。

二、大學校院增設系所應反映勞動市場機制

政府應由私立大學校院自行增設系所，讓學校供給的高級人力與勞動市場可以相結合。市場需求較高之系所，同一所學校同一學年度在某一類科可增加兩班以上。為瞭解勞動市場對於人力的需求，可持續對於市場及企業進行人力需求調查，並應不斷調查私立大學校院增設（或調整）系、班、組的需求。

三、鼓勵私立大學校院設立科技類學系

鑑於過去公立大學以科技類科為主，私立大學則以人文及社會為主，公私立大學設科可能產生私立學校以成本較低的人文社會科為主，而公立大學則以成本較高的科技類科為主，將導致人文社會與科技類科人力培育的不均。配合 1999 年大學學費自由化之後，鼓勵私立大學校院增設有關於理工類科的大學科系及研究所。鼓勵的方式如私立大學校院增設理工類科、增班組者，給予更多的教育經費補助。

四、建立公私立大學退場機制

鑑於國內高等教育量持續增加，但是高等教育學齡人口持續下降，未來沒有更多的學齡人口可以進入大學就讀。此時可能會造成私立學校的惡性競爭，

因此政府應該建立一個評鑑機制，並讓大學招不到學生者可隨時退場，否則日後的私立大學校院會產生更多問題。

五、建立自由型的高等教育市場

既然台灣的高等教育已逐年擴增，私立大專校院尤烈，因此，面對未來的高等教育，政府應採取自由競爭市場，僅以原則性的規範設立系所班組，而內部的調整宜下放給各大學校院。如果未配合政府規範的原則，則受到應有的罰責，如此在自由競爭的前提下，讓各校競爭，提高品質來吸引學生。

六、私立學校成本應反映教育素質

私立學校的經營成本來自於學生學雜費、募款、基金、政府補助建教合作以及相關經營收入。這些經費之中，政府補助、募款及建教合作不穩定。因此僅以學生學雜費為主，所以學校以擴充規模增加學生人數，增加學校收入。但是私立學校應建立完善會計制度及公開財務支用情形，讓學生及社會瞭解他們徵收學生學雜費支出情形，如此才能反映學校素質，使學生學習權獲得保障。

綜上，私立大學校院校數增加比公立大學為快，同時學生人數也比公立大學多；在增設科系方面仍以人文及社會類科為主，科技類科較少；此外，研究所也是如此。政府應提供協助（補助）私立大學校院，增設科技類科，讓大學在人文及科技類科人力培育上求得均衡。

本章的討論問題

一、試指出為何要規劃大學增設系所？

二、試說明高等教育的類型為何？

三、試指出高等教育發展的理論基礎為何？

四、試指出高等教育的投資目的為何？

五、試陳述我國高等教育發展情形為何？

六、試說明台灣的大學系所增設情形為何？

七、試指出政府對大學系所增設的規劃方向。

參考文獻

一、中文部分

林文達（1987）。**教育經濟學**。台北市：三民。

蓋浙生（1984）。**教育經濟學**。台北市：三民。

教育部（1998）。**大學學系所增班原則**。台北市：作者。

教育部（2000）。**八十八學年度大學校院增設科系所班組**。台北市：作者。

教育部（2005）。**中華民國教育統計**。台北市：作者。

二、英文部分

Bowman, M. J. (1964). Schultz, Denison, and the contribution of "Eds" to national income growth. *The American Economic Review, 60*, 450-464.

Hanke, S. H. (1987). Privatization versus nationalization. In S. H. Hanke (Ed.), *Prospects for privatization: Proceedings of the academy of political science* (vol.36, no.3, pp. 1-3). Montpelier, VT: Capital City Press.

Hanushek, E. A., & Kimko, D. D. (2002). Schooling, labor force quality, and the growth of nations. *American Economic Review, 90*, 1184-1208.

Haveman, R., & Wolfe, B. (1984). Schooling and economic well-being: The role of nonmarket effects. *Journal of Human Resources, 19*, 377-407.

McMahon, W. W. (2000). Externalities, non-market effects, and trends in returns to educational investments. In *The appraisal of investments in educational facilities,* OECD.

Nelson, R. R., & Phelps, E. S. (1966). Investments in humans, technological diffusion and economic growth. *American Economic Review, 56,* 69-75.

Psacharopoulos, G. (1994). Returns to investment in education: A global update. *World Development, 22*(9), 1325-1340.

Romer, P. M. (1986). Increasing returns and long-run growth. *Journal of Political*

Economy, 94, 1002-1037.

Self, S., & Grabowski, R. (2003). Does education at all levels cause growth? India, a case study. *Economics of Education Review, 23*(1), 47-55.

Trow, M. (1978). *Problems in the transition from elite to mass higher education.* Berkeley, CA: Carnegie Commission on Higher Education.

UNDP (1999). *Human development report.* Oxford: Oxford University Press.

第十章
高等教育量的政策規劃

本章學習目標

一、指出影響高等教育量的因素。

二、說明台灣的高等教育量的發展情形。

三、比較台灣與主要國家的高等教育量。

四、分析高等教育在學率與人口成長率及國民所得之間的關係。

五、掌握各國的高等教育發展趨勢，提供政策規劃方向。

第一節　政策規劃緣起

如果以 1965 至 2000 年每隔五年為期，台灣與各國高等教育在學率相比，究竟台灣高等教育在學率是較高，還是較低？台灣的高等教育在學率如果較高，政府應如何因應呢？如果比起各國高等教育在學率還低，又如何因應呢？這是本章要探討的重要主題之一。

一個國家高等教育量高低，除了著眼於本國的經濟發展、政治面、職業需求、學生需求、社會價值觀及產業結構調整需求之外，更應從各國高等教育在學率平均發展水準來掌握。規劃高等教育在學率應符合國家發展水準，不能單方面從一個國家內部的因素進行檢視，政策規劃者更應以宏觀視野，以各國的發展來測度。

就人力資本理論而言，高等教育量多寡反映人力素質高低。如果高等教育量愈多，在某種程度上，該國人力素質將相對的會高於其他國家。然而，過量的高等教育不一定代表該國經濟發展較好，過量的高等教育將無法讓個體在滿足接受高等教育之後，帶來更好的經濟發展及個人自我實現。過量的高等教育也反映國家經濟未達到各國經濟發展平均水準，卻有高出世界水準的高等教育量，這樣代表該國高等教育量過多。

個人投資高等教育需要投入直接成本與間接的機會成本，當個體投資完高等教育之後，當然會期待有更多教育投資報酬。然而國家經濟形態反映出國家就業量及產職業結構，如果過量投資高等教育，對個人無法在社會或職業結構謀職，造成個人失業及大材小用的人力閒置。

這種情形使得個人擁有高等教育文憑，期待在社會獲得應有的工作職業，但是過量的高等教育相對增加了高等教育人口，使大學程度以上畢業者無法獲得應有工作，反而造成失業問題。舉例來說，一位加油站工可能只要國中畢業就可擔任，因為國家高等教育量大增，因而國民都擁有高等教育文憑，到頭來擁有大學文憑者卻擔任加油站職務。

本章旨在瞭解各國高等教育在學率影響因素為何，從國際資料找出影響高等教育在學率因素及趨勢。另外，本章亦討論台灣高等教育量在各國的相對定位，也就是說，台灣高等教育在學率在各國發展水準是否已達到過量教育標準？本章將以影響高等教育在學率因素進行台灣的高等教育在學率預測，以作為主管教育當局在規劃高等教育量之參考。

最後，台灣高等教育量持續擴充之後，究竟又衍生哪些問題？是否教育品質已有下降？或者高等教育量擴充，也影響基層勞動力不足及失業問題呢？這也是本章分析重點。

本章目的如下：

首先，探討影響主要國家高等教育在學率因素。

其次，以國際資料分析 1965 至 2000 年，每隔五年影響各國高等教育在學率因素為何？

第三，瞭解台灣的高等教育在學率在各國的相對定位為何？

第四，預測各國在高等教育在學率的表現，究竟有哪些國家的高等教育在學率有過量的現象，有哪些國家是低度高等教育在學率。

經由本章分析，提供教育當局在規劃台灣未來高等教育在學率及高等教育政策方向做參考。

第二節　影響高等教育量的因素

壹、影響高等教育量因素

影響高等教育量因素頗多，說明如下：

如以政治因素而言，教育是社會化的重要方式之一，各國為了提高人力素質及民主素養，同時為培養優秀的政治精英，因此透過教育投資來增加高等教育量。各國領導者或行政部門的行政首長及官僚體制的公務員，也大都是經由高等教育培養出來，因而在政府部門服務，就說明高等教育與政治之間關係密切。

以經濟因素而言，它也可能影響高等教育量擴充。無庸置疑的是，一個國

家經濟發展快速、國民所得增加，個人或政府對教育投資將會提高。以個人而言，高等教育是選擇性的教育，不是義務教育，個人投資高等教育需要有龐大的成本，包括四年直接成本及四年機會成本，因此，有高度經濟水準家計或個人才可購買高等教育能力。林文達（1987，1989）以各國的高等教育在學率、國民所得及人口成長率分析指出，各國的國民所得與人口成長率高低影響各國高等教育在學率擴充；林文達分析發現，國家的國民所得愈高，人民及政府投資高等教育愈多，所以國民所得對高等教育在學率有正向影響，而在人口成長率方面，則是對高等教育在學率有負向顯著影響。

就社會觀點而言，社會變遷與調適需要具有學習能力及適應能力的國民，而這需要人民接受教育之後，其適應環境能力才會提高。社會因素也包括人口結構變化（例如人口成長率、死亡率、婦女生育率），一個社會如果每位婦女的生育率提高，代表人口成長速度相對加快，某種程度上，是一種較低度發展社會，因為人口成長快速來自接受教育程度較低，或經濟發展水準不高，所以沒有家庭計畫觀念，因此人口成長率不斷提高。所以，人口成長速度將對教育有負向影響。在政府投資教育資源有限，加上人口成長過快，無法讓更多人接受高等教育，這是可以理解的。

其實，影響高等教育在學率包括教育因素本身。它包括教育經費占國民生產毛額、教育經費占政府支出比率、中等教育在學率等，以前面兩個因素而言，如果經費多將有更充足的資源投入教育，反之則否，而以中等教育在學率而言，它代表一個國家可就讀大學先備條件。要進入高等教育之前都要有中等教育文憑，當中等教育在學率愈多，代表進入高等教育者可能機會愈高。

總之，影響高等教育在學率因素很多，這顯示規劃高等教育量並非易事。

貳、人力資本理論意涵

本章是以人力資本理論為基礎。人力資本理論認為如果一個國家的人力素質高，將會帶動國家的經濟發展，同時對個人而言，如果教育投資愈多，其未來的個人收入將愈高。

教育對國家貢獻有經濟與非經濟效益之分。就前者而言，教育投資之後，國家經濟受到人力素質改善所影響，因而經濟發展較穩定。台灣沒有天然資源，過去五十多年來，經濟發展依賴之一是政府對人力資本的投資，因而有充足的人力資本從事國家建設。人力資本使得國民所得提高，在個人投資教育之後，個人在未來的工作生產力也增加。再來個人接受教育之後，個人稟賦開發，使得個人能力、技術及觀念得以提升與適應社會及工作彈性變化，所以個人接受教育愈多，對未來工作及職業較為適應。此外，教育影響農人收穫量，有接受教育的農人比沒有接受教育的農民，在種植技術、運用肥料及耕種觀念都有不同。所以，人力資本對經濟是有效益。例如符碧真（1996）以台灣在 1976 至 1990 年的個人所得分配調查資料庫分析指出，私人投資報酬率之中，初等教育在學率始終最低，中等教育投資報酬率在 1970 年代上揚為三級教育之中最高，但是後來又漸漸下滑，高等教育投資報酬率自 1970 年代起，成為三級教育投資報酬率最高者。

教育對國家非經濟效益包括層面很多，國家教育投資增加，人民素質提高，使得該國的政治民主化提高、婦女生育率降低；因為教育增加優生學觀念，未來的人民素質將無形中改善。符碧真（2000）研究指出，台灣在高等教育機會擴充之後，更讓國民接受高等教育機會均等性提高。也就是說，教育也可以滿足國民自我實現的機會。另外，教育讓國民重視文化及藝文欣賞，培養國民在美學、文化及藝術的修養。學校教育目標包括認知、情意與技能三大領域。教育不僅提供學生知能學習，也間接影響學生對藝術、美學及環境保育觀念，這種無法以經濟或金錢衡量的效益就是非經濟效益。

因為國民接受中等教育之後，已有基本能力，也是進入高等教育的門檻。因此國家的中等教育在學率愈高，在家庭經濟許可且經過高等教育篩選門檻就能進入高等教育就讀。易言之，中等教育在學率將與高等教育在學率有正向的關係。而國民所得如果愈高，進入高等教育就學的機會也增加，二者之間關係為正向。此外，人口成長率增加，將會影響政府的教育投資，因為政府的教育資源有限，並無法提供所有資源給國民接受高等教育，如果國家人口成長率愈高，則該國高等教育在學率愈低。

參、先進國家高等教育發展情形

一、先進國家每十萬人口接受高等教育人數普遍提高

國家具有高等教育人數多寡是衡量國家人力資本存量（stock）的依據。人力資本存量代表了國家高等教育人力實質的存在。而衡量方式又以每十萬人口中，已接受高等教育人數多寡為指標之一。聯合國教科文組織（UNESCO）先進國家每十萬人口中接受高等教育人數，如表 11-1。表中可看出 1980 年每十萬人口中獲得高等教育人數最多者為美國。在 1993 年此項數值則以加拿大最高。而在 1980 至 1993 年平均成長率，以挪威 6%最高，美國 0.4%最低。

表 11-1　先進國家每十萬人口中接受高等教育人數　　單位：人

國家／年代	1980	1985	1990	1992	1993	1980-1993（%）
美國	5,310	5,136	5,468	5,652	5,611	0.4
加拿大	4,769	6,320	6,897	7,096	6,980	3.0
香港	1,201	1,426	—	1,540	—	2.1
日本	2,503	2,742	2,790	—	—	1.1
奧地利	1,812	2,292	2,670	2,836	2,893	3.7
丹麥	2,074	2,275	2,782	3,045	—	3.3
芬蘭	2,577	2,611	3,323	3,739	3,902	3.2
法國	2,125	2,318	2,975	3,409	3,607	4.2
德國	1,987	2,540	2,934	—	—	4.0
冰島	1,592	1,957	2,145	—	—	3.0
荷蘭	2,546	2,794	3,203	3,339	—	2.3
挪威	1,936	2,279	3,360	3,890	4,111	6.0
西班牙	1,859	2,431	3,112	3,474	—	5.3
瑞士	1,347	1,685	2,012	2,095	2,107	3.5
英國	1,468	1,824	2,192	2,646	—	5.0
澳洲	2,222	2,366	2,872	3,219	3,267	3.0
紐西蘭	2,462	2,950	3,318	4,215	4,675	5.1

資料來源：Statistics yearbook. UNESCO (1995). Paris: The Author.

二、先進國家高等教育在學率成長快速

衡量國家高級人力多寡方式之一是以人力資本流量，這種流量以高等教育在學率為方式之一。所謂流量是隨著年度人口變化及接受高等教育人數，而會改變教育在學率高低。據世界銀行（World Bank, 1978-2005）統計，1980 至 1993 年 19 個先進國家，高等教育在學率增加最多的是加拿大的 61%。最少者為日本，它並沒有增加高等教育在學率，各個先進國家在 1980、1985、1990、1993 年高等教育在學率如表 11-2。1980 年的 19 個先進國家之高等教育在學率中，以美國與加拿大各為 56%與 42%分居一、二名，瑞士 18%最低。1993 年仍以加拿大的高等教育在學率 103%最高，超過 100%原因是加拿大包含非正規的高等教育也納入計算所致。而以日本的 30%為最低。

表 11-2　先進國家高等教育在學率　　單位：%

國家／年代	1980	1985	1990	1993	2000
西班牙	24	27	34	41	57.8
愛爾蘭	20	22	38	34	47.8
紐西蘭	29	35	50	58	68.8
義大利	28	26	34	37	48.6
英國	20	22	28	37	58.2
加拿大	42	55	56	103	59.7
挪威	26	31	49	54	69.6
美國	56	57	60	65	69.2
瑞士	18	22	31	31	38.0
比利時	26	31	38	40	57.1
奧地利	23	27	37	43	56.0
荷蘭	30	31	39	45	53.1
法國	26	30	46	50	52.8
澳洲	25	28	40	42	65.4
瑞典	31	38	34	38	67.4
日本	30	30	32	30	47.4
丹麥	29	29	38	41	57.3
芬蘭	33	33	57	63	82.8
德國	27	30	36	36	48.6

資料來源：World development report. World Bank (1978-2005). Washington DC: The Author.

三、先進國家與台灣高等教育在學率成長頗快

為瞭解先進國家與台灣在過去十幾年的高等教育在學率變化情形，從世界銀行（World Bank, 1978-2005）整理出 1980 至 2002 年美、英、法、德、日本與我國高等教育在學率成長情形，如表 11-3。表中可看出十二年來先進國家高等教育在學率發展。就如 1980 年 6 個國家以美國高等教育在學率 55%最高，我國 18%最低。1992 年美、英、法、日本及台灣的高等教育在學率各為 71%、59%、54%、48%及 63%，各國均有增加，其中我國增加 45%，不下於美國的 16%。而日本增加 18%。台灣於 2002 年高等教育在學率高達 63%。在較高度的高等教育在學率與先進國家相較，可說是不遑多讓。

表 11-3　1980 至 2002 年主要國家及我國高等教育在學率　　單位：%

年代／國家	美國	英國	法國	德國	日本	台灣
1980	55	20	25	26	30	18
1981	58	20	26	28	30	19
1982	58	19	27	30	30	20
1983	56	20	28	30	30	21
1984	57	20	27	29	30	22
1985	57	22	30	30	30	23
1986	59	22	30	30	29	25
1987	60	22	31	30	28	26
1988	60	23	35	32	30	28
1989	63	24	37	32	31	31
1990	68	26	40	33	31	34
1991	60	28	43	36	31	38
1992	65	29	44	36	32	42
2002	71	59	54	--	48	63
1983-2002 增加	16	39	29	--	18	45

資料來源：美、英、法、德與日整理自 World development report. World Bank (1978-2005). Washington, DC: The Author; 台灣的資料取自中華民國教育統計。教育部（2005）。台北市：作者。

、台灣高等教育量發展量增質降

規劃台灣的高等教育在學率，除了應對台灣高等教育在學率分析之外，亦應針對台灣的高等教育問題進行分析。茲將近年來台灣的高等教育問題，說明如下：

一、高等教育類型多樣化

為因應擴充高等教育，行政院教改會（1995a，1995b，1995c）規劃各類型不同功能的高等教育學府，以提供學生多元選擇的機會是必要的。改革建議高等教育學府類型與功能宜包括：1.各種不同功能之大學，其功能以教學或研究為主；2.技術學院，其功能以專業技術教育為主；3.社區學院，其功能包括教學、技術職業教育、服務等；4.專科學校，其功能以職業技能的教學為主；5.開放大學，其功能以運用隔空學習的方式，進行成人教育為主。我國高等教育類型有綜合大學、科技大學、技術學院、師範校院、專科學校（二專及五專）等。另有空中大學、空中行專。教育部曾擬將台灣的高等教育發展類型區分為研究型、教學型、科技型、社區型及遠距離教學型等（教育部，1998）。究竟未來如何轉型，讓各類型大學可以發揮教學研究及推廣的教育功能頗值重視。

二、近年高等教育發展情形

教育部（2006）統計指出，台灣的大專校院總數成長由 74 學年度的 105 所增為 84 學年度的 134 所，92 學年度已增加為 154 所。其中專科學校由 74 學年度的 77 所，84 學年度減為 74 所，92 學年度又剩下 9 所。學院由 12 所增為 36 所；大學由 16 所增為 24 所。教育部（2005）指出，在未來將籌設專科學校 2 所、學院 12 所、大學 2 所，又在 85 至 87 學年度內將 18 所專科學校改制為技術學院。我國大專校院學校數成長，大學達 1.3 倍，學院高達 3 倍，成長速度頗快。

我國大學學生、碩士班、博士班學生人數，各由 75 學年度的 184,729 人、

11,924 人、2,143 人增加為 84 學年度的 337,670 人、37,466 人、10,322 人。十年來各類學生人數年平均成長率為 6.2%、12.1%和 17.0%。同期間公立大專校院學生人數由 69,251 人增為 136,579 人，年平均成長率為 7.0%；而私立大專校院學學生人數由 115,478 人增為 201,091 人，年平均增加率為 5.7%。公立研究所碩士班學生人數由 8,238 人增為 20,524 人，年平均增加率為 9.6%；私立研究所碩士班學生由 3,056 人增為 10,919 人，年平均增加率為 13.6%。公立研究所博士班學生人數亦由 1,787 人增為 9,088 人，年平均增加率為 17.7%；私立研究所博士班學生由 356 人增為 1,234 人，年平均增加率為 13.2%。

上述資料歸納為：第一，大學校數不斷增加，提供高等教育量擴充；第二，專科學校大量減少，但大學及技術學院則不斷增加；第三，大學生人數也持續擴充。最後，如以成長幅度而言，碩士班及博士班人數成長速度快。

三、大學科系人數增長幅度大

據教育部（1988，2005）統計指出，近年來，我國大學校院大學本科各科系學生人數成長呈現相當不平衡情形。76 至 92 學年度之間，大學本科學生由 152,300 名增為 837,602 名，十六年來共增加 685,302 人，成長 4.5 倍；其中以商業及管理類科的學生人數增加最多，為 173,956 名，其次為工程類科的 145,654 名，再次為數學及電子計算機類科的 75,424 名。學生人數成長倍數則以觀光類科 17.74 倍最大，其次為家政類科的 15.98 倍，詳見表 11-4。

四、高等教育素質逐年下降

高等教育學生素質之評估可由大學錄取率、大學退學率及平均班級學生人數和師生比例高低說明。分析如下：

㈠大學錄取率偏高：台灣的大學聯考錄取率不斷提高，因大學錄取人數擴充而會影響高等教育學生素質，這是值得關注的現象。教育部（2005）指出大學日間部聯招，75 學年度錄取率為 30.66%，85 學年度則提升為 49.23%，90 學年度更高達 61.36%。75 學年度，自然組報名人數為 46,070 人、社會組報名人數為 64,314 人；自然組錄取人數為 18,645 人、社會組錄取人數為 15,203 人，

表 11-4　76 至 92 學年度大學各類科學生人數成長情形　　單位：名、倍

類科/學年度	76	92	增加人數	92/76
教育	4,416	28,112	23,696	5.37
藝術	3,274	21,272	17,998	5.50
人文	17,786	76,325	58,539	3.29
經社及心理	16,067	33,343	17,276	1.08
商業及管理	22,689	196,645	173,956	7.67
法律	3,935	12,103	8,168	2.08
自然科學	10,548	24,128	13,580	1.29
數學及電算機	10,563	85,987	75,424	7.14
醫藥衛生	15,649	64,658	49,009	3.13
工業技藝	192	953	761	3.96
工程	29,374	175,028	145,654	4.96
建築及都市規劃	3,066	11,823	8,757	2.86
農林漁牧	5,318	20,972	15,654	2.94
家政	1,944	33,011	31,067	15.98
運輸通信	1,627	8,314	6,687	4.11
觀光服務	867	16,245	15,378	17.74
大眾傳播	2,775	18,176	15,401	5.55
其他	2,210	10,507	8,297	3.75
總計	152,300	837,602	685,302	4.50

註：1.本表之各類學生數為大學本科在學學生數，不含夜間部、暑期部。

2. 92/76 所得之比率均已扣除 1。

資料來源：中華民國教育統計。教育部（1988，2005）。台北市：作者。

錄取率各為 40.27%、23.64%。至 85 學年度，自然組報名人數為 50,880 人，社會組報名人數為 73,774 人；自然組錄取人數為 28,824 人，社會組錄取人數為 32,548 人；錄取率各為 56.7%、44.1%。90 學年度在第一、第二及第三類組（第二及第三類屬自然組）報名人數各為 73,828 人、13,747 人、29,930 人，錄取人數各為 42,221 名、9,371 名、20,439 名，各類組的錄取率為 57.2%、58.2%、68.3%。從這些數字來看，社會組及自然組報名人數都有增加，錄取率也大幅提升；整體錄取人數增加，某種程度代表入學從寬，學生素質降低。而在 2005 年，大學錄取率更高達 89.1%，這表示每百位高中程度畢業生報考，就有近九十位錄取；如果照此趨勢，未來大學錄取率可能會產生百分之百的現象。

㈡大學退學率偏低：我國大專校院學生退學率一向偏低。教育部（1996）

指出，在 77 學年度退學率僅 0.33%；至 84 學年度亦不及 1%。近年的大學退學率雖有提高，但亦不到 2%。學生學業成績不及格，退學率低，某種意涵上，代表高等教育機構無法對學生素質嚴格管制，影響大學生整體素質提升。

㈢大專校院班級平均人數逐年提高。教育部（1996）指出 75 至 85 學年度，專科學校每班學生人數為 50.6 人與 50.2 人；大學為 48.8 人與 48.3 人；碩士班則由 17.9 人增加為 24.4 人；博士班則由 9.6 人增為 15.4 人。在師生比上，專科學校維持在 1：20；大學則維持 1：14。班級人數增加及師生比提高，導致教育品質降低，近年高等教育經費縮減，更使高等教育素質無法相對提高。

五、與主要國家高等教育在學率相較略高

世界銀行（World Bank, 2003）統計顯示，2000 年日本、美國、法國、德國、澳洲、丹麥及英國，18 至 21 歲高等教育粗在學率各為 47.4%、69.2%、52.8%、48.6%、65.4%、57.3%、58.2%；而我國則為 56.1%，如表 11-5，顯示我國高等教育在學率已高於日本、法國、德國和澳洲。

眾所皆知，經濟發展影響國家高等教育在學率甚大，高等教育量擴充宜與經濟發展相互配合，才不易衍生問題。如果以主要國家國民所得與高等教育在學率做一比較，2000 年丹麥、美國、法國、德國及澳洲之國民所得各為 31,460 美元、34,400 美元、24,470 美元、25,510 美元、20,060 美元，都屬於高所得的

表 11-5　各國高等教育在學率與相關指標

國家	所得	電腦網路	生育率	高教率	中教率	壽命
澳洲	20,060	345	1.2	65.4	158.8	79.1
丹麥	31,460	391	0.4	57.3	126.6	76.8
法國	24,470	144	0.5	52.8	109.7	78.9
德國	25,510	302	0.1	48.6	98.4	77.9
日本	35,140	300	0.2	47.4	102.1	81.1
瑞士	40,110	292	0.6	38	95.6	79.7
英國	24,920	264	1.7	58.2	158	77.5
美國	34,400	439	1.1	69.2	94.0	77.0
台灣	12,560	--	2.0	56.14	99.2	75.0

資料來源：先進國家取自 World development report. World Bank (2003). Washington DC: The Author; 台灣的資料取自《中華民國社會指標》。行政院主計處（2004）。台北市：作者。

國家，然而他們的高等教育在學率並沒有像台灣一樣擴充如此快。2000 年台灣的國民所得僅為 12,560 美元，高等教育在學率卻有 56.14%，高等教育在學率之擴充已超前先進國家。

六、高等教育擴充衍生的問題多

近年我國高等教育擴充相當快速，大量擴充可能衍生下列問題：

㈠高等教育素質不能配合提升

在高等教育量的大量擴充後，高等教育經費卻相對減少，是高等教育素質降低的警訊，尤其國內大專校院班級學生人數和師生比提高、學生退學率過低和錄取人數的相對增加。此種「入學從寬、畢業也從寬」的教育現象，似無法使教育品質隨量的擴充而相對提高。

㈡基層勞動力不足

高等教育量擴充過快，加上政府缺乏通盤輔導學生升學與就業政策，在重文憑重學歷風氣下，高等教育擴充政策更助長學生盲目升學氣勢。以 1987 年、1992 年、1995 年與 2005 年為例，15 至 19 歲的男性勞動參與率分別由 31.2%、21.1%，降為 20.4%與 10.46%；而 20 至 24 歲則由 72.6%、68.7%，降為 64%、53.3%；女性勞動參與情形在 15 至 19 歲也由 33.1%、21.3%降為 18.5%與 11.04%；20 至 24 歲組則由 66.8%、62.6%，降為 61.6%、56.6%（行政院主計處，2005）。這些年齡組別勞動參與率的降低，一方面是因學生投入升學行列；一方面是因大學校院擴充吸引學生所致。大學畢業生延後就業導致勞力不足，而必須大量的引進外勞，亦可能衍生社會問題。

㈢高學歷高失業率

民眾接受高等教育是一項投資，也是消費。當個人消費高等教育之後，畢業未能充分就業即可能是失業損失風險。台灣的高等教育在擴充之後，大專以上學歷者失業情形也大為增加。以行政院主計處（2005）調查資料顯示，專科

及大學教育程度的失業率，自 1978 年各為 3.75%與 2.54%，至 2005 年又各增加為 3.78%與 4.23%，如表 11-6。在失業率中，可得資料為顯性失業，假若將學生畢業後有能力卻無法得到工作或尋找工作的情形加入，高等教育畢業生的失業情形勢必更加嚴重，在 2005 年大學教育程度遠超過 4%。顯見，近年高學歷高失業率已有逐漸增加的現象。

表 11-6　1978 至 2005 年專科以上的失業率　　單位：%

年度	平均失業率	專科	專科男性	專科女性	大學	大學男性	大學女性
1978	3.15	3.75	3.90	3.45	2.54	2.19	3.56
1980	2.23	2.51	2.21	3.14	1.93	1.51	3.17
1985	4.22	4.68	4.49	5.02	3.65	3.01	5.17
1990	2.27	2.46	2.34	2.65	2.03	1.78	2.52
1995	2.42	2.35	2.22	2.52	2.52	2.12	3.16
2000	2.80	2.90	2.76	3.07	2.67	2.44	3.01
2005	4.01	3.78	3.86	3.69	4.23	3.79	4.78

資料來源：1978 至 2005 年專科以上的失業率。行政院主計處（2006）。2006.4.17 取自 http://www.dgbas.gov.tw/public/Attachment/632310224671.xls

㈣高等教育擴充，教育經費不足與分配不合理

教育經費來源不外有學生學雜費、政府補助、來自社會捐助及學校募款所得而來。台灣的公立大專校院經費多由政府負擔，由於高等教育量不斷擴充，政府須負擔經費逐年大量增加，致使政府經費能用於補助公私立大專校院者極為有限。近年補助雖增加，但所占比例仍偏低。以 83 會計年度為例（教育部，1998)，公立大學經費由政府撥補、學雜費和其他金額收入占歲出比例各為 91.9%及 8.1%；而私立大學在政府撥補、學雜費支出占歲出比例各為 8.5%及 65.9%。

在公立學院經費由政府撥補亦占 88.4%、學雜費只占 8.8%；私立學院則在相同收入來源類別中各占 12.9%及 42.8%，其餘私立學院營運費用則透過校董會撥補為 10.3 %、借款為 11.1%和財務收入為 5.9%（行政院經建會，1997）。

公立專科學校經費由政府撥補占歲出為 73.74%、學雜費只占歲出 23.5%；而私立專科學校學雜費收入占收入來源為 69.9%、政府撥補只占 9.3%。顯然，

公立大專校院之經費來源主要為政府經費；而私立大專校院則仰賴學雜費，政府補助則有限。

㈤大學學費對家計負擔過重

台灣的高等教育在學率持續擴充，來滿足社會大眾需求，一般家庭子女都有機會就讀大學。高等教育就學機會增加，學生人數相對增加，但在高等教育是選擇性教育，高等教育學雜費造成家庭對子女就讀高等教育負擔有加重情形。1999 年教育部宣示將高等教育學費自由化之後，公私立學校紛紛要求提高學雜費的收費標準，致使中低收入或是家庭中若有兩、三位就讀大學子女，就構成經濟負擔。私立學校為求提高教育品質，又得在較低教育成本下，營運恐有困難。

同時公立大學的學費比私立大學低，可以就讀公立大學者，又常以家庭資本高、社會階層高、教育資源豐富、家庭經濟所得高與家長教育程度和社會背景高者為多，相對的，私立學校就讀的學生以社會階層低、家庭收入少、文化資本較少及教育資源較不豐厚者為多。因為私立學校資源原本就比公立學校少，所以以學生角度而言，要投入更多教育成本，卻不一定獲得與公立大學相等的教育品質，這對於就讀私立大學學生尚欠公平。

政府雖然由過去的公私立大學學雜費比例 1：3 調整至 87 學年度的 1：2.2，但在當前各大專校院工讀機會及獎學金不多，和學生就學貸款未能放寬下，高等教育學雜費問題，對於學生及家計是一大負擔。

第三節　規劃方法與限制

壹、模式設定

本章探討各國高等教育在學率影響因素。對各國的高等教育在學率與自變項進行分析，瞭解它們之間的關係。本章透過迴歸分析模式來對各國高等教育在學率進行預測，以瞭解哪些國家的高等教育在學率有過量及低度投資的問題。

本章以1965年、1970年、1975年、1980年、1985年、1990年、1995年、2000年的高等教育在學率為依變項，都以Y_i表示。本研究以國民所得、人口成長率、中等教育在學率為自變項，分別以X_1、X_2、X_3代表，各個b值為所要估計的參數，a為常數項，e為誤差項。所要考驗模式如下：

$$Y_1 = a + b_1X_1 + b_2X_2 + b_3X_3 + e$$

此迴歸分析模式如以不同年度高等教育在學率為依變項，如果國民所得與中等教育在學率愈高，則依變項預期應愈高，反之則否；而人口成長率愈高，高等教育在學率愈低。如果人口成長快，教育資源無法分配給更多高等教育受教人數。因此它與自變項之間有負向關係；而國民所得與中等教育在學率會有正向關係。

貳、資料處理方法

此政策規劃分析以多元迴歸分析的強迫進入法進行模式檢定。從多元迴歸分析了解哪些變項對高等教育在學率較具影響力。進行迴歸分析將掌握極端值，以及多共線性的問題。前者將以殘差值超過三個標準差為判斷依據，後者將以變異數波動因素（Variance Inflation Factor, VIF）指標進行檢定，該指標如果數值大於10，則代表有嚴重的多共線問題，將進一步調整模式。

參、資料與限制

本研究分析資料取自1978至2005年《世界發展報告》（*World Development Report*）（World Bank, 1978-2005）的教育統計指標，取1965年、1970年、1975年、1980年、1985年、1990年、1995年、2000年等8個年度資料進行分析。高等教育在學率是以18至21歲就學於高等教育人數除以學齡人口數所得

到的數值，它以百分比（%）為單位；國家的人口成長率是以該年度人口成長變化情形，它以百分比（%）為單位。國民所得是以該國的平均每位國民收入，以美元為單位；中等教育在學率是以 12 至 17 歲就讀中等教育人數除以該學齡人口數，所得到的數值，以百分比（%）為單位。

選擇這些指標理由，除顧及到理論與過去研究基礎之外，也顧及到可否蒐集到該資料的現實。因為國際資料不多，要能各國都有相同統計指標更少。因此，本研究以前述教育指標為基礎，因各指標國家數不一，建構每個迴歸方程式，國家數不一是分析的限制。

第四節　高等教育量規劃分析與啟示

壹、各國高等教育發展與經濟關係密切

經過多元迴歸分析之後，各國在 1965、1970、1975、1980、1985、1990、1995、2000 年的高等教育在學率與國民所得、人口成長率、中等教育在學率的迴歸分析如表 11-7。表中顯示 1965 年有 90 個國家納入分析，當年度高等教育在學率平均為 5.6%，國民所得、人口成長率與中等教育在學率的平均數各為 3,917 美元、2.2%與 27.8%，經過迴歸分析之後發現，國民所得、中等教育在學率與人口成長率都顯著影響高等教育在學率，解釋力為 71.7%。

1970 年度共有 92 個國家納入分析，僅有中等教育在學率影響高等教育在學率。1975 年度共有 104 個國家進入迴歸分析模式，國民所得與中等教育在學率顯著影響高等教育在學率。1980 年共有 111 個國家進入分析，僅有中等教育在學率達到顯著水準。1985 年僅有中等教育在學率影響高等教育在學率。1990 年與 1995 年各國高等教育在學率增加為 18.6%、22.9%，影響高等教育在學率因素有國民所得及中等教育在學率。影響 2000 年高等教育在學率的因素中，中等教育在學率、人口成長率與國民所得都達到顯著水準，解釋力為 62.8%。此

表 11-7　1965 至 2000 年影響各國高等教育在學率的迴歸分析摘要

變項	平均數	標準差	β	B	*t*	*VIF*	R^2	Adj-R^2	*F*
1965 高教率	5.6	5.9							
國民所得	3917	5673	.187	.0002	2.03*	2.37	.728	.717	*F*（3，76）
人口成長率	2.2	0.9	.204	1.31	2.60**	1.72			= 67.6**
中教率	27.8	22.7	.821	.213	8.84**	2.41			
常數項				-3.93	-2.58				
1970 高教率	7.38	8.94							
國民所得	5207	7392	.023	.00003	.196	2.485	.495	.478	*F*（3，88）
人口成長率	2.1	1.2	.066	.488	.667	1.684			= 28.8**
中教率	37.3	27.4	.722	.235	5.09**	3.507			
常數項				-2.54	-.98				
1975 高教率	9.81	10.49							
國民所得	5296	7418	.241	.0003	2.48*	2.29	.586	.574	*F*（3，100）
人口成長率	2.03	1.29	.101	.822	1.31	1.45			= 47.2**
中教率	43.2	28.4	.618	.228	5.72**	2.83			
常數項				-3.51	-1.48				
1980 高教率	11.8	11.8							
國民所得	6605	8931	.121	.0002	1.37	1.64	.492	.478	*F*（3，107）
人口成長率	2.08	1.53	-.117	-.899	-1.42	1.42			= 34.5**
中教率	51.5	30.3	.557	.217	5.48**	2.17			
常數項				1.48	.537				
1985 高教率	13.0	13.3							
國民所得	6296	8969	.149	.0002	1.72	1.777	.533	.520	*F*（3，111）
人口成長率	1.92	1.26	-.011	-.119	-.132	1.758			= 42.2**
中教率	54.3	32.0	.617	.256	6.36**	2.234			
常數項				-2.07	-.610				
1990 高教率	18.3	16.6							
國民所得	6531	9501	.208	.0004	2.70**	1.66	.596	.585	*F*（3，112）
人口成長率	1.74	1.47	-.085	-.956	-1.12	1.60			= 55.1**
中教率	61.0	31.7	.575	.301	6.19**	2.39			
常數項				-.759	-.201				
1995 高教率	22.9	19.9							
國民所得	7624	10714	.235	.0004	3.06**	2.03	.711	.702	*F*（3，100）
人口成長率	1.47	1.23	-.064	-1.03	-.809	2.14			= 81.9**
中教率	69.7	34.7	.628	.360	6.19**	3.56			
常數項				-4.00	-.794				

表 11-7　1965 至 2000 年影響各國高等教育在學率的迴歸分析摘要（續）

變項	平均數	標準差	β	B	*t*	*VIF*	R^2	Adj-R^2	*F*
2000 高教率	29.9	22.5							
國民所得	10496	10276	.178	.00039	2.217*	1.93	.639	.628	*F*（3，99）
人口成長率	1.03	1.20	-.162	-3.029	-2.05*	1.71			= 55.45**
中教率	77.96	31.68	.562	.400	5.51**	2.87			
常數項				-2.304	-.392				

註：$**p < .01$；$*p < .05$。

外，就八個年度多元共線性檢定上，各年度的自變項的 VIF 值均低於 4.0 以下，所以模式沒有嚴重的多元共線性問題。

上面分析得到幾項特性：1. 1965 至 1995 年中等教育在學率都影響高等教育在學率；2.國民所得與人口成長率對高等教育在學率影響，在不同年度有不同結果，但都以國民所得影響年度較多；3.迴歸分析模式之中，自變項對依變項的解釋力而言，以 1965 年模式最高，1970 與 1980 年最低，但最低者也近 50%，表示本章的自變項對於依變項的預測力不低；4.國民所得與中等教育在學率都與高等教育在學率呈現正向關係，而人口成長率在 1980 年之前的模式，則與高等教育在學率呈正向關係，但在 1980 年則呈現反向的關係。2000 年的國民所得與中等教育在學率均與高等教育在學率呈正向顯著關係，人口成長率對高等教育在學率則達到 .05 的顯著水準。

上述各年度迴歸模式結果歸納如表 11-8 所示。它的意義如下：第一，1965

表 11-8　各國高等教育在學率與國民所得、中教率及人口成長之關係

年代／變項	中等教育在學率	國民所得	人口成長率
1965	+**	+*	–*
1970	+**	+	–
1975	+**	+*	–
1980	+**	+	–
1985	+**	+	–
1990	+**	+**	–
1995	+**	+**	–
2000	+**	+*	–*

註：$*p < .05$；$**p < .01$。

至 2000 年的中等教育在學率對於高等教育在學率都有正向且顯著的影響；第二，國民所得對於高等教育在學率都有正向關係，但是在 1980 與 1985 年未達顯著水準；第三，人口成長率均與高等教育在學率有負向關係，但僅在 1965 年與 2000 年有顯著關係。

貳、各國高等教育在學率預測

一、預測模式

上述的八個年度的模式之中，在 2000 年度模式，三個自變項均達到顯著水準，因此本章將以此作為推估模式，此模式的各個估計值如下：

$$Y = -2.304 + .00039X_1 - 3.029X_2 + .400X_3$$

透過此模式，本章以人口成長率、中等教育在學率與國民所得作為自變項來預測高等教育在學率，所得到的結果如表 11-9 所示。從表中可以看出幾個現象：第一，在 103 個國家中，如果殘差值為正向者表示實際的高等教育在學率超出各國的平均值，共有 56 個國家，其中以國民所得、中等教育在學率與人口成長率預測南韓、芬蘭及美國的高等教育在學率，發現是超出實際表現最多的前三位國家；第二，低於該國的實際高等教育在學率水準的國家有 47 個，其中盧森堡、東加及聖露西亞是低於各國平均水準的國家，這些國家的高等教育在學率表現不足；第三，過量高等教育在學率的國家大都是開發中國家為多，例如以色列、拉脫維亞、巴拿馬及白俄羅斯，這些國家都是高等教育在學率的發展速度高於經濟發展。這些國家強調以教育投資作為發展方向。這更可以證實，國家發展過程中的教育角色的重要；第四，在高等教育在學率實際值與預測值之差距，即殘差值接近 0，可能在-1.0 與 1.0 之間，它表示很接近各國發展平均水準，這些國家的高等教育在學率能與該國的國民所得、人口成長率及中等教育在學率相配合，尤其是接近 0 的國家，例如冰島、克麥隆、肯亞、摩洛哥、丹麥與日本等，這些國家是符合各國的高等教育在學率的發展水準。在這些國家之中也可以看出，低度經濟發展國家、開發中國家、先進國家都有。如果是先進國家來說，可能是這些國家在中等教育在學率、人口成長率與國民所得能密切配合，也就是在三項因素限制之下，並沒有過量教育的問題。對於低度發展國家來說，它們並沒有教育投資過量，可能沒有經濟發展超前教育投資的問題。對開發中國家來說，這些國家的經濟發展、人口成長、中等教育在學率與高等教育在學率並沒有低於各國平均水準。

二、幾個國家的高等教育在學率意涵

在表 11-9 中，有幾個國家的高等教育在學率值得討論。為容易討論，將 2000 年各國的國民所得與高等教育在學率的座標圖如圖 11-1 所示。圖中的直線為最適迴歸線，即各國高等教育在學率與國民所得的最適當線，而圖中每個點代表一個國家。

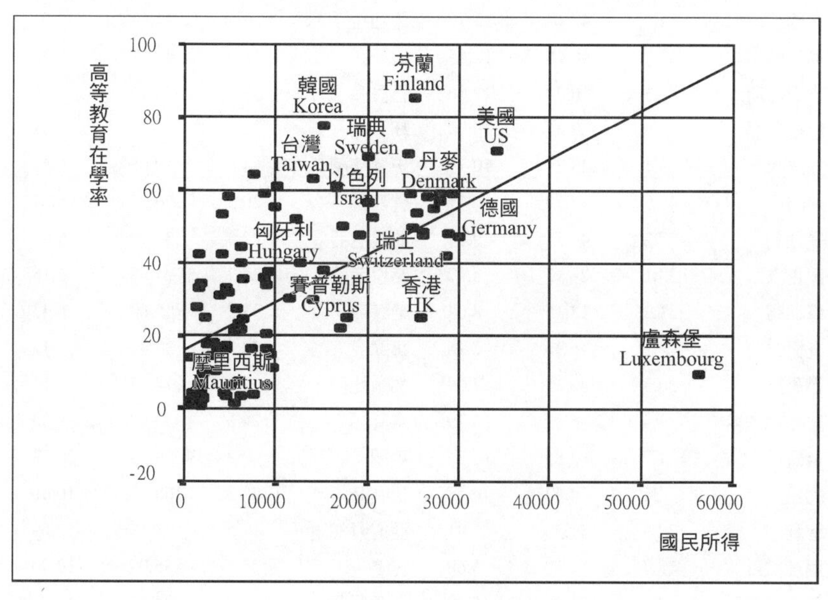

圖 11-1　2000 年各國國民所得與高等教育在學率

茲將相關的重點說明如下（各國的資料如表 11-9）：

第一，台灣的高等教育在學率在 2000 年為 62.96%，但是在 103 個國家的

表 11-9　2000 年各國的高等教育在學率預測值與殘差值

國家	實際值	預測值	殘差值	國家	實際值	預測值	殘差值
韓國	77.6	38.93	38.67	摩洛哥	10.3	10.58	-0.28
芬蘭	85.3	57.63	27.67	肯亞	2.9	3.42	-0.52
美國	70.7	45.37	25.33	丹麥	59	59.52	-0.52
拉脫維亞	64.3	40.17	24.13	日本	47.7	48.28	-0.58
白俄羅斯	58.4	34.36	24.04	荷蘭	55	56.03	-1.03
台灣	62.96	39.30	23.66	印度	10.9	12.91	-2.01
巴拿馬	44.3	22.47	21.83	尼泊爾	4.8	6.92	-2.12
愛沙尼亞	61.2	40.30	20.90	哥斯大黎加	16.6	19.04	-2.44
紐西蘭	69.2	48.70	20.50	烏拉圭	36.1	38.57	-2.47
希臘	61	41.64	19.36	保加利亞	40.1	42.62	-2.52
以色列	52.7	35.20	17.50	寮國	3.3	6.39	-3.09
黎巴嫩	42.3	25.63	16.67	印尼	14.6	17.70	-3.10
立陶宛	59.1	43.46	15.64	迦納	3.3	7.53	-4.23
斯洛伐克	60.5	46.19	14.31	伊朗	21.5	26.29	-4.79
阿根廷	52.1	38.48	13.62	瑞士	42.1	46.90	-4.80
波蘭	55.5	42.14	13.36	孟加拉	6.6	11.61	-5.01
烏克蘭	53.3	40.65	12.65	匈牙利	39.8	45.12	-5.32
吉爾吉斯	42.3	30.24	12.06	巴貝多	38.1	43.46	-5.36
尼日	1.5	-9.40	10.90	賴索托	2.6	8.21	-5.61
加拿大	59.1	48.39	10.71	史瓦濟蘭	4.4	10.05	-5.65
澳門	47.9	37.79	10.11	墨西哥	20.5	26.37	-5.87
奧地利	57.2	47.51	9.69	羅馬尼亞	27.3	33.19	-5.89
蒙古	33.1	24.13	8.97	突尼西亞	21.7	27.88	-6.18
菲律賓	31.2	23.16	8.04	哈薩克	33.2	39.63	-6.43
查德	1	-6.76	7.76	薩摩亞	30.3	37.43	-7.13
西班牙	56.8	49.11	7.69	那米比亞	7.5	14.65	-7.15
布吉納法索	1.4	-5.39	6.79	馬其頓	24.6	32.93	-8.33
俄羅斯	1.7	-4.85	6.55	英國	59	69.33	-10.33
約旦	31	24.47	6.53	比利時	58.3	68.96	-10.66
智利	37.5	31.59	5.91	亞塞拜然	17.5	28.19	-10.69
尼加拉瓜	18.3	12.70	5.60	香港	25.1	36.00	-10.90
茅利塔尼亞	3.6	-1.79	5.39	亞美尼亞	24.9	36.11	-11.21
莫三比克	1	-3.82	4.82	捷克	29.8	41.38	-11.58
泰國	35.5	30.91	4.59	越南	9.7	21.42	-11.72
喬治亞	34.5	29.94	4.56	南非	15	27.97	-12.97
法國	53.6	49.20	4.40	牙買加	16.4	30.05	-13.65

表 11-9　2000 年各國的高等教育在學率預測值與殘差值（續）

國家	實際值	測值	殘差值	國家	實際值	預測值	殘差值
義大利	49.9	45.54	4.36	冰島	48.1	48.05	0.05
衣索比亞	1.5	-2.50	4.00	克羅埃西亞	33.9	47.75	-13.85
瑞典	70	66.56	3.44	塔吉克	14	27.93	-13.93
秘魯	31.8	29.44	2.36	馬爾他	25.1	39.20	-14.10
葡萄牙	50.2	48.14	2.06	維得角	3.6	17.74	-14.14
吉布地	0.8	-1.15	1.95	阿爾巴尼亞	15.1	29.32	-14.22
剛果民主共和國	4.3	2.64	1.66	摩里西斯	11.2	28.76	-17.56
德國	48.7	47.18	1.52	賽普勒斯	22.2	40.57	-18.37
尚比亞	2.4	1.15	1.25	盧安達	6.5	26.21	-19.71
厄利垂亞	1.6	0.50	1.10	波札納	4.1	24.80	-20.70
薩爾瓦多	17.3	16.57	0.73	巴西	16.5	39.11	-22.61
馬爾地夫	28	27.44	0.56	千里達與托巴哥	6.5	32.63	-26.13
哥倫比亞	23.3	22.89	0.41	聖露西亞	1.45	29.74	-28.29
愛爾蘭	47.3	47.17	0.13	東加	3.6	40.34	-36.74
克麥隆	4.9	4.82	0.08	盧森堡	9.7	53.92	-44.22
巴拉圭	16.6	16.52	0.08				

人口成長率、國民所得及中等教育在學率預測之下，超出了 23.66%，這表示台灣的高等教育在學率高出各國水準很多；亦顯示台灣的高等教育在學率已有過量教育現象產生。如果與日本的高等教育在學率相比，日本高等教育在學率還低於預測值 .58%，日本是先進國家都未能高出各國平均水準，可見台灣的高等教育擴充過大。

第二，冰島與德國的高等教育在學率僅超過各國平均水準各為 .05%與 1.5%，丹麥與瑞士各還低於世界平均水準 .52%與 4.8%，這表示這些先進國家的高等教育在學率是較為保守的擴充，因此他們的高等教育在學率接近各國平均值。這代表了先進國家在高等教育在學率擴充也頗為保守。

第三，芬蘭、美國、紐西蘭及加拿大的高等教育在學率高出各國平均水準。這些先進國家高於平均水準，它們有高度的國民所得，尚可以負擔高等教育的成本，反觀，巴拿馬、愛沙尼亞或韓國，並沒有高度的經濟發展，或較高的國民所得，將會在過量高等教育擴充之後，衍生失業的問題，台灣也可能在這問題的核心之中。

總之，在 2000 年的高等教育在學率與自變項之間，可以看出各國高等教育在學率的表現。

參、結論

本文的分析獲得結論如下。

首先，影響 1965 至 2000 年各國高等教育在學率因素，在各年度的多元迴歸模式發現，中等教育在學率影響程度最高，且各年度都有達到.05 以上的顯著影響，而國民所得及人口成長率則在不同年度有不同影響。各年度自變項對於高等教育在學率的解釋力均在 60%以上。

第二，台灣的高等教育在學率是高於世界平均水準，這個從 1965 至 2000 年各國的迴歸方程式就可獲得證實，表示台灣的高等教育在學率擴充速度比各國高等教育在學率的平均值還快。尤其 2000 年台灣的高等教育在學率，在考量人口成長率、中等教育在學率與國民所得之後，高出各國有 23.33%。

第三，在 2000 年的 103 個國家之中，以人口成長率、國民所得及中等教育在學率對高等教育在學率進行迴歸分析，發現有 56 個國家的高等教育在學率超出了各國平均水準，而有 47 個國家則低於各國水準。高於各國高等教育在學率平均水準代表高等教育有過量投資及發展的問題，而低於水準則代表該國的高等教育在學率有不足的問題。

最後，台灣高等教育的相關問題分析，在文獻探討一節已詳細說明，在此僅強調台灣的高等教育擴充過快，因此高等教育素質逐年下降，造成若干教育問題及無法配合經濟產業發展的問題。

肆、政策規劃建議

綜合以上分析，在政策規劃方面建議如下。

一、各國的高等教育在學率與中等教育在學率為正向關係

針對前述分析結果，本章在分析影響各國高等教育在學率因素，以1965至2000年每隔五年各國高等教育在學率分析，發現中等教育在學率是最具影響力者，接著是國民所得，最後是人口成長。因此各國政府擴充中等教育在學率之後，接著可能要面對高等教育在學率擴充的問題。也就是說，在中等教育在學率擴充之後，接下來就應該調整高等教育量，以提高人力素質。當然在擴充高等教育在學率亦應考量經濟發展——即國民所得高低，從研究分析中發現國民所得對於高等教育在學率有正向顯著影響，這表示高等教育在學率與國民所得關係密切。另外，人口成長對高等教育量擴充帶來壓力，它會因為人口成長過快使得高等教育在學率有下降的可能。

二、我國高等教育量的政策規劃建議

我國高等教育應朝以下方向發展：

㈠減緩高等教育量擴充

從1965至2000年各國高等教育在學率與國民所得關係探討中，可以發現台灣除了1965年的高等教育在學率比世界發展平均水準低之外，其餘年度都比世界平均為高，這表示台灣的高等教育在學率已超出各國的平均水準，也就是台灣已有過量投資高等教育之嫌。因此，政府在高等教育擴充時需要考量經濟、中等教育在學率與人口成長下降因素。

因為經濟發展與高等教育量擴充息息相關，依經濟發展階段、國民生產毛額額度、經濟成長率高低和國民所得高低，適度擴展高等教育量是可行的，否則易衍生高等教育在學率超過經濟發展水準的問題。從1980年之後，我國高等教育實就超出世界發展水準很多，高等教育不但已超出國民所得，而且也已超出我國經濟發展能力；政府在高等教育量的發展策略不宜再擴充，以避免教育反效果。

㈡如需要擴充高等教育，宜鼓勵私人興學以滿足社會需求

未來高等教育若要適度擴充應委由民間興辦，一方面為配合高等教育自由競爭原則，一方面避免因公私立高等教育擴充，影響教育經費分擔。高等教育擴充，宜開放並鼓勵私人興學，一來高等教育機構可藉此吸收更多的教育經費，二來在自由競爭的高等教育市場，可依人力市場的供需做適當調節，讓教育市場與勞動市場更趨平衡。

㈢全面提升高等教育品質

為了能兼顧高等教育質與量的發展，在品質方面宜朝徹底執行「入學從寬、畢業從嚴」政策。高等教育機構宜配合大學錄取率提高，而對學生在學期間成績嚴格審查，讓大專校院學生在嚴格管制下維持學生素質。就如 2004 年大學錄取率已達到 87.05%，有些大學科系三科不到 100 分就能錄取，這現象代表高等教育入學門檻已降低。另一方面，2003 年大學退學率最高的學校僅有 2.03%，最低者 1%都不到（中國時報，2004），這表示我國高等教育在量擴充之後，並沒有在教育品質方面改善。

㈣自然組與社會組學生人數的適切調整

本章發現台灣歷年大學聯考，社會組報名學生人數有增加趨勢，相對而言，自然組報名學生人數的增加則有限，尤其自然組報名學生人數在相對減少下，錄取人數的相對提高，在學生選取機會必然減少，因而自然組學生素質會降低。政府未來宜鼓勵並調整自然組與社會組學生人數，以因應台灣未來科技人才所需。

㈤擴大大學院校自籌經費，減少政府財政負擔

教育部於 84 學年度實施公立大學校院自籌財源措施，85 學年度更要求公立大學校院自籌教育經費 20%。為減少政府各項公共支出及增加大學校院的經費自主性和各校營運效率，宜採下列措施：

1.自籌經費所占比例宜視學校實施成效逐年提高，超出目前 20%，並訂定鼓勵辦法以提高學校自籌經費意願與熱忱。

2.除了大學及空大外，亦應將此一措施擴展到技術學院、專科學校，以增加技術學院及專科學校財源。

㈥高等教育與經濟發展及人口因素配合

鑑於主要國家與 1965 至 2000 年各國高等教育受人口成長率、中等教育在學率及經濟因素影響，台灣的高等教育學齡人口逐年下降，我國高等教育擴充宜與經濟發展、教育及人口成長配合，同時未來宜以提升素質為優先，例如逐年降低大專校院之學生班級數和師生比例，以提升大學教育素質。此外，高等教育量每年成長宜減緩，未來宜配合學齡人口之成長做適當調整，否則以近年學士班，甚至碩士班與博士班學生人數增加，將會形成「大學高中化、碩士大學化、博士碩士化」的教育水準下降問題。

㈦高等教育政策規劃的前瞻

除上述的改革方向外，亦應朝以下進行：

1.政府宜提供高等教育品質訊息。高等教育機構應主動提供學校內部的教育各項品質表現，例如學校生師比、學校經費運用程度、校園規劃、學校設施運用以及圖書設備使用情形，讓學生及社會大眾瞭解。教育主管機關也應透過獎懲措施提供各校的發展趨勢，同時提供國際與國內高等教育各類科投資報酬率情形，以便讓學生選擇投資高等教育。

2.高等教育的評鑑工作落實（如委由民間辦理），以提升高等教育素質。因為教育部每一年度也都有進行大學評鑑，但是結果公布都未能將真實的情形說明，即都認為每一校都有特色，很多都列為優等以上，這種報喜不報憂以及鄉愿的心態，無法讓高等教育機構具有競爭力。

3.加強大學與產業界聯結。也就是大學及技術學院應加強產學研交流合作，使學生在校即能與實務配合，畢業後即能迅速適應就業環境。

4.加強回流教育工作。產業界推動在職進修，擴大辦理大學成人進修教育，

輔導學生循「就業－升學－就業」之途徑發展，並使在職人員能不斷進修。

5.增加大學推廣教育管道，鼓勵社會大眾進修。由於 18 至 21 歲的學齡人口已逐年下降，但是老年人口卻有增加，為了不浪費高等教育資源，政府宜鼓勵大學設立進修推廣班，讓更多已離開學校的社會人士進修。

本章的討論問題

一、試指出影響高等教育量的因素為何？

二、試說明台灣的高等教育量的發展情形為何？

三、試比較台灣與主要國家的高等教育量為何？

四、試分析高等教育在學率與人口成長率及國民所得之間關係為何？

五、試說明各國的高等教育發展趨勢，提供政策規劃方向為何？

參考文獻

一、中文部分

中國時報（2004，8月9日）。大學退學率最高的學校僅有2%。第二、三版。

行政院主計處（2004）。**中華民國社會指標**。台北市：作者。

行政院主計處（2005）。**勞動人口失業情形**。2006.4.25 取自 http://www.dgbas.gov.tw/public/Data/66516383571.xls

行政院主計處（2006）。**1978至2005年專科以上的失業率**。2006.4.17 取自 http://www.dgbas.gov.tw/public/Attachment/632310224671.xls

行政院教改會（1995a）。**第一期諮議報告書**。台北市：作者。

行政院教改會（1995b）。**第二期諮議報告書**。台北市：作者。

行政院教改會（1995c）。**第三期諮議報告書**。台北市：作者。

行政院經建會（1997）。**我國高等教育經費結構分析新聞稿**。台北市：作者。

林文達（1987）。**教育經濟學**。台北市：三民。

林文達（1989）。我國人力資源開發取向之研究。**國立政治大學學報，60**，117-135。

符碧眞（1996）。教育投資報酬率長期變化之剖析——以我國教育發展個案爲例。**教育研究資訊，4**（1），82-89。

符碧眞（2000）。教育擴充對入學機會均等影響之研究。**教育研究集刊，44**，201-224。

教育部（1988/1997）。**中華民國教育統計**。台北市：作者。

教育部（1996）。大學退學率。**高教簡訊**。台北市：作者。

教育部（1998）。**邁向學習社會**。台北市：作者。

教育部（2005）。**中華民國教育統計**。台北市：作者。

教育部（2006）。**中華民國教育統計**。台北市：作者。

二、英文部分

UNESCO (1995). *Statistics yearbook*. Paris: The Author.

World Bank (1978-2005). *World development report*. Washington, DC: The Author.

第十二章
教育政策規劃的展望

本章學習目標

一、指出本書各章的學習重點。

二、提出教育政策規劃的未來展望。

第一節　教育政策規劃結論

前十一個章節介紹教育政策規劃的相關概念，與針對幾項重要教育政策議題進行政策分析與規劃之後，以下將對先前的章節進行說明。

壹、教育政策規劃掌握國家未來方向

在第一章說明教育政策規劃意涵、教育政策規劃依據、影響政策規劃因素、教育政策規劃原則。本章認為教育政策規劃是政府依據教育政策問題提出方案來處理，接著經由政策規劃模式進行議程設定，例如設定教育政策目標、提出政策所需經費、規劃政策執行人力，及對組織權責分配與配套措施的設計等。在規劃模式包括「由上而下」與「由下而上」模式、政府內部規劃及委託的政策規劃、直觀式與客觀式的政策規劃、模擬式與漸進式政策規劃。至於政策規劃內容包括：1.政策目標；2.政策期程；3.政策經費；4.政策執行機關；5.政策執行人員等。這些內容對於政策目標的確立相形重要，如果沒有政策目標，就無法瞭解政策所要解決的問題何在，所以釐定政策目標是規劃機關最應掌握的。

教育行政機關的教育政策規劃並非無端規劃，政策規劃必須要有根據，否則教育政策沒有依據。教育政策規劃依據應包括：1.依據《憲法》規定掌握政策方針；2.依據社會需要瞭解政策所要解決的教育問題；3.依據教育哲學觀瞭解教育政策的價值性；4.依據民意需求，如此才可掌握政策應解決的核心問題；5.根據學習者需要，如此才可反應學習者的問題及學習者受教權等。至於教育政策規劃宜掌握基本原則，它包括公正（impartiality）、分配（distributitive）、連續（continuity）、迫切（urgency）、自主（autonomy）、受益是個人（individuality）、最弱勢者受到最大保障及未來導向等原則；這些原則在教育政策規劃是重要基礎。

、教育政策規劃方法多元

第二章說明教育政策規劃方法及技術，教育政策規劃著重於應運用何種方法或技術來規劃。政策規劃研究與教育研究不同，學術性的教育研究在實證假設，建立理論或找尋理論的證據。政策規劃研究則在找尋問題證據所呈現出的規則性，從規則性找尋問題未來的必然性，再從必然性中找出解答問題的策略性建議（林文達，1989），不過，教育政策規劃方法沿用社會科學研究法居多。本章探討人力規劃的方法、教育政策規劃技術、統計方法在政策規劃應用、民意調查在政策規劃應用。

就人力規劃方法來說，因為教育是人力資本投資的一種，學校教育提供人力，因此政策規劃應掌握學校與產業人力需求的配合。因此本章提出了雇主意見調查法、增加勞力產出比例外推趨勢法、密度比例法（rate of saturation method）、國際比較法、帕尼斯－地中海地區規劃法、社會需求探討途徑、成本利益分析、行政與專家會議法、德懷術、實驗研究設計等規劃方法。在教育政策規劃技術，本章提出教育政策辯論、教育政策指標評估法、經濟模型法、作業研究等。統計在教育政策規劃的應用，本章提出卡方考驗、迴歸分析、因素分析、典型相關、單因子變異數分析、集群分析、多向度尺度法、區別分析、結構方程模式或時間數列等。本章也提出行政機關較常運用的民意調查法進行說明。民意調查法必須要設計結構性的問卷，並從要調查的母群體中進行取樣，接著讓受試者填答問卷，政策規劃者再將這些資料進行分析，以提出政策規劃的意見。

、我國教育政策規劃

規劃教育政策的重點在於對政策環境應深入分析，也就是政策規劃應瞭解一個國家的政治體制、經濟發展、教育制度及社會結構。第三章在瞭解台灣的政治、經濟、社會及教育現象，透過瞭解國家教育行政機關特徵及概況，才易

掌握教育行政機關政策規劃與制定情形。本章內容以台灣的政經社教環境進行分析，接著說明我國的教育政策規劃流程，再指出我國的教育政策規劃限制與出路。

前述對台灣的教育政策規劃問題討論之後，本章認為傳統的教育政策分析受到個人主觀及經驗影響，所以常以個人直觀式的進行教育政策規劃，更重要的是，政府部門並未建立長期的教育政策資料庫作為教育政策分析基礎，也沒有專責的政策分析及規劃機構投入政策規劃及資料蒐集。所以在行政首長要執行某項政策時，大抵以草率進行規劃，這種規劃及分析，也就造成例行性的教育問題一再上演。教育行政機關在未來宜建立長期的教育政策資料庫，並有專業政策分析人力與專責單位負責教育政策分析工作，同時政府機關應重視專家學者與學術機關的研究報告，如此才可以有效掌握教育政策分析及規劃。

肆、生育率與教育政策規劃

生育率與教育發展關係密切，第四章探討它們之間的關係。它運用世界銀行發布之資料，以現代化理論為基礎，透過多元迴歸分析、集群分析、區別分析與單因子變異數分析來瞭解問題。本章使用初等教育在學率、中等教育在學率、高等教育在學率、初等教育生師比、初等教育、中等教育與高等教育支出占每人國民所得比率為自變項，以生育率為依變項，考量自變項與依變項的時間落差來探討它們之間的關係。本章更運用跨國的 11 個年度的生育率進行國家分類。結果顯示：生育率與教育在學率有負向顯著影響；生育率與初等教育生師比、中等與高等教育支出占每人國民所得比率有正向影響。在 172 個國家生育率分類，高度、中度與低度生育率國家各為 61、50 及 61 個。其中台灣被定位為低度生育率國家；最後依據結果提出政策規劃建議。

伍、新移民女性子女的教育政策規劃

近年來社會開放，台灣已有很多新移民女性透過跨國婚姻來台灣定居，新

移民女性成家之後，勢必生產下一代，因此新移民女性子女的教育問題格外受到重視。面對這些「新台灣之子」應如何進行教育政策規劃，是教育當局及學校與老師共同關心的課題。新移民家庭特性包括經濟收入低、身心狀況欠佳、夫妻雙方的教育程度低、來台後的人際關係不睦、文化適應不良、對台灣的語言不一定瞭解；同時新移民女性子女的學業成就比本國籍的子女低，新移民女性子女常無法獲得雙親支持、無法適應生活、較易成為社會邊緣人。第五章亦探討影響新移民子女在學校生活適應及學業成就因素，為了掌握影響新移民女性子女的學習成就及學習適應問題，本章建立一個多元迴歸分析的模式，透過資料蒐集及整理，最後分析出影響新移民子女學業成就因素及學習適應因素。本章最後依據影響新移民女性子女學習成就及學習適應的因素，對新移民子女的教育政策進行規劃。

陸、九年一貫課程政策再規劃

教育政策規劃不僅由教育計畫、教育方案或教育法規來規劃，教育政策規劃亦包括課程政策規劃。自 1998 年教育部公布九年一貫課程草案之後，各界對九年一貫課程政策意見紛歧，後來此課程政策執行之後，問題不少。第六章以過去幾年來執行的九年一貫課程政策的相關研究，以整合分析方式來瞭解九年一貫課程政策執行情形，並瞭解其相關問題，經由這樣的分析來作為政策規劃的參考。本章的特色是以文件分析法，透過整合分析來掌握此政策的未來可以調整及規劃的方向。

本章的研究資料取自全國博碩士論文檢索有關九年一貫課程的學位論文共有 356 篇。經過篩選之後，剩下 30 餘篇進行分析。從這些文獻整理出近年來國內對九年一貫課程政策的研究發現與相關問題。

本章分析之後提出以下建議：1.政策方面——重新檢視九年一貫課程政策目標與方案；2.地方教育當局擔任協調橋梁；3.提高學校對九年一貫課程的認知及強化其執行成效；4.在教師方面，宜強化其專業能力；5.在行政人員方面，縮減行政人員在九年一貫課程執行壓力與增加老師與行政人員的溝通。更重要的

是，舒緩學生壓力及提高家長對課程執行的參與。

柒、延長國教的政策規劃

國民教育是否應延長至十二年？自 1980 年以來，台灣的教育行政主管機關就不斷討論；在延長國民教育過程應如何規劃此政策？是值得思考的問題。第七章從歷任教育部長對延長十二年國民教育政策的宣示進行分析，接著透過對台灣社會及國際環境情勢掌握延長國民教育政策的可能性。為了更深入的掌握延長國民教育政策的可能，本章針對延長國民教育政策進行政策辯論，最後再做成結論。本章節次分別為延長國教的政策需求討論、延長國教的政策環境分析、從人口成長掌握延長國教、延長國教年數的國際比較，以及延長國教的政策辯論。

延長國教從 1980 年就提出方案，歷經十位教育部長都沒有結論，就可顯現問題的爭議性。這問題涉及教育經費、教育制度、師資分配、設備及升學考試問題，所以無法在短期內有完整政策規劃；就政策規劃觀點來說，針對前述問題宜審慎規劃。本章除了從台灣的社會環境及歷年來的教育政策環境進行檢視之外，更運用各國義務教育年數的實證分析方式進行國際比較分析，瞭解各國在義務教育年數延長趨勢。接著本章透過政策辯論方式掌握延長國民教育政策的可行性。

捌、教育大學定位的政策規劃

第八章討論教育大學定位的政策規劃。它探討教育大學整併的爭議、教育大學整併的優劣、教育大學未來的發展方向、台北教育大學整併的難題與出路。由於 2005 年 8 月 1 日行政院通過六所師範學院改制為「教育大學」，教育大學就走在大學發展的十字路口。其實，在改制教育大學之前，師範校院有學校規模太小、學校經營沒有前瞻性、學校內部科系太過雷同、學校沒有宏觀的目標等發展條件及瓶頸，因此在 1994 年《師資培育法》通過之後，師範校院就面臨

了發展的困境。

本書作者研究教育政策多年，同時多年來在教育大學任教的親身觀察、體會及反思，發現現階段的教育大學發展困境；也就是在教育部提出要教育大學改制之後，需要將「師資與非師資培育類科各半」、「改制後需要與鄰近大學整併」等兩個重要政策，提出了深入的分析。本章認為這兩個條件對教育大學都有困難，基於兩項條件無法預期實現，本章提出教育大學發展方向：一是教育大學須整併；二是不整併，師資與非師資培育各半；三是不整併，師資培育為主；四是不整併，教育大學走出特色。四種發展方向各有優劣。本章認為整併不一定可行，教育部宜考量這個政策規劃方向是否應調整。同時對「非師資培育與師資培育各半」的政策方向，是否應考量與尊重各教育大學特色，重新思考這政策可行性。這都是教育主管機關應重新規劃的政策方向。

、大學學費的政策規劃

近年來台灣的大學錄取率不斷提高，接受高等教育人數亦不斷增加；學生接受教育提高人力素質對國家是好現象，對個人提高社會階層流動也有助益。在人人可以接受大學教育之後，對社會階層較低的家庭而言，要負擔大學學費會是一個問題，尤其一個家庭如果有兩位子女上大學，負擔就更大。為此，第九章探討大學學雜費問題，以科學的規劃方法分析大學學雜費政策。它以各國大學學雜費及各國家的國民所得、高等教育成本進行分析，接著以美國各州的大學，區分為公立大學及私立大學進行政策規劃分析，另外也以台灣的學雜費與各國學費及國民所得相比，我國不管是公私立大學均屬於高學費國家。依據結論，本章提出大學學費政策推介，也就是：1.透過合理公式計算，逐年縮短目前公私立大專校院間學雜費差距；2.配合高等教育使用者付費及學費應反映成本原則，宜依據我國經濟發展階段逐年調漲我國高等教育學雜費。政府宜合理補助私立大專校院及學生，讓他們接受大學教育的機會不會是負擔。私立大專校院經費七成以來自學雜費、借款、校董會撥補等為主，為提高私立大學校院教育品質及減輕學生經費負擔，政府除對私校給予較多補助外，亦應直接補

助學生。這個前提是私立大學校院應接受會計監督及大學校務每年的評鑑。

拾、大學增設系所的政策規劃

第十章探討大學增設系所的政策規劃。近年來台灣的大學校院各科系的設立非常快速，一方面是大學量擴充，另一方面各大學過度競爭。各大學為因應社會需求進行系所規劃調整，所以近年來各大學校院系所發展呈現五花八門現象。本章探討大學增設系所問題、我國高等教育量發展與大學增設系所問題。

本章的政策規劃建議如下：1.大學校院學生人數宜適度減緩，也就是台灣的高等教育量不宜再擴增，否則台灣的大學日後將招不到學生；2.大學校院增設系所應反映勞動市場機制，也就是各大學應掌握社會變遷及發展調整系所的學術發展方向，尤其如有無法因應社會需求宜自動退場；3.鼓勵私立大學校院設立科技類學系，主要是讓人文類科與科技類科的學生人數有平衡的發展；4.建立公私立大學退場機制，尤其在 2006 年 4 月 15 日國共經貿對談之後，大陸當局發表承認台灣高等教育的學歷，並應用台灣的高級人力，如此更可能會讓台灣高等教育的學生來源萎縮；5.建立自由型的高等教育市場，讓大學自由競爭，提升學校競爭力；6.私立學校成本應反映教育素質，也就是能讓學雜費自由化，提高學校素質，但其前提應該是讓私立學校經營的資訊公開，以利社會監督。

拾壹、高等教育量的政策規劃

台灣的高等教育量應如何進行規劃呢？如果單以一個國家來掌握規劃方向，會有以管窺天的問題，並無法與他國高等教育量進行比較；如果僅以一個年度分析高等教育量，又失去客觀性。第十一章以 1965 至 2000 年各國高等教育在學率作為分析年度。本章分析發現人口成長率、中等教育在學率與國民所得對高等教育在學率有重要的影響，人口成長愈快，高等教育資源愈無法分攤，所以人口成長與高等教育在學率呈現負向關係。國民所得與中等教育在學率與高等教育在學率有正向關係。如果中等教育接受的人愈多，代表可以接受下一層級教育的人也愈多。另外，國家經濟發展來說，如果國民所得愈高，代表可以投資高等教育的經費愈多，個人消費高等教育機會也提高。本章將這些決定高等教育在學率因素納入分析，以瞭解近 35 年來各國高等教育發展現象。

本章節安排先探討影響主要國家高等教育在學率因素；其次，以國際資料分析 1965 至 2000 年每隔五年之間，影響各國高等教育在學率的因素為何；第三，瞭解台灣的高等教育在學率在各國的定位為何；第四，預測各國在高等教育在學率的表現，究竟有哪些國家的高等教育在學率有過量的現象，有哪些國家有高等教育在學率低度的現象。本章發現，台灣有過量高等教育發展現象。經由本章的分析，提供教育當局在規劃台灣未來高等教育在學率及高等教育政策方向做參考。

第二節　教育政策規劃展望

針對前述十一個章節的討論與分析，本書認為教育政策規劃在未來有以下的展望。

壹、科學化的規劃教育政策

教育政策規劃宜朝向科學化的方式進行分析，傳統的教育政策規劃有幾種現象：1.由教育行政首長一人決策就形成教育政策；2.教育行政機關單獨決策，並沒有接納其他行政部門對政策方案的建議，就形成教育政策；也就是說，教育行政機關僅以業務單位負責規劃，最後在教育部部務會議決議，就形成教育政策；3.教育政策規劃成為部長或行政首長以直觀式、個人見解、個人經驗、個人感受，甚至僅以政黨考量、政治利益考量或教育部長個人生涯規劃考量所形成的政策；4.教育政策規劃並沒有掌握科學、客觀及嚴謹的分析，僅以少數人的論斷作為政策依據。這些教育政策規劃的現象造成教育政策的形成，在執

行政策之後亦無法解決教育問題。

未來對教育政策規劃展望，期待教育行政機關規劃政策時宜以科學化方式進行。科學化意涵包括在教育政策規劃的方法、技術、統計、數據及推理的科學化。就規劃方法來說，本書第二章提出一些科學化規劃方法作為參考；在規劃技術方面，也在第二章提出幾項規劃技術；在統計方法上，本書提供幾項統計方法，這些方法在政策規劃或可參採。在數據與資訊的提供上，教育行政機關宜建立學生、學校、老師，甚至民眾對教育政策問題及相關資訊的資料庫，以提供教育政策規劃分析參考，而不會再盲人摸象式的規劃政策。在推理方面，政策規劃宜顧及到政策過往的來龍去脈，不宜以個人一偏之見或以管窺天方式規劃政策。

貳、教育政策規劃延續性

教育政策規劃展望是期待教育政策不會變動太快，因此教育政策延續性就格外重要。教育政策規劃延續性是為了讓教育政策不因行政首長異動，而改變了政策延續性的規劃或執行。教育政策規劃的延續性必須包括幾項重點：1.必須要有專責規劃單位；2.必須要有專業人員進行規劃；3.必須要長期的追蹤規劃情形，以及規劃後的政策的執行效果。

就第一項來說，教育政策規劃單位的設立是必要的，它主要提供對教育主管機關的整體政策做宏觀的規劃，而不是以各業務單位的本位主義或一偏之見的政策規劃。專責單位的規劃單位對於整體資源的運用及規劃具有規模經濟效應，同時可以讓政策規劃更能專一，不會有人去政息的問題。

就第二項來說，教育政策規劃不僅有專業機構，更重要要有專業人力，這種專業人力除了在公共政策專業知識領域有鑽研之外，更重要的是，應符應Dror（1984）提出的成為一個優秀的政策者所應有的幾項特質，即：1.應該具有歷史與對照觀點，也就是能對於過去的公共政策史有效掌握；2.瞭解公共政策制定的真實情形，而不是僅進行科學研究式的政策；3.深入瞭解本身的社會；4.研究整體的政策議題，也就是應以宏觀社會及政策的影響，不應以微觀的方式掌

握政策；5.政策分析者應致力於後設決策，也就是除了對政策規劃及政策分析之外，更應該決定哪一種政策較佳，亦即應做出決策；6.在政策分析與規劃應建構於知識與行為的適當哲學，也就是政策規劃應有哲學基礎；7.應轉換不同的工作地點，也就是政策規劃者能在不同的領域都獲得經驗，最後能整合在不同地點的經驗為參考依據；8.多元化的培育政策專業知識，並尊重專業倫理。

就第三項來說，教育政策規劃是連續歷程，也是延續過程。教育行政機關為了延續政策及統整政策，應對政策規劃做延續性執行，如此才能讓政策延續實施。

參、教育政策規劃專業化

本書對於教育政策規劃，期待能有專業化的政策規劃。教育政策規劃專業化包括對規劃人員專業化及對政策論證的專業完整性。就人員專業化來說，最基本的就是有關大學公共政策系所人力的培育，以台灣來說，目前有台灣大學政治系所（公行組）、政治大學公共行政系所、台北大學公共行政暨政策學系、中正大學政治學系暨政治學研究所（公行組）、中山大學公共事務研究所、東華大學公共行政研究所、警察大學行政管理系所、暨南大學公共行政與政策研究所、淡江大學公共行政學系所、空中大學公共行政學系、東海大學公共行政研究所、中華大學行政管理學系、世新大學行政管理學系所、玄奘大學人文社會學院公共事務學系、南華大學公共行政與政策學系、銘傳大學公共事務研究所、義守大學公共政策與管理學系、佛光人文學院公共事務學系所、開南管理學院公共事務管理學系所。這些系所主要在培育公共政策規劃、分析及評估的人才，也是對於公共政策研究的主要社群。

在教育政策與行政方面，台灣第一所與教育政策有關的是暨南大學教育行政與政策研究所，它於 1995 年成立，陸續為培養教育政策規劃及分析的人才做努力。後來，台北教育大學的國民教育研究所也於 2003 年改名為教育政策與管理研究所、2003 年嘉義大學教育政策與發展研究成立。接續在 2004 年台灣師範大學教育行政與政策研究所成立、2005 年政治大學教育政策與行政研究所、

台南大學教育經營與管理研究所（由國民教育研究所改制）也成立。在私立大學方面，淡江大學教育政策與領導研究所於2002年成立，國內幾所教育政策研究所成立，對於教育政策分析與規劃的專業人力培育具有時代意義。

如以教育政策規劃的政策論證專業化的程度來說，亦應掌握專業化知識。林文達（1989）對教育政策規劃基礎就特別強調學理論證的重要，這種論證就是在政策規劃過程具有嚴謹的論述與提供完整的證據，這也就是專業論證。因為政策規劃需要有客觀論述，並透過嚴謹的證據來規劃政策，才不會讓政策缺乏學理基礎，也才不會造成教育行政機關首長的個人主觀、經驗及非理性的政策決定。他認為教育政策規劃的學理論證應包括：哲學論證（例如瞭解該政策的目的及核心價值何在）、心理學論證（例如瞭解教育是否能培養學習者的心理特質或引出學習者的潛能）、經濟論證（是否教育經費及財政符合公平、正義及均等理念）、社會論證（例如是否教育機會均等、讓受教者獲得最大的效益）。

肆、教育政策規劃的國際化

對於教育政策規劃的另一項展望，是台灣的教育政策規劃宜與世界接軌，這就是要讓教育政策規劃朝向國際化發展，教育政策規劃的國際化包括研究取向應朝向國際化與國際資料取得。就前者來說，教育政策規劃不能僅限於單一個國家進行政策學習、借取或模仿，如果僅以單一個國家經驗移植，會讓學習的教育政策在不同的國家文化下難以相容，最後勢必造成教育政策目標無法達成，這就影響學子權益及國家發展。近年來，台灣對外國教育政策學習不少，沈姍姍（2000）就指出，台灣學習外國的政策包括教育優先區（學習英、法、美國）、完全中學（學習美國）、綜合高中（學習美、英、德與日本）、教育券（美國）、社區學院（美國）、教育基本法（日本）、國中基本學力測驗（美國）、師資培育審議委員會（英、日本及美國）。這些政策固然對台灣有其影響，但是他國的教育政策是否能完全移植或借取，可能是教育政策規劃者應留意的。

或許有些教育政策僅在少數國家執行，且已有充分的政策規劃與執行經驗可供台灣的教育行政機關參考，這或可作為學習取向之一。然而，教育政策規劃過程需要龐大資料與數據作為建構政策的依據，因此教育政策規劃的學習取向與規劃取向，更應以多數國家作為分析基礎，接著應以大數法則，不用以管窺天、閉門造車的方式來作為政策規劃依據，在大數法則的科學分析下，將得到結果轉換為政策方案，或許更能與國際脈動相結合。也就是說，教育政策規劃應以國際資料與各國教育發展表現作為分析依據，更能掌握台灣在國際的相對定位及國際表現情形。在國際組織中，已有很多教育統計指標可供這方面的參考。例如 OECD（2004）發布了《教育要覽》（*Education at a Glance: OECD Indicators*）、UNDP（2005）發布了《人力發展指標》（*Human Development Report*），它自 1990 年起每年都出版一冊報告，提供各國參考發展情形。UNESCO（2002）也自 1960 年起每年出版《統計年鑑》（*Statistical Yearbook*）作為各國教育發展參考。World Bank（2002/2003）也自 1978 年每年出版《世界發展報告》（*World Development Report*）來掌握各國脈動。世界競爭力論壇（World Economic Forum, 1996）也自 1996 年起出版《世界競爭力報告》（*Global Competitiveness Report*）提供各國發展評比，這些都是可以參採的國際發展資料。在本書第四章的生育率與教育政策規劃、第十章的大學學費政策規劃、第十一章的高等教育量的政策規劃等，都是以國際資料進行分析，而後做成的政策規劃建議。

伍、教育政策規劃統整化

教育政策規劃統整化有兩層意義，一是教育政策規劃應在不同層級的教育行政機關能統整；二是在同層級的教育行政機關也能統整。就第一項來說，台灣的行政體制，行政院為最高行政機關，行政院設部會，但行政院內部亦有幕僚單位，例如行政院六組是負責教育政策業務諮詢。台灣最高教育行政主管機關為教育部，地方政府中的教育機關為教育局；最基層的教育政策執行單位是學校。本書第一章的政策規劃方式就提及有由上而下或由下而上，這兩種方式

都有優劣，但是二者都應掌握教育政策規劃在政策規劃單位統整功能。也就是說，行政院（六組，也包括經建會、研考會、國科會）、教育部、教育部中部辦公室（1999 年凍省後的單位）、直轄市、縣市政府教育局、學校等在教育政策規劃時，應掌握各層級機關人員的參與、意見表達、專業尊重及政策建議的整合，在多方及多層級的意見整合，更能讓政策規劃之後的政策執行，不會有「一人一把簫，各吹各的調」，或是相同的教育政策，卻產生各自表述的情形。例如 2001 年 4 月 2 日修正行政院頒行的《行政院所屬各機關中長程計畫編審辦法》第 6 條規定：各機關中程施政計畫草案函報行政院後，由行政院研究發展考核委員會會同行政院秘書處、財政部、行政院主計處、行政院經濟建設委員會、行政院國家科學委員會及行政院公共工程委員會等機關審查。這就顯示出政策規劃審查的統整功能。

對於同層級教育行政機關在規劃教育政策時，應避免本位主義、閉門造車及自掃門前雪之心態。就本位主義來說，教育部設有高教司、中教司、國教司、技職司等業務單位，在 2000 年教育部中教司提出一項活絡師資培育政策，同年國教司也提出一份改善國民中小學教學環境及設備計畫，後來都送到行政院審議，審議發現在實施策略一項，兩份計畫都提出要改善國民中小學教師素質方案各列出數億元經費，經過瞭解兩個計畫在該項都是在解決相同問題，但是各業務單位相互本位，使得教育經費重疊舉列，這就是政策規劃並沒有掌握同層級單位的問題，所產生的本位主義與閉門造車現象（張芳全，1999）。

以各掃門前雪的政策規劃心態，在行政機關也常見。教育行政機關的公務員，並不一定是專業的教育政策規劃或分析人員，他們通過國家考試，並不一定有專業政策規劃知識，尤其不少公務人員常以辦公文或以例行公事在進行政策規劃，也有些常將辦公文與規劃政策視為兩件事，因為兩事件不同，所以抱著多一事不如少一事的心態，這對於政策規劃並無助益。

陸、教育政策規劃前瞻化

教育政策規劃前瞻化內涵包括政策規劃應以未來導向、問題導向與學習主

體為導向。為何要進行教育政策規劃？其主要原因是有教育政策問題產生，及可能要因應未來教育與社會或國家發展所需，這在第一章就已提及。教育政策在解決學習主體的問題或解決教育現象中的問題，對於未來的教育政策問題，政策規劃者更應有敏感度，教育政策規劃者不宜被動的提出方案或消極的以多一事不如少一事的心態規劃政策。

政策規劃者對於未來的教育問題敏感度培養很重要，這方面可由幾種方式來達成：1.對正在執行的教育政策時時關心，並將教育政策執行的問題一一記錄；2.不斷的請教教育政策規劃及分析專業人員，透過與他們的對話及經驗分享，來提高對政策問題的敏感度；3.多與民意代表及國會助理接觸，從民意代表與國會助理處理民眾陳情或教育政策立法案件，或對行政首長質詢中掌握政策問題核心；4.常在專業學術團體或機構或論壇進行教育政策議題的學術論文發表，透過論文的撰述，提高對於政策問題掌握；5.多與不同層級與同層級的行政機關人員對話，並分享政策規劃經驗，從不同層級的人員中瞭解規劃政策過程產生的問題；6.運用調查方法對學習主體進行政策方案瞭解，一方面瞭解已在執行的政策問題，一方面從調查的問卷中，由規劃者來掌握問題優先順序，並提出為何會依此排列政策問題的論點。

本章的討論問題

一、讀者已閱讀完本書，可否指出本書各章的學習重點？

二、讀者已閱讀完本書，可否提出教育政策規劃的未來展望？

參考文獻

一、中文部分

林文達（1989）。**教育經濟學**。台北市：三民。

沈姍姍（2000）。**國際比較教育學**。台北市：正中。

張芳全（1999）。**教育政策**。台北市：師大書苑。

二、英文部分

Dror, Y. (1984). On becoming more of a policy scientist. *Policy Studies Review, 8*(1), 146-154.

OECD (2004). *Education at a glance: OECD indicators.* Paris: The Author.

UNDP (2005). *Human development report.* Oxford: Oxford University Press.

UNESCO (2002). *Statistical yearbook.* Paris: The Autor.

World Bank (2002/2003). *World development report.* New York: The Author.

World Economic Forum (1996). *Global competitiveness report, 1996.* Geneva: The Author.

附錄

附錄一　1965 至 2002 年各國的生育率及其分類

附錄二　2005 年各教育大學的學院、學系及人數統計

附錄一　1965 至 2002 年各國的生育率及其分類

國家/年度	1965	1970	1975	1980	1985	1990	1992	1995	1997	2000	2002	國家分類
阿富汗	7.1	7.1	7.2	7.0	6.9	6.9	6.9	6.9	6.9	6.8	6.8	1
阿爾巴尼亞	5.4	5.2	4.4	3.6	3.2	3.0	2.8	2.6	2.5	2.1	2.2	2
阿爾及利亞	7.4	7.4	7.3	6.7	5.7	4.5	4.0	3.7	3.5	3.0	2.8	2
安哥拉	6.4	6.5	6.7	6.9	7.1	7.2	7.2	7.1	7.0	7.0	7.0	1
阿根廷	3.1	3.1	3.3	3.3	3.1	2.9	2.8	2.7	2.6	2.5	2.4	3
亞美尼亞	3.9	3.2	2.8	2.3	2.5	2.6	2.3	1.6	1.5	1.2	1.1	3
澳洲	3.0	2.9	2.2	1.9	1.9	1.9	1.9	1.8	1.8	1.8	1.8	3
奧地利	2.7	2.3	1.8	1.6	1.5	1.5	1.5	1.4	1.4	1.4	1.3	3
亞塞拜然	5.2	4.7	3.9	3.2	2.9	2.7	2.7	2.3	2.1	2.1	2.1	2
巴哈馬	4.1	3.5	3.3	3.3	2.6	2.1	2.0	2.2	2.3	2.2	2.1	3
巴林	7.1	6.5	5.9	5.2	4.5	3.8	3.4	3.5	3.3	2.8	2.3	2
孟加拉	6.8	7.0	6.6	6.1	5.3	4.1	3.6	3.4	3.3	3.1	3.0	2
巴貝多	3.8	3.0	2.4	2.0	1.8	1.7	1.7	1.7	1.8	1.8	1.8	3
白俄羅斯	2.3	2.3	2.2	2.0	2.1	1.9	1.8	1.4	1.2	1.3	1.3	3
比利時	2.6	2.2	1.7	1.7	1.5	1.6	1.6	1.6	1.6	1.6	1.6	3
貝南	6.8	6.9	7.0	7.0	6.9	6.6	6.5	6.1	5.8	5.5	5.3	1
玻利維亞	6.6	6.5	6.1	5.5	5.1	4.8	4.8	4.4	4.2	3.9	3.8	2
波希尼亞	3.4	2.8	2.4	2.1	1.9	1.7	1.6	1.6	1.6	1.4	1.3	3
波札納	6.8	6.7	6.5	6.1	5.6	5.1	4.8	4.6	4.3	4.0	3.8	1
巴西	5.7	5.0	4.5	3.9	3.2	2.7	2.6	2.4	2.3	2.2	2.1	2
汶萊	6.3	5.6	4.8	4.0	3.5	3.2	3.1	2.9	2.8	2.6	2.5	2
保加利亞	2.1	2.2	2.2	2.0	2.0	1.8	1.5	1.2	1.1	1.3	1.3	3
布吉納法索	7.0	7.0	7.3	7.5	7.3	7.0	6.9	6.8	6.8	6.5	6.3	1
蒲隆地	6.8	6.8	6.8	6.8	6.8	6.8	6.8	6.5	6.3	6.0	5.8	1
柬普寨	6.2	5.8	5.0	5.7	6.0	5.6	5.4	4.7	4.3	4.0	3.8	1
克麥隆	6.0	6.2	6.4	6.4	6.4	6.0	5.7	5.2	5.1	4.8	4.6	1
加拿大	3.1	2.3	1.8	1.7	1.7	1.8	1.7	1.6	1.5	1.5	1.5	3
佛德角	7.0	7.0	7.0	6.5	6.0	5.5	5.2	4.1	4.0	3.7	3.5	1
中非	5.7	5.7	5.8	5.8	5.7	5.5	5.3	5.1	4.9	4.7	4.6	1
查德	6.0	6.0	6.3	6.9	7.2	7.1	6.9	6.8	6.7	6.4	6.2	1
智利	4.8	4.0	3.2	2.8	2.7	2.6	2.5	2.4	2.3	2.2	2.2	3
中國大陸	6.4	5.8	3.4	2.5	2.4	2.1	2.0	1.9	1.9	1.9	1.9	2
哥倫比亞	6.5	5.5	4.6	3.9	3.4	3.1	3.0	2.8	2.7	2.6	2.5	2
剛果民主共和國	6.1	6.2	6.4	6.6	6.7	6.7	6.7	6.7	6.7	6.7	6.7	1

附錄一　1965 至 2002 年各國的生育率及其分類（續）

國家/年度	1965	1970	1975	1980	1985	1990	1992	1995	1997	2000	2002	國家分類
剛果人民共和國	6.1	6.3	6.3	6.3	6.3	6.3	6.3	6.3	6.3	6.3	6.3	1
哥斯大黎加	6.7	4.9	3.9	3.6	3.7	3.2	3.0	2.8	2.7	2.5	2.3	2
象牙海岸	7.4	7.4	7.4	7.4	7.1	6.2	5.7	5.4	5.2	4.8	4.6	1
古巴	4.4	3.8	2.7	2.0	1.8	1.7	1.6	1.5	1.5	1.6	1.6	3
賽普勒斯	3.0	2.6	2.3	2.5	2.4	2.4	2.5	2.1	2.0	1.9	1.9	3
捷克	2.2	1.9	2.4	2.1	2.0	1.9	1.7	1.3	1.2	1.2	1.2	3
丹麥	2.6	2.0	1.9	1.5	1.4	1.7	1.8	1.8	1.8	1.8	1.7	3
吉布地	6.8	6.7	6.7	6.6	6.4	6.0	5.8	5.6	5.5	5.3	5.2	1
多明尼加	6.9	6.1	5.1	4.2	3.7	3.4	3.3	3.2	3.2	3.0	2.6	2
厄瓜多	6.6	6.2	5.6	5.0	4.3	3.7	3.5	3.3	3.1	2.9	2.8	2
埃及	6.8	5.9	5.4	5.1	4.6	4.0	3.8	3.6	3.5	3.3	3.0	2
薩爾瓦多	6.7	6.3	5.8	4.9	4.2	3.8	3.7	3.6	3.4	3.1	2.9	2
赤道幾內亞	5.6	5.7	5.7	5.7	5.8	5.9	5.9	5.9	5.9	5.7	5.5	1
愛沙尼亞	1.9	2.2	2.1	2.0	2.1	2.0	1.7	1.3	1.2	1.2	1.3	3
衣索比亞	5.8	5.8	5.9	6.6	7.1	6.9	6.8	6.2	5.9	5.7	5.6	1
斐濟	5.1	4.1	3.7	3.5	3.3	3.1	3.0	3.3	3.0	2.8	2.6	2
芬蘭	2.4	1.8	1.7	1.6	1.6	1.8	1.9	1.8	1.8	1.7	1.7	3
法國	2.8	2.5	1.9	1.9	1.8	1.8	1.7	1.7	1.7	1.9	1.9	3
加彭	4.1	4.2	4.3	4.5	4.8	5.1	5.2	4.6	4.3	4.2	4.1	1
甘比亞	6.5	6.5	6.5	6.5	6.3	5.9	6.0	5.5	5.2	5.0	4.8	1
喬治亞	2.5	2.7	2.5	2.3	2.4	2.2	1.8	1.4	1.3	1.1	1.1	3
德國	2.5	2.0	1.5	1.4	1.4	1.5	1.3	1.3	1.4	1.4	1.4	3
迦納	6.8	6.7	6.6	6.5	6.3	5.5	5.3	4.6	4.5	4.3	4.1	1
希臘	2.3	2.3	2.4	2.2	1.7	1.4	1.4	1.3	1.3	1.3	1.3	3
關島	5.7	4.7	4.0	3.3	3.0	3.3	3.5	3.8	4.1	3.9	3.8	2
瓜地馬拉	6.7	6.5	6.4	6.3	5.9	5.3	5.2	5.1	5.0	4.6	4.3	1
幾內亞	5.9	5.9	5.9	6.1	6.2	5.9	5.7	5.6	5.5	5.2	5.0	1
幾內亞比索	6.3	6.9	7.1	7.1	7.1	7.1	7.1	7.1	7.1	6.8	6.6	1
蓋亞納	6.1	5.4	4.3	3.5	2.9	2.6	2.5	2.5	2.5	2.4	2.3	2
海地	6.1	6.0	6.0	5.9	5.7	5.4	5.3	4.9	4.7	4.4	4.2	1
宏都拉斯	7.4	7.2	6.8	6.5	5.6	5.2	5.0	4.8	4.5	4.3	4.0	1
香港	4.5	3.3	2.5	2.0	1.6	1.3	1.3	1.3	1.1	1.0	1.0	3
匈牙利	1.8	2.0	2.3	1.9	1.8	1.8	1.8	1.6	1.4	1.3	1.3	3
冰島	3.7	2.8	2.6	2.5	1.9	2.3	2.2	2.1	2.0	2.0	2.0	3

附錄一　1965 至 2002 年各國的生育率及其分類（續）

國家/年度	1965	1970	1975	1980	1985	1990	1992	1995	1997	2000	2002	國家分類
印度	6.2	5.8	5.3	5.0	4.4	3.8	3.5	3.4	3.3	3.1	2.9	2
印尼	5.5	5.5	5.0	4.3	3.6	3.0	2.9	2.8	2.8	2.5	2.3	2
伊朗	7.1	6.7	6.5	6.7	6.1	4.7	4.0	3.3	2.8	2.3	2.0	2
伊拉克	7.2	7.1	6.8	6.4	6.2	5.9	5.7	5.1	4.7	4.3	4.1	1
愛爾蘭	4.0	3.9	3.4	3.2	2.5	2.1	2.0	1.9	1.9	1.9	1.9	3
以色列	3.8	3.8	3.6	3.2	3.1	2.8	2.7	2.9	2.9	2.8	2.7	3
義大利	2.7	2.4	2.2	1.6	1.4	1.3	1.3	1.2	1.2	1.2	1.3	3
牙買加	5.7	5.3	4.4	3.7	3.2	2.9	2.9	2.8	2.7	2.5	2.3	2
日本	2.1	2.1	1.9	1.8	1.8	1.5	1.5	1.4	1.4	1.4	1.3	3
哈薩克	3.5	3.3	3.3	2.9	3.1	2.7	2.5	2.3	2.0	1.9	1.8	3
肯亞	8.1	8.1	8.0	7.8	6.9	5.6	5.2	4.9	4.7	4.4	4.2	1
北韓	4.4	4.1	3.2	2.8	2.6	2.4	2.3	2.2	2.0	2.1	2.1	3
南韓	4.9	4.3	3.3	2.6	2.0	1.8	1.8	1.8	1.6	1.4	1.5	3
科威特	7.4	7.1	6.3	5.3	4.3	3.4	3.1	3.0	2.9	2.7	2.5	2
吉爾吉斯	4.6	4.9	4.9	4.1	4.2	3.7	3.6	3.3	2.8	2.6	2.4	2
寮國	6.2	6.2	6.5	6.7	6.5	6.0	5.8	5.5	5.3	5.0	4.8	1
拉脫維亞	1.7	2.0	2.0	1.9	2.1	2.0	1.7	1.3	1.1	1.2	1.2	3
黎巴嫩	6.2	5.4	4.5	4.0	3.6	3.2	3.1	2.7	2.5	2.3	2.2	2
賴索托	5.8	5.7	5.7	5.5	5.3	5.1	5.0	4.8	4.8	4.5	4.3	1
賴比瑞亞	6.8	6.8	6.8	6.8	6.8	6.8	6.8	6.5	6.3	6.0	5.8	1
利比亞	7.4	7.5	7.5	7.3	6.3	4.7	4.1	3.9	3.8	3.5	3.3	1
立陶宛	2.2	2.4	2.2	2.0	2.1	2.0	1.9	1.5	1.4	1.3	1.3	3
盧森堡	2.4	2.0	1.5	1.5	1.4	1.6	1.7	1.7	1.7	1.8	1.8	3
澳門	3.8	3.1	2.5	2.3	2.2	1.8	1.5	1.3	1.1	1.1	1.1	3
馬達加斯加	6.6	6.6	6.6	6.6	6.6	6.2	6.0	5.9	5.8	5.4	5.2	1
馬拉威	7.1	7.3	7.5	7.6	7.5	7.0	6.7	6.6	6.4	6.3	6.1	1
馬來西亞	6.3	5.5	4.6	4.2	4.1	3.8	3.6	3.4	3.3	3.0	2.8	2
馬爾地夫	7.0	7.0	7.0	6.9	6.5	5.7	5.3	4.8	4.5	4.2	4.0	1
馬利	7.1	7.1	7.1	7.1	7.1	6.9	6.8	6.7	6.6	6.5	6.4	1
馬爾他	2.5	2.0	2.3	2.0	2.0	2.0	2.1	1.8	1.8	1.8	1.8	3
茅利塔尼亞	6.5	6.5	6.5	6.4	6.2	6.0	5.9	5.3	4.9	4.7	4.6	1
摩里西斯	4.8	3.6	3.1	2.7	2.3	2.2	2.3	2.1	2.0	2.0	2.0	3
墨西哥	6.8	6.6	5.8	4.7	3.9	3.3	3.1	2.9	2.8	2.5	2.4	2
摩爾多瓦	2.7	2.6	2.5	2.4	2.8	2.4	2.2	1.9	1.6	1.4	1.4	3

附錄一 1965至2002年各國的生育率及其分類（續）

國家/年度	1965	1970	1975	1980	1985	1990	1992	1995	1997	2000	2002	國家分類
蒙古	5.9	5.8	5.6	5.3	5.0	4.0	3.6	3.1	2.9	2.6	2.4	2
摩洛哥	7.1	7.0	6.3	5.4	4.7	4.0	3.8	3.4	3.1	2.9	2.8	2
莫三比克	6.5	6.5	6.5	6.5	6.4	6.3	6.3	5.6	5.3	5.1	5.0	1
緬甸	6.0	5.8	5.5	4.9	4.2	3.8	3.6	3.4	3.3	3.0	2.8	2
那米比亞	6.0	6.0	6.0	5.9	5.7	5.4	5.3	5.3	5.3	5.0	4.8	1
尼泊爾	5.8	6.1	6.2	6.1	5.9	5.3	4.9	4.6	4.4	4.3	4.2	1
荷蘭	3.0	2.6	1.7	1.6	1.5	1.6	1.6	1.5	1.5	1.7	1.7	3
Netherla-Cap	3.7	2.9	2.5	2.4	2.3	2.3	2.3	2.2	2.2	2.1	2.1	3
紐喀里	5.6	4.3	3.7	3.3	3.1	2.9	2.8	2.8	2.7	2.6	2.5	2
紐西蘭	3.5	3.2	2.3	2.0	1.9	2.2	2.1	2.0	2.0	2.0	1.9	3
尼加拉瓜	7.2	6.9	6.6	6.3	5.5	4.8	4.5	3.9	3.8	3.6	3.4	1
尼日	8.0	8.0	8.0	8.0	8.0	7.6	7.4	7.5	7.4	7.2	7.1	1
奈及利亞	6.9	6.9	6.9	6.9	6.5	6.0	5.9	5.7	5.6	5.3	5.1	1
挪威	2.9	2.5	2.0	1.7	1.7	1.9	1.9	1.9	1.9	1.9	1.8	3
阿曼	7.2	8.4	9.8	9.9	9.0	7.4	6.7	5.6	4.8	4.3	4.0	1
巴基斯坦	7.0	7.0	7.0	7.0	6.5	5.8	5.6	5.2	5.0	4.7	4.5	1
巴拿馬	5.7	5.2	4.4	3.7	3.3	3.0	2.9	2.7	2.6	2.5	2.4	2
巴布亞新幾內亞	6.2	6.1	6.0	5.8	5.9	5.6	5.3	4.8	4.6	4.4	4.3	1
巴拉圭	6.4	5.9	5.4	5.2	5.0	4.6	4.4	4.3	4.2	4.0	3.8	2
秘魯	6.7	6.2	5.3	4.5	4.0	3.7	3.6	3.4	3.1	2.8	2.6	2
菲律賓	6.3	5.7	5.2	4.8	4.5	4.1	4.0	3.8	3.6	3.4	3.2	2
波蘭	2.5	2.2	2.3	2.3	2.3	2.0	1.9	1.6	1.5	1.3	1.3	3
葡萄牙	3.1	2.8	2.5	2.2	1.7	1.4	1.5	1.4	1.5	1.5	1.5	3
波多黎各	3.8	3.2	2.8	2.6	2.3	2.2	2.2	2.0	1.9	1.9	1.9	3
卡達	7.0	6.8	6.6	5.6	4.8	4.3	4.1	3.3	2.8	2.6	2.5	2
羅馬尼亞	1.9	2.9	2.6	2.4	2.3	1.8	1.5	1.3	1.3	1.3	1.3	3
俄羅斯	2.1	2.0	2.0	1.9	2.0	1.9	1.6	1.3	1.2	1.2	1.3	3
盧安達	7.9	8.2	8.4	8.3	7.7	7.1	7.0	6.5	6.2	5.9	5.7	1
沙烏地阿拉伯	7.3	7.3	7.3	7.3	7.0	6.6	6.4	6.0	5.7	5.5	5.3	1
塞內加爾	7.0	7.0	7.0	6.8	6.6	6.2	6.0	5.7	5.4	5.1	4.9	1
塞爾維亞	2.5	2.3	2.3	2.3	2.2	2.1	1.9	1.9	1.7	1.7	1.7	3
獅子山	6.3	6.5	6.5	6.5	6.5	6.5	6.5	6.2	6.1	5.8	5.6	1
新加坡	4.7	3.1	2.1	1.7	1.6	1.9	1.8	1.7	1.6	1.4	1.4	3
斯洛伐克	2.8	2.4	2.6	2.3	2.2	2.1	2.0	1.5	1.4	1.3	1.3	3

附錄一　1965至2002年各國的生育率及其分類（續）

國家/年度	1965	1970	1975	1980	1985	1990	1992	1995	1997	2000	2002	國家分類
斯洛溫尼亞	2.3	2.2	2.2	2.1	1.7	1.5	1.3	1.3	1.3	1.2	1.1	3
所羅門	6.5	7.0	7.1	6.7	6.2	5.9	5.8	5.7	5.6	5.4	5.3	1
薩摩亞	7.3	7.3	7.3	7.3	7.3	7.3	7.3	7.3	7.3	7.1	6.9	1
南非	6.1	5.7	5.3	4.6	3.8	3.3	3.2	3.1	3.0	2.9	2.8	2
西班牙	2.9	2.8	2.8	2.2	1.6	1.3	1.3	1.2	1.1	1.2	1.3	3
斯里蘭卡	4.9	4.3	3.9	3.5	2.9	2.5	2.5	2.3	2.2	2.1	2.1	2
聖露西亞	6.3	5.7	5.2	4.4	3.7	3.3	3.0	2.9	2.6	2.0	2.1	2
聖文森	6.4	5.4	4.5	3.6	3.0	2.6	2.5	2.3	2.2	2.1	2.1	2
蘇丹	6.7	6.7	6.4	6.1	5.8	5.4	5.3	5.1	4.9	4.6	4.4	1
蘇利南	6.2	5.6	4.6	3.9	3.2	2.6	2.5	2.5	2.6	2.5	2.4	2
史瓦濟蘭	6.5	6.5	6.5	6.2	5.8	5.3	5.1	4.9	4.7	4.4	4.2	1
瑞典	2.4	1.9	1.8	1.7	1.7	2.1	2.1	1.7	1.5	1.5	1.6	3
瑞士	2.6	2.1	1.6	1.5	1.5	1.6	1.6	1.5	1.5	1.5	1.5	3
敘利亞	7.7	7.7	7.5	7.4	6.9	5.3	4.5	4.2	4.0	3.6	3.4	1
塔吉克	6.6	6.8	6.3	5.6	5.6	5.1	4.1	3.7	3.5	3.1	2.9	2
坦尚尼亞	6.8	6.8	6.8	6.7	6.5	6.3	6.1	5.7	5.6	5.3	5.0	1
泰國	6.2	5.4	4.5	3.5	2.8	2.3	2.1	2.0	1.9	1.8	1.8	2
多哥	6.6	6.6	6.6	6.8	6.9	6.6	6.6	5.4	5.2	5.0	4.9	1
里達與托巴哥	4.3	3.6	3.4	3.3	2.9	2.4	2.1	1.9	1.8	1.8	1.8	3
突尼西亞	7.0	6.4	5.9	5.2	4.3	3.5	3.2	2.7	2.4	2.1	2.1	2
土耳其	5.8	5.3	4.7	4.3	3.8	3.0	2.8	2.7	2.5	2.4	2.2	2
土庫曼	6.5	6.3	5.7	4.9	4.7	4.2	4.0	3.8	3.0	2.4	2.7	2
烏干達	7.0	7.1	7.1	7.2	7.2	7.0	6.9	6.7	6.6	6.2	6.0	1
烏克蘭	2.0	2.1	2.0	2.0	2.1	1.8	1.7	1.4	1.3	1.2	1.2	3
阿拉伯聯合大公國	6.8	6.5	5.9	5.4	4.9	4.1	3.8	3.6	3.5	3.2	3.0	2
英國	2.9	2.4	1.8	1.9	1.8	1.8	1.8	1.7	1.7	1.7	1.7	3
美國	2.9	2.5	1.8	1.8	1.8	2.1	2.1	2.0	2.0	2.1	2.1	3
烏拉圭	2.8	2.9	2.9	2.7	2.5	2.5	2.5	2.6	2.4	2.2	2.2	3
烏茲別克	5.5	5.7	5.7	4.8	4.7	4.1	4.0	3.6	3.1	2.6	2.3	2
委內瑞拉	6.2	5.3	4.7	4.2	3.8	3.4	3.3	3.1	3.0	2.8	2.7	2
越南	6.0	5.9	5.7	5.0	4.2	3.6	3.3	2.7	2.4	1.9	1.9	2
維吉尼亞島	5.4	5.3	4.3	3.2	2.7	2.6	2.6	2.4	2.3	2.3	2.2	2
葉門	7.7	7.7	7.9	7.9	7.7	7.5	7.2	6.5	6.4	6.2	6.0	1
尚比亞	6.6	6.8	7.1	7.0	6.7	6.3	6.2	5.9	5.6	5.3	5.1	1

附錄一　1965 至 2002 年各國的生育率及其分類（續）

國家/年度	1965	1970	1975	1980	1985	1990	1992	1995	1997	2000	2002	國家分類
辛巴威	7.5	7.3	6.8	6.4	5.8	4.8	4.3	4.1	4.0	3.8	3.7	1
台灣	4.8	4.0	2.8	2.5	1.9	1.8	1.7	1.8	1.8	1.7	1.4	3

註：表中最右一欄是以 11 個年度的生育率進行分類的國家類型。1 代表高度生育率國家（多子化國家）；2 代表中度生育率國家；3 代表低度生育率國家（少子化國家）。

附錄二　2005年各教育大學的學院、學系及人數統計　　單位：名

大學	學院	學系	研究所	人數統計		
				博士班	碩士班	大學部
國立台北教育大學	教育學院	國民教育學系、幼兒教育學系、特殊教育學系、教育心理與諮商學系、社會科教育學系	教育政策與管理研究所、國民教育研究所、課程與教學研究所、幼兒教育研究所、特殊教育研究所、早期療育研究所、教育心理與諮商研究所、社會科教育研究所、生命教育與健康促進教育研究所	75	722	2877
	人文藝術學院	語文教育學系、兒童英語教育學系、藝術與藝術教育學系、音樂教育學系、造形設計學系	兒童英語教育研究所、藝術與藝術教育研究所、音樂研究所、台灣文學研究所、玩具與遊戲設計研究所、藝文產業設計與經營研究所、文教法律研究所			
	理學院	數學暨資訊教育學系、自然科學教育學系、體育學系、資訊科技學系	教育傳播與科技研究所、數學教育研究所、自然科學教育研究所、體育研究所、資訊科技研究所			
市立台北教育大學	教育學院	教育學系、特殊教育學系、幼兒教育學系	國民教育研究所、課程與教學研究所、教育行政與評鑑研究所、教育心理與輔導研究所、創造思考暨資賦優異教育研究所、身心障礙教育研究所、溝通障礙教育研究所、兒童發展研究所	53	590	2360
	人文藝術學院	語文教育學系、社會科教育學系、英語教育學系、音樂教育學系、美勞教育學系	應用語言文學研究所、社會科教育研究所、英語教學研究所、音樂藝術研究所、視覺藝術研究所、藝術治療研究所			
	理學院	自然科學教育學系、數學資訊教育學系、體育學系	科學教育研究所、數學資訊教育研究所、環境教育研究所、體育研究所			
國立新竹教育大學	教育學院	教育學系、幼兒教育學系、教育心理與諮商學系、特殊教育學系	教育研究所、幼兒教育研究所、教育心理與諮商研究所、特殊教育研究所、職業繼續教育研究所、數位學習科技研究所	19	426	2160
	人文社會與藝術學院	區域人文社會學系、語文學系、音樂學系、藝術與設計學系	區域人文社會研究所、語文研究所、音樂研究所、美勞教育研究所、台灣語言與語文教育研究所			
	理學院	應用數學學系、應用科學學系、體育學系	應用數學研究所、應用科學研究所、體育研究所			

附錄二　2005 年各教育大學的學院、學系及人數統計（續）　　單位：名

國立台中教育大學	教育學院、人文學院與理學院	國民教育學系、自然科學教育學系、數學教育學系、語文教育學系、社會科教育學系、幼兒教育學系、美勞教育學系、音樂教育學系、體育學系、特殊教育學系、資訊科學學系、台灣語文學系、數位內容科技學系、英語教學系	國民教育學系碩士班、教育測驗統計研究所、環境教育研究所、自然科學教育學系碩士班、數學教育學系碩士班、諮商與教育心理研究所、語文教育學系碩士班、特殊教育與輔助科技研究所、社會科教育學系碩士班、幼兒教育學系碩士班、美勞教育學系碩士班、早期療育研究所、教學科技研究所、課程與教學研究所、音樂教育學系碩士班、體育學系碩士班	25	519	2561
國立嘉義大學	師範教育學院	教育學系、輔導學系、體育學系、幼兒教育學系、特殊教育學系	國民教育研究所、輔導與諮商研究所、體育與健康休閒研究所、幼兒教育研究所、特殊教育研究所、家庭教育研究所、教育科技研究所、科學教育研究所、數學教育研究所、教育行政與政策發展研究所	45	1139	6137
	人文藝術學院	中國文學系、外國語言學系、史地學系、音樂學系、美術學系	中國文學研究所、外國語言研究所、史地研究所、視覺藝術研究所			
	管理學院	企業管理系、應用經濟系、生物事業管理系、資訊管理學系	資訊管理碩士班、管理研究所、行銷與流通管理研究所、休閒事業管理研究所			
	農學院	農藝學系、園藝學系、森林暨自然資源學系、林產科學系、獸醫學系、動物科學系、精緻農業學系	園藝學系研究所、林業暨自然資源研究所、動物科學研究所、農學研究所、農業生物技術研究所			
	理工學院	應用物理學系、應用化學系、應用數學系、生物機電工程學系、土木與水資源工程學系、資訊工程學系、食品科學系、水產生物學系、生物資源學系、植物保護系、分子與生物化學系、應用微生物學系	光電暨固態電子研究所、應用化學研究所、應用數學研究所、生物機電工程研究所、土木與水資源工程研究所、資訊工程研究所、運輸與物流工程研究所、食品科學系研究所、水產生物研究所、生物資源研究所、生物科技研究所、生物藥學研究所			

附錄二　2005年各教育大學的學院、學系及人數統計（續）　　　　單位：名

國立台南大學	教育學院	教育學系、特殊教育學系、幼兒教育學系、體育學系	教育經營與管理研究所、測驗統計研究所、課程與教學研究所、諮商與輔導研究所、科技發展與傳播研究所、特殊教育研究所、幼兒教育研究所、運動與健康研究所	79	763	2903
	人文學院	社會科教育學系、語文教育學系、音樂教育學系、美術學系	台灣文化研究所、戲劇研究所碩士班、社會科教育碩士班、語文應用研究所碩士班、音樂教育學系碩士班、視覺藝術研究所碩士班			
	理工學院	數位學習科技學系、自然科學教育學系、數學教育學系、資訊工程學系、生物科技學系、電子工程學系、環境與能源學系	資訊教育研究所、環境生態研究所、科技管理研究所、通訊工程研究所、自然科學教育碩士班、系統工程研究所、應用數學研究所碩士班			
國立屏東教育大學	教育學院	教育心理與輔導學系、初等教育學系、幼兒教育學系、特殊教育學系	教育心理與輔導學系碩士班、初等教育學系碩士班、幼兒教育學系碩士班、特殊教育學系碩士班、教育行政研究所、教育科技研究所	41	448	2560
	人文社會學院	語文教育學系、社會科教育學系、英語教育學系、視覺藝術學系、音樂學系、台灣文化產業學系	語文教育學系碩士班、社會科教育學系碩士班、英語教育學系碩士班、視覺藝術學系碩士班、音樂學系碩士班			
	理學院	自然科學學系、數學教育學系、物理暨地球科學學系、資訊科學學系、體育學系	自然科學學系碩士班、數理教育研究所、資訊科學學系碩士班、體育學系碩士班			
國立花蓮教育大學	教育學院	初等教育學系、幼兒教育學系、特殊教育學系、體育學系	國民教育研究所、多元文化教育研究所、行政與領導研究所、課程與教學研究所、身心障礙與輔導科技研究所	38	550	2215
	人文社會學院	教學心理與輔導學系、中國語文教育學系、台灣語文學系、社會發展學系、鄉土文化學系、英語教學學系	中國語文教育學系碩士班、鄉土文化學系碩士班、諮商與輔導研究所、民間文學研究所、社會發展研究所			
	理學院	自然科學教育學系、數學教育學系	科學教育研究所、生態與環境研究所、地球科學研究所、學習科技研究所			
	藝術學院	音樂教育學系、美勞教育學系	視覺藝術教育研究所			

附錄二　2005 年各教育大學的學院、學系及人數統計（續）　　單位：名

國立台東大學	**理工學院**	數學系、資訊工程學系、資訊管理學系	生命科學研究所	8	221	2704
	師範學院	教育學系、語文教育學系、社會科教育學系、體育學系、特殊教育學系、幼兒教育學系、音樂教育學系、美勞教育學系、自然科學教育學系	教育研究碩士班、教學科技碩士班、語文教育學系碩士班、社會科教育學系碩士班、體育學系碩士班、特殊教育學系碩士班、幼兒教育學系碩士班			
	人文學院	華語文學、英美語文學系、運動與休閒產業學系、美術學系	兒童文學研究所、南島文化研究所、區域政策與發展研究所、藝術文化產業研究所			

註：各教育大學的人數統計來自《中華民國教育統計》。教育部（2004）。台北市：作者。

國家圖書館出版品預行編目資料

教育政策規劃 / 張芳全著.
-- 初版. -- 臺北市 : 心理, 2006[民 95]
面 ; 公分. -- （教育行政 ; 9）
含參考書目
ISBN 978-957-702-933-1（平裝）

1. 教育 – 政策

526.19　　95015042

教育行政 9　教育政策規劃

作　　者：張芳全
責任編輯：郭佳玲
總 編 輯：林敬堯
出 版 者：心理出版社股份有限公司
社　　址：台北市和平東路一段 180 號 7 樓
總　　機：(02) 23671490　傳　真：(02) 23671457
郵　　撥：19293172　心理出版社股份有限公司
電子信箱：psychoco@ms15.hinet.net
網　　址：www.psy.com.tw
駐美代表：Lisa Wu　tel: 973 546-5845　fax: 973 546-7651
登 記 證：局版北市業字第 1372 號
電腦排版：辰皓國際出版製作有限公司
印 刷 者：辰皓國際出版製作有限公司
初版一刷：2006 年 9 月

定價：新台幣 400 元　
ISBN-13　978-957-702-933-1
ISBN-10　957-702-933-7